中国博士后科学基金第72批面上资助二等，资助编号：2022M72.
吉林体育学院自主创新基金资助（2023）

洞察：
中国体育彩票可持续发展的消费逻辑理论

李 凌/著

中国商务出版社
·北京·

图书在版编目（CIP）数据

洞察：中国体育彩票可持续发展的消费逻辑理论 / 李凌著． -- 北京：中国商务出版社，2024．9． -- ISBN 978-7-5103-5409-0

Ⅰ．F726.952

中国国家版本馆 CIP 数据核字第 2024FS7240 号

洞察：中国体育彩票可持续发展的消费逻辑理论
李　凌　著

出版发行：	中国商务出版社有限公司
地　　址：	北京市东城区安定门外大街东后巷 28 号　　邮编：100710
网　　址：	http://www.cctpress.com
电　　话：	010-64515150（发行部）　　010-64212247（总编室）
	010-64513818（事业部）　　010-64248236（印制部）
责任编辑：	刘姝辰
排　　版：	张　涛
印　　刷：	天津和萱印刷有限公司
开　　本：	710 毫米×1000 毫米　1/16
印　　张：	16.25　　　　　　　　字　数：317 千字
版　　次：	2024 年 9 月第 1 版　　印　次：2024 年 9 月第 1 次印刷
书　　号：	ISBN 978-7-5103-5409-0
定　　价：	85.00 元

所购本版图书如有印装质量问题，请与本社印制部联系

版权所有　翻印必究（盗版侵权举报请与本社总编室联系）

序

程志理

一年前，李凌博士微信于我，说在写一本专著，邀我为序，我立马应允了。

差不多有十年了吧，李凌在体育核心期刊发表的第一篇论文，便是我主持的《体育与科学》2015年发的《消费者购买竞猜型体育彩票之影响因素初探》，是他在台湾做交换生与台湾体育大学合作导师王俊人教授合写的，我当时看重此文是方法学设计，论证虽说还不够沉稳与妥当，但是学术创新点有了，这也是《体育与科学》几十年办刊发文的基本追求。

当时发李凌论文多少还是有所突破的，因为他是在读研究生，起初编委会有规定，原则上发在读研究生的论文要慎重。记得当时为了发此文，我给编委会写说明，一再强调了导师指导的作用，才争取到领导的支持。十年前的体育彩票研究论文还不是很多，李凌算是较早从事体育彩票研究的青年学者。此篇论文探讨的主题是影响竞猜型体育彩票购买的决策。文章以目的链为方法学工具，采用软式阶梯法的访谈，将研究结果以层级价值图呈现，展示了行为意象叙事的特点。这篇论文也成为这本专著中第一章"方法目的链在体育消费行为领域研究"的主体内容。我2012年做体育学独立学科建设的研究时提出"体认范式"，李凌此文的方法与我对体育学研究人的运动行为的叙事论证思路比较靠近，是值得引进的新方法。李凌用这种方法后来又写了几篇，分别发在2016、2017年《体育与科学》上，再后来，他用这种方法做了一批论文在国内多家核心期刊发表。李凌从山东大学博士毕业后去上海体育大学做博士后研究。李凌博士的写作在方法论上获得学术期刊的青睐，这是好事，不过后来我也提醒过，注意不要为了方法而方法，要从主题性的问题结构出发，关注方法使用中解决问题的有效性。李凌也意识到这个问题，从这本论著的内容看他还是充分注意了。

李凌在书的序言里写了这样一段话"本书通过描述消费行为领域中体育消费行为基础理论和中国体育彩票可持续发展的实践验证，解释体育彩票中的消费行为。进一步发现中国消费者在特殊性产品上的偏好，通过该书可以了解到体育消费行为理论上的工具创新，以此解答中国体育彩票发展过程的影响因素及如何"再造"的路径，并最终实现体育彩票的可持续化。""消费行为"是现代经济的命脉，把握好这一点才能看清现象背后的秘门。2016年我承接了一个政府研究项目《体育旅游的开发与利用》，提出"体育消费作为文化消费方式何以成立"，研究报告形成"体育旅游一体化"的理念。学术研究回应现实实践需求，需要对"需求"的多样性和一致性形成整体性把握。满足实践需求的针对性决定了学科研究的价值。也就是说，学科的确立和发展是"自在的"，必要的呼吁是"应该的"，关键是要看学科研究的实绩以及创新性的落实。中国体育彩票的研究就是体育消费行为"真实性"的判断，我们流行的研究方式是给出"数据关系"的解读。数据或者因素关系研究虽有概率性，以及概率的普适性，但缺乏的是解决体育消费实践中需求的真实性。也就是说体育消费需要凸显"消费行为"研究的真实性，切勿将思维中才存在的，当成消费行为现实中也可能存在的。在工业化和城市化进程中，作为身体活动的体育运动已经从单一的身心娱乐，发展成为具有市场特性的消费产业。这一过程与经济社会发展水平、商业运作方式以及体育事业发展阶段关系密切。个体行为是个人进行决策、判断以及行为序列的过程，个体潜在态度的表达即是行为。个体行为态度分为外显态度与内隐态度，其中内隐态度相对稳定，基本不受其它因素影响，且与个体行为相关性较强。在公众体育消费行为上内隐态度作用明显，即如果个体认为体育消费能使其感到身心愉悦、身体健康，则会倾向于实施体育消费。内隐态度可以用哈肯"快变量"与"慢变量"关系理论来解读，由此引发出布迪厄场域理论。慢变量决定快变量，这是协同学的基本理论，在人的消费行为中，文化认同是慢变量，将决定着各种社会性外部因素的快变量。协同学说"有意义的信息"，总的场景是由序参数（慢变量）提供的，每当系统的宏观行为改变时，序参数变得十分重要，一般说来，这些序参数是长期量，它们支配着短期量（快变量）。我讨论体育消费的行为特征，寻找运动行为真实性，便是依据哈肯原理由人的行为构筑体育义化世界。回到本体论（即存在论）追寻现实生活中人的运动行为，把运动场理解为一个文化场域，我们终于看到了体育文化世界"文化重叠共识"的生活意义。体育旅游一体化的社会文化实践，理论基础便是文化重叠共识。体育与旅游在文化行为上的一致性，是文化消费行为的同一性决定的，于是我们可以重新界定体育旅游：它是以运动观赏、竞技参与和切身体验为特征的文化消费行为。在这个理念下形成体育产业发展的新模式——运动文化旅游消费。从这十多年体育产业发展进程看，马拉松热，体育特色小镇，各地的体育文创等等，体育旅游越来越成为体育产业发展的核心内容，发挥体育文化消费，以旅游作为载体，运动项目文化资源作为"质料"，体育旅游一体化产品的开发和利用，对于体育产业可持续发展具有重要意义。李凌博士书稿的三篇"体育彩票的消费验证篇"、"体育彩票的消费圈层与人口关系篇"、"体育彩票可持续发展策略篇",从体育彩票的视角给出了这一理念"寻找真实性"的实践落实。

我一直关心青年学者的研究,这十多年帮他们出书写序。他们的许多研究我作为编辑都是第一读者。在当编辑的四十年中,我愿意与作者交朋友,私以为这是学术期刊编辑的基本能力要求。年轻的时候,我也给学者的著述写序,作者不是我的长辈就是比我年长的师兄,我给茅鹏先生写过序,给兄长金大陆教授写过序。我是他们著述的读者,也是他们著述的对话人。在从事学术期刊编辑工作中,写的最多的是与作者往来的信函,讨论的都是论文中的学术问题。先生们让我写序是应了张爱玲那句话"因为懂得所以慈悲"。五十岁以后我写序都是给学生辈写了,也是续学术香火之意吧。

我对学术论文品格的判定,建立了一个可以测算的方式,假设论文质量为M,为完成这篇论文的总消耗,M=A+B+C,其中,A代表写作所需时间,B代表完成论文具备的专业能力,C代表写作者的学术身份。而一篇论文的能量假设为E,那么$E=M*t^2$(爱因斯坦质能公式),t代表论文存在的时间历史长度。从这个公式可以得出,老子当年为了顺利出关,随手写下的五千言,也比今日任何一位诺贝尔奖获奖论文的能量更大!可见时间往往是衡量文本的关键因素。季羡林先生对自己的博士生说,你写论文时,要问自己论文能被阅读多少年,十年还是五十年?也是从时间量也评价论文的生命力。禅宗说普通人吃饭不好好吃饭,睡觉不好好睡觉,那都是要修炼的,所以,你真的在观看这个世界吗?

序 言

体育彩票是体育事业发展的重要组成部分,它在体育赛事中往往作为衍生产品出现,至今我们在体育事业中还忽视它的重要性,体育彩票一直以来支持体育、民生事业,筹集城市发展的公益基金,既具有公共产品一般属性,同时又要依靠消费者市场的带动使自身进步与发展。厘清体育彩票产业发展是解答中国体育事业高质量发展的关键。本书通过描述消费行为领域中体育消费行为基础理论和中国体育彩票可持续发展的实践验证,解释体育彩票中的消费行为。进一步发现中国消费者在特殊性产品上的偏好,通过该书可以了解到体育消费行为理论上的工具创新,以此解答中国体育彩票发展过程的影响因素及如何"再造"的路径,并最终实现体育彩票的可持续化。

第一章:方法目的链在体育消费行为领域的研究日益丰富,但诸多研究在方法目的链的使用与适用上存在差异,未能形成科学化、规范化的方法适用于应用结构,规范方法目的链研究的建构顺序和过程,对于完善体育消费领域的方法论具有重要作用。本书主要以方法目的链在体育消费行为领域研究中的应用与适用规则为研究对象,以期通过本书为体育消费行为、体育产品和服务消费领域研究提供科学的方法应用依据和微观研究手段。

第二章:发现了体育消费是推动新时代体育产业高质量发展的重要抓手,探索区域异质性视域下体育消费发展的现实路径对促进体育消费可持续发展具有重要意义。采用定性分析与逻辑演绎方法,以区域异质性的理论视域为逻辑原点,旨在明晰在区域异质性视角下体育产业高质量发展的内在逻辑。

第三章:对体育彩票消费环境的影响因素质性与量化的学术验证,发现了以下研究问题,鉴于我国体育彩票的类型多样,但竞猜型体育彩票的销售量所占比例较低。本书旨在探讨影响竞猜型体育彩票的购买决策因素。以方法目的链为研究工具,采用软式阶梯法的访谈方式,将研究结果以层级价值图呈现。提出相应的改进方案,以实现消费者理性购彩,有效推进体育彩票事业健康可持续发展。进行了体育彩票与体育赛事的学术验证，旨在从学术研究的角度发现体育彩票与体育赛事深层次的"消费逻辑"。同时提出了搭建营销社会环境、传播冬奥文化氛围、提升差异化服务能力等针对性的运行策略，为从优化奥运彩票消费决策环境角度提升奥运彩票销量、促进奥运彩票可持续发展提供学术参考。

第四章：主要是通过体育彩票"圈层关系"的这一视角发现消费者群体的消费关系问题，通过三项量化证据进行了证明和比较。通过实证丰富了社会圈层理论，基于圈层关系概念，并借助量化手段证明不同体育彩票社会圈层消费偏好的显著效果，研究依据相关结果设计针对性的优化策略，促进体育彩票可持续发展。

第五章：从人口学视角出发，探讨了人口问题对体育彩票销量"供需两侧"的推断，研究发现我国人口老龄化问题影响城市化的进程，城市收缩和人口问题已成为经济产业发展研究中的重要议题。构建体育彩票销量提升的路径，并为促进体育彩票产业发展提供了重要导向。

第六章：介绍了体育彩票消费者购买意愿提升研究，此研究旨在为研究体育彩票的可持续发展，如何激发购买意愿，本章从博彩依赖与感知信赖两个角度，分别介绍了体育彩票的再购意愿，切入的对象为体育彩票独有的竞猜型体育彩票。建立竞猜型体育彩票再购意愿的理论模型即消费感知信赖模型。研究结果也进一步验证了模型构建的关系，为体育彩票消费行为理论提供更新的理论与研究观点。

第七章：讨论体育彩票可持续发展这一策略，研究认为中国的体育彩票已经到了一个公信力建设的必要时期，随着微信、推特等移动互联，中国体育彩票的可持续发展一定要聚焦到"公信力"建设的问题上来。公信力是体育彩票的生命，探索公信力的建设及其提升策略对体育彩票高质量发展意义重大。以彩票立法为基础，加强体育彩票的精细化管理；以信息透明为保障，试点推行实名制购彩；以设立第三方管理机构为手段，强化体育彩票监管体系；以建立公信力修复为措施，提升消费者购彩意愿等建议。

第八章是本书的最终章节，关于讨论体育彩票的业务流程的重构路径，研究其重构路径的主要目的在于通过消费领域的洞察，我们可以解决部分关于消费领域中体育彩票行为问题。从观念再造、流程再造、组织再造、试点与切换、发展战略5个方面提出了体育彩票业务流程重构的具体路径，为体育彩票业高效运营提供了重要的理论参考依据。

通过上述体育彩票消费领域的洞察，发现消费黑箱的影响因素，旨在实现中国体育彩票可持续的高质量发展。追踪了不同消费者消费行为、购彩偏好、圈层关系、人口学问题，以及病态博彩、民众博彩的感知信赖理论等联系，这不仅解答了体育彩票的一些消费行为问题，其实也回答了体育消费者行为，而如果单纯研究体育消费者的行为理论，就不能从中发现在一些产品上不同的人和不同的地点或者不同问题的关系，不能发现一些足够生动的现象。借此，本书将开启一篇具有多角度、多维度、多方法、多理论的体育彩票学术研究。将揭开中国体育彩票消费者的全貌，对此就从体育彩票消费领域的洞察而探索。

目 录

基础理论创新与应用篇

第一章　方法目的链在体育消费行为领域研究 ······ 3
　　第一节　方法目的链的应用规范 ······ 3
　　第二节　方法目的链的适用领域 ······ 10

第二章　区域异质性视域下体育消费发展研究 ······ 14
　　第一节　区域异质性的内涵特征 ······ 15
　　第二节　区域异质性的动力机制 ······ 20
　　第三节　区域异质性的实现路径 ······ 27

体育彩票的消费验证篇

第三章　体育彩票消费环境的影响因素质性与量化的学术验证 ······ 33
　　第一节　消费者购买竞猜型体育彩票的影响因素 ······ 33
　　第二节　消费者购买竞猜型体育彩票影响因素的量化验证 ······ 44
　　第三节　竞猜型体育彩票消费者购彩行为的纵向发现 ······ 56
　　第四节　体育赛事观赏与竞猜型体彩的量化验证 ······ 73
　　第五节　消费决策环境对奥运彩票销量提升的质性挖掘 ······ 85
　　第六节　体育彩票消费环境的路径探索 ······ 105

体育彩票的消费圈层与人口关系篇

第四章　体育彩票"圈层关系"的三项量化证据 ······ 109
　　第一节　"圈层关系"概念与消费偏好的说明 ······ 109

第二节　体育彩票圈层关系偏好的量化阶段设计 …………………… 116
第三节　体育彩票圈层关系偏好的"三项"证据 …………………… 120
第四节　体育彩票"圈层"关系的总结说明 ………………………… 129

第五章　人口问题对体育彩票销量"供需两侧"的推断 ……………… 133
第一节　城市收缩与体育彩票终端设备的关系分析 ………………… 133
第二节　人口老龄化对体育彩票销量的关系分析 …………………… 138
第三节　人口老龄化背景下体育彩票销量的提升路径 ……………… 146

体育彩票可持续发展策略篇

第六章　体育彩票消费者购买意愿提升研究 …………………………… 151
第一节　竞猜型体育彩票博彩依赖、体验价值与购彩意愿的交互验证 … 151
第二节　感知信赖模型：竞猜型体育彩票再购意愿的质性挖掘 ……… 166
第三节　体育彩票消费者购买意愿的提升策略 ……………………… 177

第七章　体育彩票公信力提升研究 ……………………………………… 178
第一节　现实发展：体育彩票评论的文本分析 ……………………… 179
第二节　协同策略：体育彩票公信力提升的博弈模型 ……………… 184
第三节　演化趋势：体育彩票公信力博弈模型的仿真分析 ………… 189
第四节　体育彩票公信力提升策略 …………………………………… 193

第八章　体育彩票业务流程重构的路径研究 …………………………… 196
第一节　体育彩票形态审视与业务流程重构的理论探索 …………… 196
第二节　体育彩票业中的竞合关系 …………………………………… 209
第三节　体育彩票业中的博弈关系 …………………………………… 215
第四节　体育彩票业务流程的重构对策 ……………………………… 221

参考文献 …………………………………………………………………… 228

PART 1

基础理论创新与应用篇

第一章
方法目的链在体育消费行为领域研究

近年来，体育消费研究成为备受社会关注的问题，体育消费在体育产业发展过程中至关重要。因为消费作为体育产业发展的关键环节，它有效推进了体育赛事、体育旅游、体育小镇等诸多产业的发展，并串联了体育产业链的形成。消费动机作为体育消费研究的重要组成部分，是反映消费者需求与行为的"黑箱"，同时是促进消费行为的决策源点。有研究指出，通过消费者的消费动机分析其消费心理、意愿、行为，可以挖掘体育产业供需关系、营销路径、运营策略。通过梳理相关资料还发现，体育消费者动机领域的研究在方法使用上也日趋完善，具体包括内容分析法、扎根理论法、田野调查法等质性研究方法，同时相关研究也进行了大量的定量分析与系统分析，具体包括结构方程模型分析法、灰色模型分析法、层次分析法、系统动力学模型仿真分析法等。诸多学者通过不同研究方式发现并解决了体育消费动机与行为的问题，但在学术研究方法的争论中，其各有利弊，即从微观视角挖掘体育消费者的消费心理、动机与行为仍显方法的单一。然而，本书所讨论的方法目的链是从微观消费视角出发，通过消费者对某种产品或服务感知以及所获得的结果，得到消费者内心的价值，且价值属性可有效反映出消费者内心的消费动机。鉴于此，为了完善微观体育消费的研究方法，对方法目的链的使用规范进行探讨，以促进方法目的链在体育消费动机与行为领域中的科学化应用，进而改善体育消费行为科学问题解决手段不足的方法论现状。

第一节 方法目的链的应用规范

通过对方法目的链的应用领域及其在体育消费领域的适用性进行梳理，发现不同研究领域应用方法目的链的程序或步骤尚未得到一致的认同。为了更加清晰地认识与了解方法目的链的建构顺序，以便规范后续体育消费领域的相关方法目的链研究，按照方法目的链的建构顺序，研究详细介绍了方法目的链的应用规范。方法目的链的建构过程大致可以分为资料收集和资料分析两个过程。其中，资料收集过程主要涉及研究伦理规范、样本选取与数量确定、资料获取方法的选择以及资料的收集与整理；资料分析过程主要涉及资料编码、信效度检验、关联矩阵表（summary implication matrix）的建构、层级价值图（hierarchical value map，HVM）的绘制以及价值链关键路径的确定[①]。

方法目的链的应用与适用

方法目的链作为体育消费领域中的重要研究方法，是解决体育消费者消费体育产品或服务问题的质性研究分析方法，也是提升工具方法、完善质性方法论的重要内容和理论工具。就目前方法目的链在体育消费领域中应用的情况而言，虽其应用领域较少，但方法目的链对解决产品和消费行为具有实效作用，而且可以较为清楚地发现和挖掘体育消费行为，未来应用发展空间较大。目前诸多研究在方法目的链方法的使用与适用上存在差异，未能形成科学化、规范化的方法适用于应用规范结构，因此，及时改进和规范使用研究方法有助于提升体育社会科学研究的科学性。有鉴于此，本书在对近十年方法目的链研究应用现况进行分析的基础上，对方法目的链建构、资料收集与分析方面提出了规范标准和要求，此外，通过案例分析方法提出清晰、具体的方法目的链的应用规范，为体育消费行为研究领域合理、规范应用方法目的链提供科学、合理的理论依据和方法流程。

（一）方法目的链工具的概念和方法目的链的应用概况

方法目的链（Means-End-Chain，MEC）由古特曼（Gutman）于1982年提出，它是一种主要研究消费者消费行为的质性研究方法[②]。该研究方法的基本构念最早可以追溯到心理学家杜尔曼（Tolman）研究消费者的心理期望及消费心理等问题[③]，随后杨和费金（Young and Feigin）将该构念引入营销学研究领域[④]，并逐渐被古特曼、奥尔森（Olson）和雷诺兹（Reyonds）等学者延续，至今已成为研究市场营销领域中的消费者消费行为的重要研究方法。方法目的链是依据期望价值理论（Expect-Ancy-Value Theory），研究消费者购买产品的消费决策过程，即对消费过程的属性、结果、价值三类要素进行分析，旨在通过属性—结果—价值（Attrbute-Coneqence-Valu，ACV）的层级联结挖掘消费者对某种产品或服务消费后的心理认知、动机与价值。

属性是顾客感知到的某种产品和服务的特征或特性，雷诺兹等将属性划分为具体

---

① 李凌,王俊人.消费者购买竞猜型体育彩票之影响因素初探[J].体育与科学,2015, 36(2):11-18, 25.
② Gutman. A means-end chain model based on consumer categorization processes[J]. Journal of Marketing, 1982, 46(3):60-72.
③ Tolman S, Abbott N. General problem solving: a program that simulates human thought[J]. Computer and Thought, 1963, 40(2): 81-83.
④ Young S, Feigin B. Using the benefit chain for improved strategy formulation[J]. Journal of Marketing, 1975, 39(1):72-74.

属性和抽象属性，具体属性是指产品的包装、价格等直观印象，抽象属性则是指消费者对产品或服务特征的主观反映[①]。古特曼认为产品或服务的属性是影响消费者偏好的关键因素。消费者对于产品属性的判断受其本身价值观影响，且不同消费者对于产品属性的判断多有不同，故导致消费者产生不同的消费结果。同时，消费者通过主动学习的方式将收集到的产品相关信息与自我相关联，形成消费认知结构并存储记忆，从而影响消费者形成相应的消费习惯，亦会影响其对产品属性的判断。因此，产品属性是影响消费者消费意向的关键因素，方法目的链的属性层级，能够清晰反映出消费者的消费偏好与价值取向。结果层级能够反映消费者的获得，奥尔森和雷诺兹将消费结果划分为功能性结果、社会性结果和心理性结果三种。功能性结果是指消费者对产品或服务消费后的直接评价结果；社会性结果是指消费者使用某种产品或享受某种服务后，所能够感受到被他人尊重，社会地位提升的结果；心理性结果是指使用某种产品或服务能够让消费者树立并强化自尊与信心等结果。价值层级能够反映消费者的心理价值，以促进消费决策产生，即消费者价值是消费行为产生的前提。价值也可具体划分为实用价值和情感价值，实用价值是产品或服务给消费者带来的实际使用体验，情感价值则是消费者所获得的情感体验。衡量价值的工具主要包括价值调查（Rokeach Value Survey，RVS）、价值与生活形态（Values and Lifestyle Seg-men，VALS）以及价值列表（List of Value，LOV）（表1-1）[②]。其中，RVS价值是工具性价值的知觉；VALS价值以人口统计变量为基础，较多关注美国的文化生活形态；而LOV价值主要基于人类需求层级理论，其衡量的价值更贴近现实生活，适合作为衡量体育消费者心理价值的基础与归结。

表1-1 个人价值工具量表

价值衡量工具	价值分类
RVS	助益性价值：野心、心胸开阔、能力、高兴、整洁、勇气、宽恕、帮助、诚实、想象力、独立、聪明、逻辑、爱、服从、礼貌、负责、自我控制 终极价值：舒适的生活、刺激的生活、成就感、世界和平、美丽的世界、平等、家庭安全、自由、幸福、内在和谐、成熟的爱、国家安全、乐趣、救世、自尊、社会认同、真正的友谊、智慧
VALS	幸存者、支撑者、归属者、竞赛者、成就者、自我者、体验者、社会意识、整合者
LOV	自尊、安全、与他人温暖的关系、成就感、自我实现、被他人尊重、归属感、生活中的乐趣与享受、刺激

资料来源：李凌（2015）整理。

[①] Reynolds T J, Gutman J J. Laddering theory, method, analysis, and interpretation[J]. Journal of Advertising Research, 1998, 28(1):11–31.

[②] 李凌,王俊人.消费者购买竞猜型体育彩票之影响因素初探[J].体育与科学,2015,36(2):11–18, 25.

综上所述，属性、结果、价值是方法目的链研究的关键要素，通过属性—结果—价值层级联结关系能够清晰地反映出消费者购买产品或服务的价值路径，以挖掘消费者的心理认知、动机与价值。方法目的链模型关系如图1-1所示。

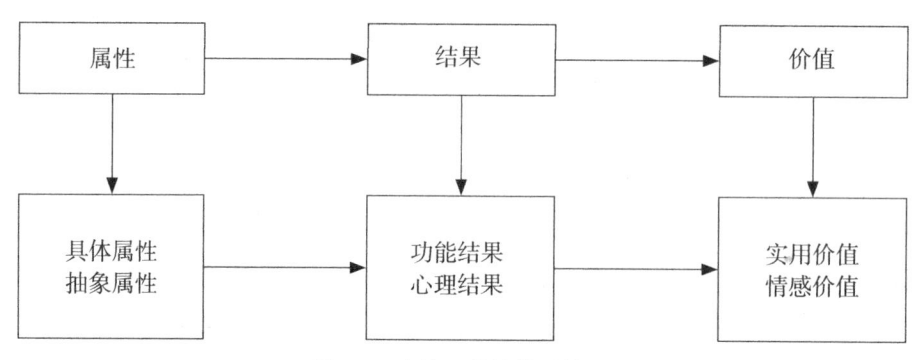

图1-1 方法目的链模型关系

（二）方法目的链的资料分析流程

1. 资料收集过程

（1）研究伦理

从质性研究的角度来看，研究者不仅需要遵循社会研究伦理规范的尊重个人原则、善行原则以及正义原则，还需要遵循学术权力对话伦理规范的协商原则和同意原则[1][2]。如在邀请受访者之前，须将研究内容、研究目的、研究风险、需配合事项以及成果去向等提前告知受访者，且告知受访者可随时退出研究；在研究过程中，需选择在舒适且自在的环境下进行对话，避免使用过度敏感的询问方式，对话过程中需以尊重、包容、平等、公正的态度去面对受访者，避免伤害或剥削受访者；在资料分析过程中，研究者除了保护受访者的隐私，还需正视自身的主观性，不断反思并确认自身的研究立场，确保研究结果的客观性等。

（2）样本选取

在建构方法目的链的过程中，样本的选取与数量确定是极其重要的一环。一般情况下，样本的选取主要根据研究内容或研究对象来确定样本的选取范围并选择合适的抽样方法，以确保选取的样本具有足够的代表性，且保证样本能推论总体。如由于受到社会环境、文化背景、成长经历等方面的影响，个体与个体之间在消费和体育方面的涉入程度普遍存在差异，故研究者在选取样本前需明确其选取范围，即依据个体在消费和体育方面的涉入程度明确市场区隔。在此基础上，根据受访群体或调查对象的特性，再选择合适的抽样方法进行调查。常用的抽样方法主要有滚雪球抽样、便利抽

---

[1] Tolman S, Abbott N. General problem solving: A program that simulates human thought[J].Computer and Thought, 1963，40(2):81−83.

[2] Reynolds, TJ,Gutman, J. Advertising is image management[J].Journal of Advertising Research,1984,24(1):27−37.

样、立意抽样等[1][2]。

在确定样本选取范围和合适抽样方法的基础上，研究者还需确定样本的数量。相关研究指出，方法目的链的分析目的在于找出联结属性到价值的路径或形式，而抽样的多少决定是否有价值链的构成[3]。然而，国内外学者在确定样本数量方面并未达成一致的认同。就软式阶梯法而言，一部分学者认为，针对某一群体进行阶梯式访谈的样本数量多以30人以上为基准[4]。另一部分学者认为，阶梯式访谈的样本数量应在30~50位即可，如果把受访者增加至250位，也很难会产生新的观念。后续研究提出，当所有受访者回答的内容没有新的类目进行呈现时，此时方法目的链所构建的"属性—结果—价值"链基本完成，则阶梯式访谈过程可以结束[5]。这正如林肯（Lincoln）的研究中所提到的，在质性研究中，研究样本数量多少的重要性通常不及资料本身的适切性与丰富程度[6]。本书认为，在建构方法目的链的过程中，样本数量的确定通常与受访者所回答的内容有关，当所有受访者回答的内容无法有新的类目进行呈现时即可以结束阶梯式访谈过程，而此时所访谈的受访者人数即为样本数量。

（3）资料获取

目前国内外学者探寻消费者内心价值常用的方法有阶梯法（laddering）、联结模式技术（association pattern technique，APT）以及模糊逻辑分析法。其中，阶梯法是研究方法目的链最为常用的方法。根据访谈方式的不同特点，可以将阶梯法分为深度访谈的软式阶梯法（soft laddering）和结构化问卷的硬式阶梯法（hard laddering）[7][8]。软式阶梯法是一种"一对一"的深入访谈模式，常以直接诱引（direct elicitation）的方式进行，主要是使用一连串的直接询问，让受访者在几乎不受限制的情况下进行思考与回答，自由引出（free elicitation）其真实的内在想法[9][10]。最为典型的询问包括"为什么它对你来说是重要的？"等开放性问题。相关研究表明，软式阶梯法不仅可以从受访者对话中获得较多的信息，且易于编码时的意义建构，还可以直接深入地了解消费者心中的最终需求价值，但是该方法的缺点是相对复杂且费时费力，同时研究结果较容

---

[1] 李凌,王俊人.消费者购买竞猜型体育彩票之影响因素初探[J].体育与科学,2015,36(2):11-18, 25.
[2] 陈卫平.社区支持农业劳动份额的消费者价值认知结构:方法目的链的应用[J].农业技术经济,2012(9):84-95.
[3] Reynolds T J, Gutman J J. Laddering theory, method, analysis, and interpretation[J]. Journal of Advertising Research, 1998, 28(1):11-31.
[4] Gutman. A means-end chain model based on consumer categorization processes[J]. Journal of Marketing, 1982, 46(3):60-72.
[5] 李凌,王俊人.消费者购买竞猜型体育彩票之影响因素初探[J].体育与科学,2015,36(2):11-18, 25.
[6] Kahle L R, Beatty S E, Homer P. Alternative measurement approaches to consumer values: the list of values (LOV) and values and life style (VALS)[J]. Journal of consumer research, 1986, 13(3):405-409.
[7] 陈卫平.社区支持农业劳动份额的消费者价值认知结构:方法目的链的应用[J].农业技术经济,2012(9):84-95.
[8] 胡洁,张进辅.基于消费者价值观的手段目标链模型[J].心理科学进展,2008(3):504-512.
[9] Reynolds T J, Gutman J J. Laddering theory, method, analysis, and interpretation[J]. Journal of Advertising Research, 1998, 28(1):11-31.
[10] 李凌,王俊人.消费者购买竞猜型体育彩票之影响因素初探[J].体育与科学,2015,36(2):11-18, 25.

易受到研究者的主观影响。硬式阶梯法改进了软式阶梯法"一对一"的访谈模式，用结构化的问卷来收集信息，受访者被限制在一次就一层的阶梯内进行回答。部分学者指出，虽然硬式阶梯法适用于调查大范围的研究样本数量，且具有相对省时省力、能够避免访谈过程中研究人员的主观偏差等优点，但是其缺点是不能明显地呈现出消费者心中的真正想法。由此，依据方法目的链的建构目的并结合软式与硬式阶梯法的优缺点，本书较赞同采用"软式阶梯法"作为主要的资料获取方法。

采用软式阶梯法对受访者进行一对一的深入访谈，具体的访谈问题有"购买某产品时您主要考虑了哪些因素？""为什么您比较关注该因素？""这些因素能给您带来什么样的结果或好处？""为什么这个结果对您来说是重要的？""您希望从这些结果中得到什么？"等。在访谈过程中，应根据受访者的背景与受访时的实际情况适时增修若干问题，以期获得更多的信息，直至受访者回答"我不知道"或"就是这样"等为止。在访谈结束后，应根据访谈录音整理成逐字稿以供审阅或分析。

2. 资料分析过程

（1）资料编码

采用内容分析法（content analysis）的方法技术进行资料编码。首先，研究者应根据研究主题所建构的方法目的链架构拟定"属性""结果""价值"各层级的定义；其次，依据所拟定的定义，选取研究人员对资料进行独立编码，逐一提取属于"属性""结果""价值"各层级的类目；再次，依据各类目的特性给予命名和代码，并根据其含义进行概念阐释、概念相似度的测定以及相似概念的整合；最后，所有研究人员针对概念歧义的地方进行讨论，通过逐步协商取得最终共识并完成整个内容分析环节及资料编码过程。

（2）信效度检验

相关研究指出，可以采用编码员间信度来检验内容分析的信度，即信度=（n×平均相互判断同意程度）/［1+（n-1）×平均相互判断同意程度］，相互判断同意程度=2M/（N_i+N_j），其中M=完全同意的数目，N_i=第i位编码员所同意的数目，N_j=第j位编码员所同意的数目，n=参与编码的人员数目[①]。在效度检验方面，方法目的链的研究方法缺乏一定的内容效度和预测效度[②]。为了弥补方法目的链的缺陷，后续研究常采用邀请专家的方法以检验内容分析的效度。此外，为了控制质性研究的信度与效度，林肯（Lincoln Y S）提出了四种检验方法，即采用可靠性（dependability）检验研究的内在信度、可确认性（confirmability）检验研究的客观性、确实性（credibility）检验研究

---

① 王立燕.基于方法目的链的冰雪体育旅游消费者价值研究[J].体育成人教育学刊,2017,33(3):36-40.
② 胡洁,张进辅.基于消费者价值观的手段目标链模型[J].心理科学进展,2008(3):504-512.

的内在效度、可转换性（transferability）检验研究的外在效度[1]。其中，可靠性是指研究资料在不同时间或地点的稳定性，可确认性是指研究资料的客观性与中立性，确实性为研究资料的真实程度，可转换性是指研究结果可以转换到其他群体的适合程度。本书认为，方法目的链研究的信效度检验可以采用编码员间信度、可靠性、专家判别的内容效度以及可转换性等方法。

（3）关联矩阵表的建构

关联矩阵表是一种整合阶梯中连接次数的重要工具[2]。关联矩阵表的行与列代表"属性""结果""价值"各层级类目，且在关联矩阵表中主要包括"属性—结果""属性—价值""结果—结果"以及"结果—价值"四种关系，而矩阵表内的数字则代表不同层级类目间的直接与间接连接次数。其中，直接连接次数为两类目直接发生关系的次数，而间接连接次数则是两类目之间由于其他原因而间接产生的关联次数。在关联矩阵表中，数字越大，代表类目间连接次数越多，意味着两类目间的连接关系越强。

（4）层级价值图的绘制

层级价值图可以明确产品属性所能带给消费者的结果，清晰地展示了"属性""结果""价值"三个层级的内容与结构，更为直观地说明了方法目的链之间的联系。根据研究建构的关联矩阵表可以绘制层级价值图，且层级价值图中，线条的粗细与连接次数有关，即线条越粗，代表层级之间连接次数越多，说明层级之间有较高的强度[3]。关联矩阵表描绘了所有类目间关系的次数，如果将所有类目关系绘入层级价值图中，将使层级价值图过于复杂，无法清晰地显示真正重要的关系连接。因此，必须设定一个决定列表数据的截断值（cut-off value）来绘制层级价值图，即以决定多少数目以上的连接关系才会被绘入层级价值图中，而低于截断值的连接关系表示不重要，层级价值图中可不包括这种联系。然而，在截断值的选取上，并没有理论或统计上的标准，仅可以靠研究者以试误（trial and error）的方式来寻找，即研究者绘制不同截断值条件下的层级价值图，通过对比不同层级价值图所提供信息的完整性与图表的可读性，进而做出取舍，选取最适合的截断值[4]。值得注意的是，由于各类目的连接是以两类目间的直接连接次数为首要考量，且两类目间的间接连接次数并不在层级价值图中进行展示，故截断值的试误过程仅需要参考两类目间的直接连接次数。虽然截断值的选取可以通过试误的方式确定，但是该过程容易受到研究者主观偏见的影响。如

---

[1] Reynolds,TJ,Gutman,J.Advertising is image management[J].Journal of Advertising Research,1984,24(1):27-37.
[2] 陈卫平.社区支持农业劳动份额的消费者价值认知结构:方法目的链的应用[J].农业技术经济,2012(9):84-95.
[3] 李凌,王俊人.消费者购买竞猜型体育彩票之影响因素初探[J].体育与科学,2015,36(2):11-18, 25.
[4] 张瑞林,李凌,车雯.冰雪体育旅游消费决策影响因素的质性研究[J].体育学刊,2017,24(6):54-60.

果截断值过高,研究者所绘制的层级价值图将过于简化而遗漏许多重要的信息;如果截断值过低,造成层级价值图将过于复杂而难以解释[①]。因此,为了找到确定合适截断值的方法,莱帕德(Leppard)等人提出了"自上而下截止(top-down cut-off)"策略,为解释方法目的链数据、绘制层级价值图提供了一个精确、公正和透明的方法。

(5)价值链关键路径的确定

价值链的关键路径是指整个层级价值图中连接最为密切的方法目的链。一旦层级价值图被建立,层级价值图中从最低层级的属性到最高层级的价值路径将被认为是有代表性的关键路径[②]。确定关键路径,需要对层级价值图中每一条可能的路径所存在的直接连接次数与间接连接次数分别予以加总,连接次数最多的价值链则是最关键的价值路径。

第二节 方法目的链的适用领域

方法目的链自古特曼提出以来,得到国内外诸多学者的关注,在体育消费行为学的研究中也进行了应用。在方法目的链的应用领域上,诸多研究者将方法目的链用于探究消费者在产品或服务消费过程中的价值、动机、认知[③]。同时,还有一部分研究者将方法目的链用于探究运动者参与运动时的动机与价值[④][⑤]。

一、方法目的链适用的体育消费领域

(一)消费价值研究领域

首先,方法目的链是通过属性—结果—价值的层级联结试图解释一个人如何选择一种产品或服务,以挖掘消费者更深层次的价值观。国内诸多学者运用方法目的链探究体育消费行为中消费者的价值,主要体现在体育彩票产品消费与体育旅游消费中。具体而言,李凌、王俊人将该研究方法引入体育彩票消费研究领域,对消费者购买竞猜型体育彩票的影响因素及消费动机进行研究,并得出体育彩票消费者购彩路径和"为什么"进行购彩的心理动机。在冰雪体育消费行为的研究中,王立燕等通过方法目的链对旅游者的消费行为进行探究,深层次分析冰雪体育旅游产品的属性、旅游消

---

① 胡洁,张进辅.基于消费者价值观的手段目标链模型[J].心理科学进展,2008(3):504-512.
② 陈卫平.社区支持农业劳动份额的消费者价值认知结构:方法目的链的应用[J].农业技术经济,2012(9):84-95.
③ 李凌,王俊人.消费者购买竞猜型体育彩票之影响因素初探[J].体育与科学,2015,36(2):11-18, 25.
④ Young S, Feigin B. Using the benefit chain for improved strategy formulation[J]. Journal of Marketing, 1975, 39(1):72-74.
⑤ Reynolds T J, Gutman J J. Laddering theory, method, analysis, and interpretation[J]. Journal of Advertising Research, 1998, 28(1):11-31.

费结果及消费价值的内容，并探讨了旅游者最为关注的旅游价值路径[1]。王恒利也以方法目的链为研究工具，以参与冰雪体育旅游的女性消费者为调查对象，探析了影响女性消费者参与冰雪体育旅游的主要价值路径，为冰雪体育旅游产品项目的改进与推广提供了合理化建议[2]。国外学者在体育消费行为学中应用方法目的链的研究结果显示，在休闲体育消费领域，柏林（Berlin K L）研究了为什么60岁以上的女性继续选择以身体为基础的休闲体育活动消费，通过采访这一类人群从事休闲活动的原因，揭示了社会化和竞争的主题是参与休闲体育消费的核心价值[3]。詹姆斯（James J D）在对体育赛事观赏消费者的认知、情感、价值的研究中提到，方法目的链能够将消费者的行为与价值观联系起来，因观看体育比赛具有享受、社交和身份等价值观，消费者可能会选择观看体育比赛[4]。通过梳理国内外关于方法目的链探究体育消费价值的结果，发现该研究方法有助于了解和发现消费者消费产品或服务的价值观，同时还有利于有效把握消费者的消费行为。

（二）消费动机研究领域

方法目的链的相关研究不仅用于探究消费价值，并且也通过其试图探究消费者的动机，以丰富消费行为领域的相关研究。国内关于方法目的链的研究结果显示，齐慧芳对跑者运动参与动机进行研究，发现跑者对独特的跑步线路、跑步运动的种类等内容十分重视，并且主要以增加乐趣、缓解压力、享受大自然的美等为目的，以获得心情愉悦、健康、成就感等动机[5]。齐国文通过运用方法目的链对非职业健美运动依赖者动机进行探究，发现健美训练依赖者的主要路径是"回报可见—健康与状态提升、肌肉健硕—自我实现、成就感"[6]。通过对健美训练依赖者的参与动机进行探索，为深入研究此类人群参与运动消费提供了重要的理论依据。国外关于方法目的链探究体育消费动机的研究结果显示，陈（Chen）等人通过对高度参与体育赛事的游客进行分析，发现个人平衡和社会化是参与者寻求体验的基本部分，游者可以通过观看比赛、参与社会活动以获得与自身相关的目标[7]。蔡元廖（Tsai-Yuan Liao）采用方法目的链的方法来探索自行车旅游者的参与动机，发现骑行者除了有意识地注意环境问题，还会通过多种方式寻求安全、幸福归属感、自尊和自我实现。通过梳理方法目的链在国内外

---

[1] 王立燕.基于方法目的链的冰雪体育旅游消费者价值研究[J].体育成人教育学刊,2017,33(3):36-40.
[2] 王恒利,张瑞林,李凌,等.女性参与冰雪体育旅游的影响因素研究[J].北京体育大学学报,2019,42(3):44-52.
[3] Berlin K L, Klenosky D B. Let me play, not exercise! A laddering study of older women's motivations for continued engagement in sports-based versus exercise-based leisure time physical activities[J]. Journal of Leisure Research, 2014, 46(2):127-152.
[4] Gau L S, James J D. An empirical exploration of relationships between personal values and spectator sport consumption[J]. International Journal of Sport Management Recreation & Tourism, 2014, 16(b):37-55.
[5] 齐慧芳,李凌."跑者"运动参与动机的质性研究[J].南京体育学院学报(自然科学版),2017,16(1):144-149.
[6] 齐国文.非职业健美运动依赖者动机与抑制策略研究[D].长春:吉林体育学院,2019:23-35.
[7] Chen, Po-Ju. The attributes, consequences, and values associated with event sport tourists' behavior: a means-end chain approach[J].Event Management,2006,10(1):1-22.

体育消费行为领域的研究情况，发现方法目的链在国内主要对于跑者、健美训练依赖者等特定人群的运动参与行为进行了探究，发现了其内在的参与动机；国外研究则是运用方法目的链对自行车旅游者、体育赛事的游客的消费行为进行了探究，发现了其消费的动机[①]。因此，在体育消费行为领域中，国内外均采用此方法探究了消费者的动机，对于进一步了解体育消费者行为和产业发展具有重要意义。

（三）消费价值认知领域

方法目的链在体育消费行为领域的研究，不仅从价值、动机方面进行了探析，亦从认知方面展开了相关研究。一方面，国内研究结果显示，贾文帅以方法目的链为研究工具，采用软式阶梯法探析了运动者购买体育保险的认知情况，认为在体育保险消费过程中，运动者通常会关注体育保险的保障范围、保障人身安全、保障经济等要素，期望在保障作用、分担风险、安全感等方面有较好的结果，同时希望获得安全、与他人温暖、自尊等[②]。从国外研究结果来看，施（Shih W T）采用方法目的链对体育彩票消费者进行访谈，结果显示赛前分析与结果、下注决策、趣味性与社会关系的增强是体育彩票的关键属性，由消费者重视个人价值、生活乐趣和享受等认知决定[③]。莫伊塔尔（Moital M）通过运用方法目的链探究消费者参与体育赛事后在认知、情感和行为方面的消费体验结果，认为消费者在认知层面发展了外部导向和内部导向的结果，产生积极的情绪，表现出赞助、交流和体验的行为[④]。国内外研究结果表明，方法目的链均在体育保险、体育彩票、体育赛事等领域展开了深入的研究，并且主要通过运用"属性—结果—价值"的方式探究了体育消费者的消费认知情况，为有效把握体育消费者的行为以及促进体育消费提升提供重要的理论参考依据。

二、方法目的链在体育消费行为研究领域的适用

（一）研究对象的适用方面

方法目的链在消费行为研究领域应用较为广泛，旨在探索和发现消费者的具体消费行为。在体育消费行为领域，针对某种产品或服务的消费者行为展开研究，通过采取半结构式访谈的方式对体育消费者进行深度访谈，以获取相关的体育消费行为资料，通过构建HVM层级价值图，按照"属性—结果—价值"逻辑获取体育消费者参与

[①] Chaang-luan Ho,Tsai-Yuan Liao ,Shu-chin Huang,et al. Beyond environmental concerns: using means‑end chains to explore the personal psychological values and motivations of leisure/recreational cyclists[J].Journal of Sustainable Tourism,2015,23(2):234-254.

[②] 贾文帅,周文静.基于MEC的运动者购买体育保险的价值认知结构探析[J].山东体育科技,2018,40(2):15-21.

[③] Shih W T . Influential factors of purchase decisions of sports lottery: an application of means-end chain theory[J]. Revista Latino Americana De Enfermagem,2014,16(2):136-150.

[④] Moital M, Bain A, Thomas H. Summary of cognitive, affective, and behavioural outcomes of consuming prestigious sports events[J].Sport Management Review (Elsevier Science), 2019,22(5):652-666.

某种产品或服务消费的价值、动机、认知等心理因素。因此，在体育消费价值方面，方法目的链研究的对象主要为运动者参与某种运动或体育消费者消费产品（服务）的内在心理价值；在体育消费认知方面，方法目的链研究的对象为消费者对于某种运动、产品（服务）消费的认知状况；在体育消费动机方面，方法目的链研究的对象为消费者参与某种运动、消费产品（服务）的内在动机和目的。

（二）研究内容的适用方面

方法目的链是研究消费市场及消费者消费动机的有效研究方法，能够清晰地解释消费者的消费动机以及决策行为，对于产品或服务的研发与完善、营销策略的制定与推广、市场的细分与定位均具有良好的指导意义。通过梳理方法目的链的相关研究，发现该方法主要应用于消费行为及产业消费市场的研究领域中，具体包括体育、彩票、保险、旅游、社会服务等相关研究领域。具体而言，在体育研究领域，方法目的链在体育彩票、冰雪体育旅游、体育保险等诸多领域的研究日益丰富，并且形成了完善的研究结构[1]。不同领域相关学者对方法目的链方法的逐渐完善，在访谈技术、内容分析技术、资料整理技术、编码挖取技术、关联矩阵设计技术、层级路径截断值技术方面均得到优化。此外，学者们通过运用方法目的链试图探究消费者参与冰雪旅游、体育彩票、体育保险等的消费价值、动机、认知等。就冰雪旅游动机研究而言，通过采用编码访员间的信效度检验，在体育领域方法目的链应用上实现了有效的突破。在体育彩票研究领域，李凌通过滚雪球抽样方式和焦点团体访谈法解决了方法目的链各层级类目定义的问题，在抽样方式、访谈技术、编码技术等方面实现了多层次维度的提升，探究了体育彩票消费者的内在消费归因[2]。在后续研究中，王恒利参考了上述研究的观点，采用专家焦点团体访谈法，并更加明确了通过构建ACV关联矩阵，选取适切的Cutoff值的关键研究技术，对女性参与冰雪体育旅游的动机进行探究[3]。因此，方法目的链主要适用于市场营销领域，适用于体育彩票、冰雪体育旅游、体育保险等诸多研究领域，主要针对相关消费产品或消费者的消费体验价值进行剖析，可以有效解决体育消费者的消费动机和行为问题，且逐渐被诸多学者认可和应用。

---

[1] 王立燕.基于方法目的链的冰雪体育旅游消费者价值研究[J].体育成人教育学刊,2017,33(3):36-40.
[2] 李凌,王俊人.消费者购买竞猜型体育彩票之影响因素初探[J].体育与科学,2015,36(2):11-18, 25.
[3] 王恒利,张瑞林,李凌,等.女性参与冰雪体育旅游的影响因素研究[J].北京体育大学学报,2019,42(3):44-52.

第二章
区域异质性视域下体育消费发展研究

在推动体育产业成为国民经济支柱产业发展的战略目标背景下，创新体育消费引导机制，成为体育消费理论研究与实践探索的一项学术议题。体育消费是实现体育产业结构优化调整的关键途径。然而，当前体育消费率偏低、体育消费供需不平衡等现实问题阻滞我国体育消费发展。如何激发体育消费潜力、转变体育产业发展方式、建立体育消费新发展格局引起了社会学界的广泛关注。相关学者就体育低消费率问题进行了深入思考，认为体育消费率滞后问题直接影响体育产业高质量发展[1]。值得注意的是，由于我国地域空间、消费需求、区域经济发展水平及城镇化发展水平等均存在不同程度的差距[2][3]，导致体育消费发展存在较大的区域异质性。区域异质性是地区经济发展环节中的具体表征，主要表现为区域间文化异质、经济异质、人口异质、生活环境异质等方面，体育消费同样会受到区域异质性的影响，尤其是在研究差异化和品牌化问题时，更不能忽视区域异质性的现实特点。

我国体育消费的异质性主要体现在以下三个方面：①体育消费环境异质性。我国各地区体育消费政策落实不一、体育消费结构不均衡、体育消费文化差异等问题导致体育消费环境存在异质性，使体育消费需求与供给不均衡，消费内容分配与收支较少，居民体育消费率较低，体育消费总量不足，间接影响了我国体育产业各环节的发展[4]。②体育消费市场异质性。我国各地区线上、线下零售体育消费与互联网数字化新兴消费模式发展不均衡，且城乡体育消费能力存在差距，未能有效通过体育消费盘活体育消费市场，造成我国体育消费市场异质性[5]。③体育消费结构异质性。我国各地区社会经济发展水平不一、人均收入不均衡等问题，造成了地区的体育消费结构异质性。体育消费结构异质性主要包括我国实物型体育消费、观赏型体育消费、服务型体

---

[1] 刘晴,罗亮,黄晶."双循环"新发展格局下我国体育用品制造业高质量发展的现实困境与路径选择[J].体育学研究,2021,35(2):29-38.
[2] 鲍超.中国城镇化与经济增长及用水变化的时空耦合关系[J].地理学报,2014,69(12):1799-1809.
[3] 李凌.体育消费链破解冰雪经济体多元困局的策略研究[J].北京体育大学学报,2021,44(11):51-60.
[4] 浦义俊,吴贻刚.新时代我国体育消费升级的价值、挑战与推进路径研究[J].西安体育学院学报,2020,37(2):167-172.
[5] 丁举岩."一带一路"背景下我国体育消费市场发展前景探讨[J].商业经济研究,2019(14):182-184.

育消费等存在差异，降低了区域体育消费黏性[1]，影响了体育产业高质量发展。基于此，本书以区域异质性理论为逻辑原点，通过分析区域异质性视域下体育消费发展问题，明确区域异质性视域下体育消费的内涵与特征，分析微观视域下体育消费发展现状，探索体育消费发展的动力要素及驱动机制，最终立足体育消费的区域异质性实际状况，提出促进区域异质性视域下体育消费发展的现实路径，为实现体育产业高质量发展提供了相关理论支持。

第一节 区域异质性的内涵特征

一、区域异质性视域下体育消费的内涵

体育消费的概念包括广义和狭义两个方面，广义的体育消费是指消费者在购买、选择及使用体育消费产品和服务过程中所产生的一切社会关系总和；狭义的体育消费是指消费者购买和使用体育用品和体育服务的过程[2]。消费形态、消费理念、消费质量等作为消费发展的重要表征，驱动我国消费经济不断朝着基础化、多元化、微观化方向发展[3]。而在我国消费经济持续稳定增长过程中，由于各地区资源要素与经济发展重心的差异，导致各地区消费经济环境呈现出较大差异，由此表现出明显的区域异质性。基于此，本书认为体育消费往往会受到区域消费经济和个体消费差异的影响，表现出异质性的消费形态。

区域异质性最早源于马歇尔和熊彼得在人力资源研究领域中的相关探索。伴随地区经济发展，不同产业的区域异质性问题逐渐凸显，并得到相关学者的普遍重视，其主要反映的是不同产业、行业或相关领域的差异化问题，并通过差异描述区域间的异质性问题。相关研究认为服务业的发展因资本、劳动力、能源要素投入、资源配置效率及区域服务业经济运行特征相异而表现出异质性[4]。另外，各区域之间体育产品与服务的需求与供给等问题也各不相同，且各地区之间居民运动爱好及消费偏好存在一定差异，从而在整体与局部、城市与农村之间产生区域异质性发展特征[5]。后续研究中，

---

[1] 范晓莉.文化消费、区域基础设施与城乡收入差距——基于新经济地理视域的理论分析与实证检验[J].西南民族大学学报(人文社科版),2020,41(4):96-103.
[2] 代刚.体育消费的属性、概念体系及其边界[J].首都体育学院学报,2012,24(4):340-345.
[3] 李俊高,叶肖.消费经济理论的发展脉络：回顾、趋势以及展望[J].经济问题探索,2017(9):175-181.
[4] 李福柱,王鑫.中国服务业要素配置效率及区域异质性——基于资本、劳动力与能源要素的视域[J].山西财经大学学报,2020,42(8):71-85.
[5] 刘志敏,贺林均.基于RBT理论的区域体育产业可持续竞争优势的获取[J].中国体育科技,2016,52(5):17-25.

区域异质性是指体育产业在不同区域形态中产业组成内容、优势特点等方面存在差异，且认为引起区域异质性的原因除经济质量、金融环境、市场条件等外部因素外，也受到体育产业发展内部因素的影响[1]。综合上述文献发现，产业区域异质性受外部环境因素的影响，而在体育产业领域中，区域异质性也受到自身内部因素的影响。因此，本书结合区域异质性理论，认为区域异质性视域下体育消费主要是由于区域经济发展水平及地区人文环境差异所导致的不同区域体育消费差异，具体包括体育消费环境、体育消费市场、体育消费结构等核心要素。同时，区域异质性中体育消费不仅受到政治、经济、环境等外生性异质因素的影响，还受到产业内部和消费者个人行为内生性异质因素的影响。由此，研究认为，运用区域异质性理论可以洞察不同区域体育消费发展形态，并有效解决诸多体育消费问题。

二、区域异质性视域下体育消费的特征

体育消费在不同区域经济发展背景下，呈现出明显异质性特征，剖析区域异质性体育消费的特征不仅有助于丰富相关理论内涵，还能为体育消费发展提供理论依据，有助于明晰区域体育消费发展形态。基于此，在梳理与总结相关研究的基础上，研究认为区域异质性的体育消费主要具备以下特征。

①需求主导性。需求主导性是指因各地区民众的体育需求不同，导致各地区呈现出不同的体育消费发展样态。这种需求主导的异质性受地区消费环境、居民消费水平、体育消费观念等因素影响。相关学者选取我国四大经济区与16个城市调研的截面数据，实证分析发现中部、西部、东北、东部地区居民体育需求的不同形成了不同体育消费发展样态，且城乡居民之间也存在明显的体育消费需求差异情况[2]。②区域发展差异性。区域发展差异性是指我国地域辽阔，经纬度横跨较大，导致我国南北、东西体育消费普遍存在差异，各地区之间体育消费发展不平衡。具体表现为东北地区的体育消费更多集中于冰雪项目；华南地区的体育消费则更倾向于水上体育休闲消费。另外，中部地区居民参与型消费收入弹性较大，而东部地区居民各类消费收入弹性相对均衡[3]。③内容多样化。其是指体育消费发展过程中内容要素存在多样性，且涉及各个层面[4]。党的十九大报告中提到，人民消费观念的转变促进服务业转型发展，体育运动发展结合时代特色，为迎合消费需求，形成了内容多样化与服务细致化的体育消费。

---

[1] 张瑞林,李凌,王恒利.区域异质性视域下体育产业高质量发展的动力研究[J].武汉体育学院学报,2021,55(2):51-60.
[2] 刘志强,李明智,刘长江,等.我国城镇居民体育消费需求结构特征比较研究——基于ELES模型的实证分析[J].西安体育学院学报，2021,38(2):166-173.
[3] 翟水保,牛文英.中部地区群众体育锻炼与体育消费的影响因素分析[J].天津体育学院学报,2012,27(4):365-368.
[4] 张瑞林,徐培明,李凌,等."美好生活向往"价值取向量度下冰雪休闲服务业的转型研究[J].沈阳体育学院学报,2020,39(4):87-94.

④要素关联性。要素关联性是指体育消费发展过程中各要素之间的关联性。例如，西北地区冰雪经济的发展无法脱离地理条件、环境因素、交通因素、产业因素等要素内容，且各要素间的关联性形成了一个整体。区域体育消费由于各要素间的关联性不同，导致区域间体育消费存在较大差异。

体育消费发展具备需求主导性、发展差异性、内容多样化和要素关联性的特征，对区域体育消费产生不同程度影响。因此，需根据各区域的不同发展现状，结合不同地区特色，因地制宜发展区域体育消费，积极协同各区域经济发展的要素资源，推进我国体育消费的可持续发展[①]。

三、区域异质性视域下体育消费发展的现状分析

随着社会经济发展，体育消费的区域异质性特征逐渐显现。根据我国区域体育产业总规模占比情况可知，我国体育消费总量市场占比较高的地区为华南（占比32%）地区，其次为华东（占比15%）、华中（占比15%）、华北（占比14%）、西南（占比13%）地区，相比而言，西北（占比5%）、东北（占比6%）地区体育消费市场总量较低，仅占体育消费市场总量的11%[②]。究其原因，华南位于中国南部，毗邻东南亚，地理位置较好，市场开放程度较高，经济发展处于高水平，华中、华东、华北位于我国中、东部，这些区域是我国的政治、经济、产业、文化、消费等最为集中的地区，西南地区凭借重庆和四川两个地区的社会经济条件与体育产业资源，体育消费市场总量也处于较高水平。因而，无论是从区域发展的宏观层面，还是从微观层面，均体现出区域发展的异质性。此外，根据我国区域特色经济学的观点，区域异质性体育消费符合人类经济活动在特定区域空间上的发展与协调规律的科学，即不同区域在空间上的经济活动表现为不同的区域经济，且不同空间的区域往往拥有各自的核心区或特定的功能取向[③]。

鉴于上述分析，本书将列举2015—2019年我国部分省份体育产业总规模数据（表2-1），从而更为直观具体地呈现我国不同区域体育产业发展的趋势变化，深入分析我国区域异质性体育消费在省际空间上的现实状况。

---

① 蔡朋龙,刘广飞.新时代我国体育产业结构优化的逻辑、目标与路径[J].体育学研究,2021,35(5):19-30.
② 前瞻网.2020年中国体育产业市场现状及发展趋势分析[EB/OL].(2020-03-12)[2022-02-10]. https://bg.qianzhan.com/report/detail/300/200611-bf2ea4b9.html.
③ 张满银.新时代中国特色区域经济学理论的完善与创新[J].区域经济评论,2021(4):23-28.

表2-1　2015—2019年部分省份体育产业总规模

单位：亿元

年份	山东省	湖南省	浙江省	上海市	重庆市
2015	1980.79	493.30	1507.83	910.13	262.78
2016	2292.18	763.53	1683.00	1045.87	309.15
2017	2348.01	863.74	1842.73	1266.93	362.59
2018	2466.55	967.43	2303.63	1496.11	423.99
2019	—	1066.89	2615.00	1780.88	504.72

注：—表明官方并未发布最新数据

如表2-1所示，我国省级体育产业总规模总体呈现逐年增加的态势，且不同省份产业增加值有所不同。从横向角度来看，经济发展水平较高的地区如山东、浙江、上海等地其体育产业总规模发展速度相对较快，而经济发展水平相对滞后地区如湖南、重庆等的体育产业总规模发展速度则较为缓慢。从纵向角度来看，各省份体育产业总规模均呈现出明显的增长态势，且增加值比重变化相对明显，如浙江省体育产业总规模从2015年的1507.83亿元增至2019年的2615.00亿元，呈现出快速增长特征。我国省际体育产业发展呈现出上述特征的主要原因在于不同区域省份社会经济发展水平、人口消费水平、人口基数水平等外部异质性条件造成了区域体育产业发展现状，同时受地域优势及社会经济发展的影响，我国体育消费呈现出东部地区及东南地区较高，而西部地区较低的区域异质性特点，表现为体育产业总规模与省市经济发展水平相一致，即体育消费与区域经济发展密切相关。有鉴于此，研究根植于区域异质性经济发展状况，结合我国区域体育产业及体育消费相关数据，深入剖析我国区域异质性体育消费发展的现实状况。

（一）体育消费依托区域经济发展，与区域消费水平相契合

我国体育消费发展较好的区域主要聚集在东部、南部、西南部较为发达的城市；对于经济发展相对落后的农村来说，其体育消费水平偏低。如成渝地区是我国西南地区经济发展水平较高、发展潜力较大的城镇化区域，在成渝双城经济圈建设背景下，城乡居民消费结构从物质消费、必需品消费、生存消费向舒适消费、健康消费转变，且体育公共资源惠民服务、体育赛事合作互推、智慧场馆共建共享、体育产业联动等也极大地激发了成渝地区体育消费活力。而对于经济发展水平相对滞后的东北农村地区而言，由于地区经济发展水平较低，体育消费结构转型缓慢，其农村体育基础设施建设落后，体育消费水平也明显滞后。因此，伴随区域经济的发展，区域体育消费发展水平也逐步提高，促使体育消费依托区域经济发展，与区域消费水平相契合。

（二）体育消费结构不断优化，供需互动仍需加强

消费结构的整体改善与全面升级为区域体育消费结构优化创造了良好条件。2020年我国人均GDP超过1万美元，全国居民人均消费支出21210元[①]，说明我国居民基本具备升级到更高消费层次的基础，整体消费结构也会随着消费观念转变和消费层次提升而优化，会更加注重享受型和娱乐型体育消费。例如，江苏省全民健身、体育消费的热情不断高涨，徒步、路跑及马拉松、羽毛球、棋牌、跳绳等是江苏省城乡居民参与最为积极的体育运动项目；云南省高原体育锻炼、体育旅游和冰雪体育是其区域体育产业发展的特色项目，有效带动了该省体育消费[②]。此外，我国部分地区也存在体育消费供需互动不足的局面。一方面，对精神、生理层面的需求大于物质需求，部分地区体育服务业有效供给不足，体育用品业无效供给过多；另一方面，参与体育活动受到家庭经济水平和体育消费观念的限制，广大农村地区消费群体的消费需求尚未被激发。可见，区域体育消费结构不断优化，但供需互动仍需加强也是当前我国区域异质性的体育消费发展现状之一。

（三）体育消费异质性需求持续深入，体育消费能力有待进一步激发

当前我国不同区域的体育消费呈现较为明显的异质性，且体育消费率仍处于较低水平，即在一定时期内体育消费支出总额占国内生产总值的比重较低。从横向数据来看，目前我国同欧美、日韩等国的消费比率相差一定距离[③④]。相关数据显示，2019年体育产业增加值占国内生产总值的比重为1%[⑤]，相比于发达国家2%至3%的占比仍有较大差距，表明来自居民直接消费形成的产值有限，亟须提升体育消费率。相关研究也证明我国城镇居民的体育消费需求结构存在显著差异[⑥]，虽然城市化发展带动体育消费市场繁荣，体育消费需求增加，但异质性却持续深入，体育消费发展水平有待通过体育产业的高质量发展进一步刺激。

（四）体育消费围绕区域体育异质性而发展

我国区域体育消费呈现出围绕地区体育产业而发展的局面。如广东省的城市居民酷爱羽毛球运动，围绕羽毛球的相关产业得到快速发展，世界羽联巡回赛等相关国际比赛项目纷纷落地广东，成为我国羽毛球项目发展的领头省份。另外，在体育赛事消

---

① 国家统计局. 中华人民共和国2020年国民经济和社会发展统计公报[EB/OL]. (2021-02-28)[2022-02-10]. http://www.stats.gov.cn/tjsj/zxfb/202102/t20210227_1814154.html.
② 云南省人民政府. 云南省人民政府办公厅关于促进全民健身和体育消费推动体育产业高质量发展的实施意见[EB/OL]. (2020-05-07)[2022-02-10]. http://www.yn.gov.cn/zwgk/zcwj/zxwj/202005/t20200507_203467.html.
③ 党挺. 发达国家体育产业发展的扩散效应及启示[J]. 上海体育学院学报, 2017, 41(3):17-22.
④ 方福前. 从消费率看中国消费潜力与实现路径[J]. 经济学家, 2020(8):27-38.
⑤ 中国政府网. 2018年全国体育产业总规模和增加值数据公告[EB/OL]. (2020-01-21)[2022-02-10]. http://www.gov.cn/xinwen/2020-01/21/content_5471152.html.
⑥ 李国, 孙庆祝. 城镇居民体育消费结构特征与发展趋势分析——以长江三角洲地区为例[J]. 西安体育学院学报, 2019, 36(5):536-545.

费方面也表现出明显的区域异质性特征，东部体育产业发展较好的地区赛事举办数量与规模多于西部地区，《2019中国马拉松大数据分析报告》显示，2019年在中国境内共举办规模赛事1828场，其中浙江省以232场的赛事数量继续位列第一，江苏省和北京市分别以185场和117场位列第二、第三，且江苏、浙江两省认证赛事数量依然处于较高水平，无论是办赛质量还是参赛规模都远高于宁夏、青海、西藏等中西部地区[①]。此外，一系列与体育消费相关的互补性市场在依托地区体育产业发展项目的基础上得到快速发展。如福建省形成以体育用品制造业为基础、体育服务业为依托的体育产业结构体系，成为体育用品消费的龙头省份。显然，体育消费围绕区域体育产业发展状况而发展是我国体育消费区域异质性的又一重要现状。

第二节　区域异质性的动力机制

探究区域异质性视域下体育消费发展的动力要素是明晰影响体育消费内容要素的重要一环，有助于进一步发现体育消费发展的动力机制，提出区域异质性视域下体育消费发展的现实路径，从而增强社会经济发展活力、推动体育产业稳步迈进。

一、区域异质性视域下体育消费发展的动力要素分析

（一）体育消费政策调控与引导

现阶段中国体育消费的增长模式具有高质量发展特征，体育消费政策的调控引导为我国体育消费的高质量发展指明了方向[②]。结合区域异质性的发展特征，本书筛选出部分地区调控与引导体育消费的政策文件（表2-2），以发现政策对体育消费的推动和引领作用。

表2-2　体育消费相关政策文件摘要

文件名称	内容
《北京市人民政府关于加快发展体育产业促进体育消费的实施意见》	深入推动体育消费与信息消费融合，加快推进体育产品和服务生产、传播、消费的数字化、网络化进程，拓展线上线下相结合的体育消费新空间。推动互联网金融与体育产业融合发展，鼓励体育类电子商务平台发挥技术、信息、资金优势，为体育消费提供优质服务。

---

① 中国田径协会官方网站. 中国田径协会发布《2019中国马拉松大数据分析报告》[EB/OL].(2020-05-01)[2022-02-10]. http://www.athletics.org.cn/news/marathon/2020/0501/346438.html.

② 黄海燕, 朱启莹. 体育消费的内在逻辑拓展与政策选择[J]. 体育学研究, 2019, 2(4):13-20.

续表

文件名称	内容
《上海市体育产业发展实施方案（2016—2020年）》	依托国际门户城市和重要旅游目的地的优势，培育全球体育旅游消费中心。运用国际赛事、体育会展、体育文化、体育旅游等领域的综合联动，鼓励与周边国家（地区）联合开发国际体育旅游线路，带动体育与文化娱乐、旅游等相关消费。
《山西省人民政府办公厅关于加快发展健身休闲产业的实施意见》	大力推广适合公众参与的运动项目，积极引导具有消费引领性的新兴项目发展。积极推行《国家体育锻炼标准》，扩大健身消费人口规模。
《山东省体育局进一步促进体育消费十项措施》	各市要积极设立体育产业引导资金、体育消费券等专项资金，引导激励市场主体让利发放消费券，发挥好杠杆作用，撬动和促进居民体育消费，提振体育消费市场。
吉林省《关于加快建设体育强省的实施意见》	制定体育消费促进计划，拓展体育健身、体育观摩、体育培训、体育旅游等消费新空间，创新体育消费支付新产品，建立及时、高效的消费需求反馈机制，提高体验消费品质，探索医疗保障与健康体育衔接融合。

由表2-2列举的部分省市体育消费政策可知，诸多地方政府发布一系列促进体育消费的政策文件，通过顶层设计与地方发展实际相结合，提出地方性体育消费发展的重点任务。具体表现为：北京市通过提升体育消费信息化水平，鼓励运用现代技术引领消费；上海市则依托与国际密切交流，培育全球体育旅游消费，与国际体育消费接轨；山西省丰富体育消费供给，推广适合运动项目，并扩大体育消费人口规模，从基础出发培育体育消费；山东省则设立体育产业引导资金与发放消费券刺激体育消费；吉林省拓展体育消费新空间，创新体育消费新产品，扩大体育消费群体。另外，中国具有典型的"央地分权制度"，即中央政府负责顶层设计，制定并规划战略性产业政策，地方政府则需基于本地资源禀赋、产业发展特色规划地区经济发展，地方对顶层政策协同程度越高，越有助于地方经济发展。据国家统计局相关数据显示，国务院46号文提出大力发展体育产业后，我国体育产业增加值增长率创历史新高，体育消费政策引领和促进体育消费的重要作用越发突出，2015年至2018年体育消费市场的效益呈现显著提升[1]。由此表明，地方政府从体育消费区域异质性的现实情况出发，通过政策调控与引领地方体育消费，有效推动地方体育消费的高质量发展。

（二）网络数字技术革新

数字经济时代下，随着互联网、5G、人工智能、云计算等数字媒体的兴起，以及智慧建设、新材料、新工艺、可穿戴技术的广泛应用，体育消费与网络数字技术逐渐融合，催生了体育产业消费新业态，成为驱动体育消费发展的重要动力[2]，促进体育产

---

[1] 中国产业信息网.2020年中国体育消费市场发展趋势预测[EB/OL].(2019-12-03)[2022-02-10]. http://www.chyxx.com/i-ndustry/201912/812932.html.
[2] 马晓卫,仟波,黄海燕.互联网技术影响下体育消费发展的特征、趋势、问题与策略[J].体育学研究,2020,34(2):65-72.

业技术与体育消费相互变革（图2-1）。

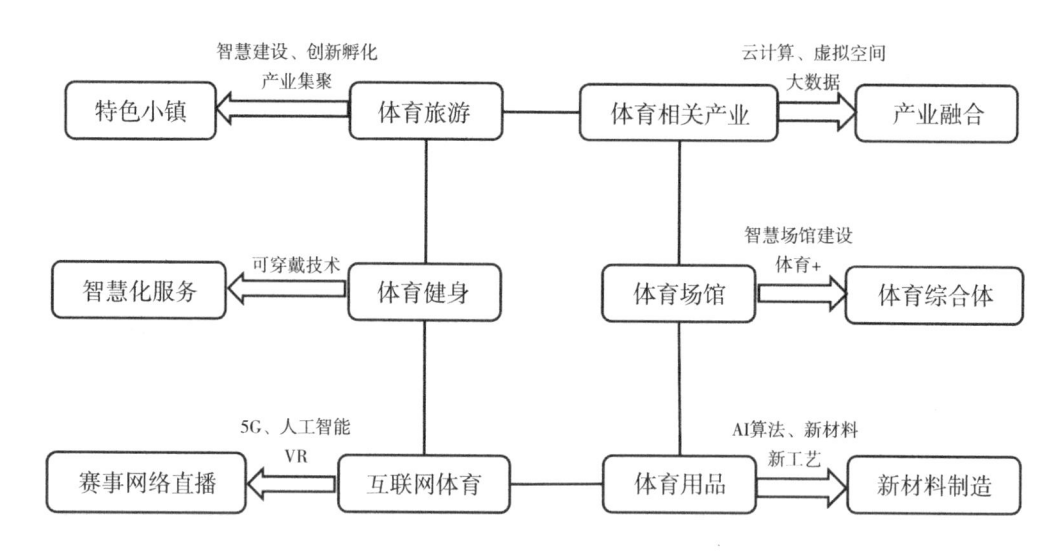

图2-1 体育产业的业态转换

网络数字技术革新为创新体育产业发展模式提供了重要的动力支撑，使得我国部分地区依托区域网络数字技术先进优势，优化区域体育产业发展环境，创新区域体育产业发展模式，建立具有区域发展特色的体育消费产品与服务供给样态，形成了具有区域异质性的体育消费发展格局。例如，安徽省依托华米科技、波动体育等多家核心企业，打造集智慧体育研发、体育制造、赛事运营等于一体的"体医融合"标准示范区、体育产业发展样板区，通过提升体育消费供给产品与服务质量，推动体育消费需求升级，提升区域体育消费水平；此外，我国先后在重庆、安徽、上海、江苏等14个社会经济发展水平较高、网络数字化技术发达、体育消费人群密集的省市建设了80余座智慧体育公园，构建体育服务综合体，打造面向全民健身与公共体育服务的体育消费基地，助力全民健身及体育消费服务的智慧化发展，以提升服务型体育消费对需求的满足能力。显然，区域异质性体育消费发展实际上需有效根据区域网络数字技术发展条件，大力推动网络数字技术与体育产业融合，培育并壮大具有区域特色的体育产业新业态，扩大体育消费规模，满足消费者的多元化体育消费需求，推动区域异质性体育消费发展。

（三）体育消费供给提质扩容

体育消费供给提质扩容是顺应体育消费升级、加快完善促进体育消费机制、改善消费环境、推动体育消费发展的基础动力[①]。研究列举近年来体育赛事举办、体育场地、体育旅游供给内容（表2-3），以分析体育消费供给提质扩容促进我国体育消费发

---

① 张瑞林,李凌,翁银.消费升级视域下推进我国体育服务业发展研究[J].体育学研究,2020,34(6):1-9.

展的现实情况。

表2-3 体育消费供给内容摘要

项目	内容	来源
体育场馆	全国体育场地中，东部地区体育场地71.10万个，占43.29%；场地面积9.38亿平方米，占48.13%。中部地区体育场地40.39万个，占24.59%；场地面积4.18亿平方米，占21.43%。 2018年我国滑雪场馆数量742家，其中黑龙江、新疆、山东、河北、山西等北方与西北方达到78%。	国家体育总局 2018年中国滑雪场馆发展情况
体育赛事	2019年全年马拉松赛事数量持续增长，全国共举办1828场赛事。浙江232场，江苏185场，北京117场，宁夏6场，天津5场等。	中华全国体育总会官方网站 中国田径协会发布《2019中国马拉松年度报告》
体育旅游	2020中国体育旅游精品项目推介工作得到大力支持，共收到来自全国27个省、自治区、直辖市体育局推介的832个项目，其中景区270项、线路158项、赛事327项、体育旅游目的地77项。	中国体育博物馆 2020中国体育旅游精品项目发布

随着消费需求不断升级，多样化体育消费需求成为体育消费的趋势。为发挥体育消费对体育产业结构转型升级的引领作用，体育消费的供给需要提质扩容，以适应消费需求多样化的增长趋势。当前我国部分地区的体育消费供给呈现明显的区域异质性特征，主要表现为根据消费经济发展状况，培育区域性体育消费核心区，开展适合本地区体育产业发展的体育消费供给。例如，成渝地区依托长江经济带与西部大开发国家发展战略支点以及人口稠密地区的优势，体育休闲消费及体育旅游消费等多样化的体育消费需求被激活，区域体育消费潜力得以释放，丰富的体育基础设施建设也推动了观赏型体育消费、服务型体育消费发展，逐步构建出具有区域性的体育消费中心城市[1]。另外，从我国体育消费供给内容看，首先，我国体育场地供给呈现区域异质性，冰雪场地主要集中在我国北部及西北地区，其他类型体育场地主要集中在东部和中部地区。与之相对应，北部和西北地区的冰雪经济发展较好，而东部地区体育产业发展较好，体育消费能力较强。其次，体育赛事数量规模异质性。以马拉松为例，我国马拉松举办次数较多的地区多集中在浙江、江苏、北京等，呈现出东部沿海地区明显多于中西部地区的异质性特点。最后，体育旅游消费异质性。近年来我国部分地区依托区域旅游资源优势，构建区域特色体育旅游，发展区域体育消费。从全国范围看，我国体育旅游精品项目主要集中在江苏、安徽、山东等地区。显然，我国体育消费依据区域地理位置、体育产业资源、人口经济等优势提质扩容，逐渐构筑具有区域发展优

---

[1] 陈林会,刘青.成渝地区双城经济圈体育产业融合发展研究[J].经济体制改革,2020(6):57-63.

（四）体育消费率提升

消费率通常是指一定时期内最终消费支出总额占国内生产总值的比率，其能够反映消费水平、消费需求、消费能力等经济要素[①]。在明晰消费率的基础上，研究认为体育消费率是表示一定时期内体育消费支出总额占国内生产总值的比重。在区域异质性条件下，体育消费率可有效反映人们在体育消费中承担的角色，明确区域体育消费发展状况，判断体育消费发展方向与趋势。

近十年我国居民消费率与全球对比虽落后于发达国家，但随着人民消费需求增加，消费率保持稳步上升状态，且居民人均消费支出从1956年的88.2元提高至2020年的21210元[②③]。我国体育消费率的情况虽未涉及，但体育消费属于居民消费的重要组成部分，因而根据我国居民消费率分析体育消费率具备现实依据。在区域异质性视域下，体育消费率能够反映我国不同区域的体育消费支出总额，从侧面进一步体现该区域的体育消费需求与体育消费能力情况[④]；同时，体育消费率会加速地区体育产业结构变革，促进体育消费需求与供给有效匹配，推动区域异质性体育消费发展。具体而言。体育消费率较高的地区会加快体育产业结构转型升级，引导体育产业结构进行调整，创新体育消费产品与服务供给，培育新型体育消费发展新业态，以适应体育消费市场需求变化趋势，不断满足人们的体育消费需求；体育消费率较低的地区则会通过制定政府政策，优化体育产业消费供给结构，丰富体育消费产品供给，发挥供给引导消费的作用，刺激地区体育消费需求，激发体育消费市场活力。根据《2019互联网体育消费新趋势》研究报告提供的数据显示，北京、上海、广州等一线城市在体育消费总量上依然保持领先，成都、杭州、重庆等新一线城市体育消费总量也呈现迅速增长，新一线城市与二线城市的体育消费总量增加明显，分别增长71%与79%，以适应消费不断升级的趋势；体育消费总量较低的东北三省、山西、新疆、甘肃、云南等地区，则会出台政府体育消费促进政策，扩大体育消费供给，刺激体育消费需求，达到提升体育消费率的目的。不难看出，体育消费率是区域异质性体育消费发展过程中的重要反映指标，对引导区域体育消费发展异质性地区加快体育产业转型升级、优化体育消费产业结构、提升体育消费水平、扩大体育消费需求具有重要推动作用。

---

① 高帆. 劳动者报酬占比城乡收入分配与中国居民消费率——基于省际面板数据的实证研究[J]. 学术月刊, 2014, 46(11):40-49.
② 高波, 雷红. 居民消费率、消费结构与经济增长效应——基于260个城市CLDS的数据研究[J]. 河北学刊, 2021, 41(2):136-145.
③ 江剑平, 朱雪纯, 葛晨晓. 劳动收入差距对居民消费率的影响研究[J]. 消费经济, 2020, 36(1):46-56.
④ 张若. 体育需求与消费的经济学模型及实证检验[J]. 体育科学, 2014, 34(8):13-21.

二、区域异质性视域下体育消费发展的驱动机制分析

在明晰区域异质性体育消费动力要素的基础上，本书试图纵深探究体育消费政策、网络数字技术、体育消费供给、体育消费率各内容要素间的作用关系，以更好地揭示区域异质性体育消费发展的驱动路径（图2-2）。根据马克思政治经济学原理中提出的生产、分配、交换、消费各环节要素彼此之间呈现出循环发展样态，并结合当前经济发展呈现出的双循环格局，研究认为体育消费各动力要素间相互作用、相互促进推动体育消费各内容要素更新升级，扩大体育消费[①]，驱动循环系统整体有序发展。

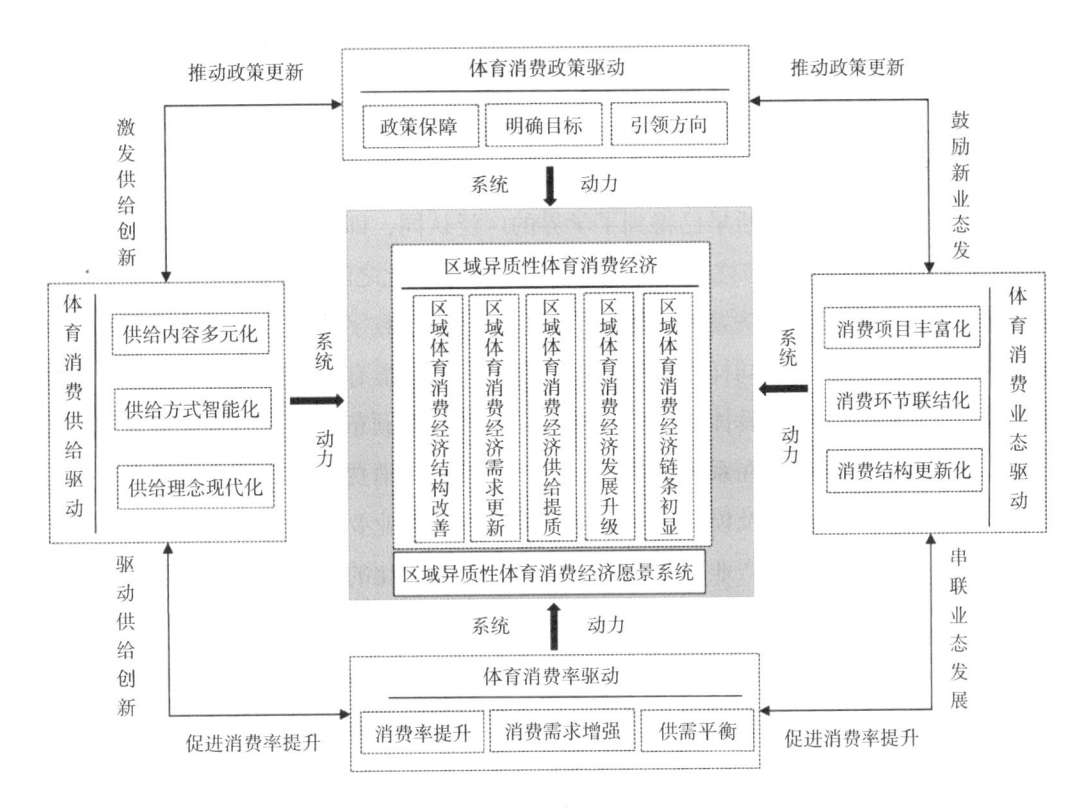

图2-2 区域异质性视域下体育消费的驱动机制

（一）动力要素相互驱动机制

区域异质性的体育消费动力要素相互驱动机制能充分发挥对体育消费增长的合力作用，加速体育消费更新升级。第一，异质性的体育消费政策是引领体育消费发展的助推器，健全的体育消费政策体系为区域体育消费市场提供坚实的政策保障。我国体育消费市场前景广阔，全国各地区应依据当地体育消费发展状况及地区发展特色，积极探索并制定相应的体育消费惠民政策，以期达到鼓励现代化技术应用、推动体育消

---
① 沈克印."双循环"新发展格局下体育产业高质量发展的宏观形态与方略举措[J].体育学研究,2021,35(2):11-19.

费数字经济、消费供给高质量发展的预期目标，进一步驱动区域体育消费发展。同时，各组织部门积极落实体育消费政策，获取体育消费效益，驱动体育消费政策得到反馈更新，更好地服务于体育消费发展。第二，适应不同区域的网络数字经济技术通过融入不同体育产业用品制造、体育消费供给途径等多环节，促进体育消费内容多元化与供给方式智能化结合[①]；体育消费供给质量与效率的提升则进一步加速体育产业融合进程，推动全新业态的发展。体育产业融合得益于消费者消费需求的日益升级，同时其发展样态在有效满足消费者消费需求，激发消费者活力方面发挥指引价值，促进体育消费供需互动，从而推动体育消费率多维提升。与此同时，体育消费结构的不断升级化发展，有效驱动着体育消费供给形态的创新发展。体育消费供给依托于消费需求的变化，适时调整并实现创新发展，从而达到满足消费者需求、有效带动体育产业整体升级发展的多元目标。

（二）动力要素循环驱动机制

经济循环这一重要论断早已得到了学界的广泛认同，即认为经济环节各内容要素如生产、劳动、分工等环节之间并非独立存在，而是彼此之间相互联结[②]。同时，内外循环样态将共同推进着经济发展。体育消费政策、网络数字技术、体育消费供给、体育消费率四个动力要素间同样存在循环机制，这一机制能有效提升不同区域体育消费样态的经济及规模效益。具体而言，根据不同的区域所颁布的体育消费政策为体育消费提供坚实的政策指引。在系列政策指引下，激发体育消费市场结构的升级发展。通过积极探寻创新发展结构及模式，实现与网络技术的产业要素融合，加快体育消费数字化发展，增强区域体育产业发展竞争力。此外，智能化的体育产业消费形态能有效驱动体育产业基础设施建设，提升其供给质量与水平，促进多元化、智能化的体育消费供给渠道形成，最终形成良性体育供给引导体育消费的发展格局。与此同时，面对日益提升的体育消费率，政府相关部门则会反复根据体育消费发展实际状况制定全新消费政策，促进体育消费样态的新一轮循环发展。

---

① 任波.数字经济时代中国体育产业数字化转型：动力、逻辑、问题与策略[J].天津体育学院学报,2021,36(4):448-455.
② 宋宇,孙雪.经济循环理论的比较与启示[J].经济纵横,2021(8):1-11.

第三节 区域异质性的实现路径

一、体育消费政府路径：健全体育消费政策，强化体育消费保障

统筹推进是新时代政府关注的焦点，在保障体育消费动力输出方面，政府应积极发挥其调控职能作用，完善体育消费政策体系，统筹推进体育经济发达地区与欠发达地区的文化交流与信息交流，促进区域异质性体育消费发展。第一，通过完善收入分配体系建立区域体育消费的前提条件。各区域政府应遵循区域经济特点及体育资源特点制定合理的政策，提升公共体育服务的供给水平，减少体育服务性收费项目，宏观调控体育用品的价格，保证体育消费者拥有稳定、可靠的收入，并在此基础上引导居民参与体育消费，鼓励可持续性体育消费，提升体育消费黏性。第二，结合区域体育项目设立体育消费发展立足点。区域政府应根植于地区特色体育项目，以地区性体育项目为立足点，牢固体育消费发展根基。例如，长三角地区竞技类项目消费水平较高，政府部门可以竞技类项目为体育消费发展的立足点，与本地的俱乐部联合举办竞技运动赛事，吸引群众参与，提高体育消费需求；并通过发放体育俱乐部体验券及代金券，鼓励消费者参与竞技运动，带动区域体育消费。第三，建立各级政府间长效链接机制，形成体育产业消费政策落实反馈机制。建立中央、省、市、县、乡镇五级政府联动机制，明确各级政府政策职能及落实方案，加强下级与上级政府之间的反馈，保障各项体育消费政策的落实。同时基层政府应关注区域异质性特征，充分挖掘本地区体育特色及优势，根据地区特色因地制宜落实相关体育政策，实现体育产业政策的逐级对接与落地。

二、体育消费科技路径：创新体育"新基建"，拓宽体育消费数字化模式

科学技术的快速发展催生出众多新兴体育产业，区域体育消费可在结合区域发展特色的基础上积极运用互联网、大数据等数字经济技术，创新区域体育消费"新基建"，拓宽区域体育消费模式及渠道，激发区域体育消费需求潜力，推动数字经济成为区域体育消费发展的重要动力引擎。第一，各地区应以科学技术为抓手，建立符合本地区发展的体育产业科技研发中心，创新体育消费产品生产环节等新技术，优化区域体育消费产品生产结构。积极将大数据、互联网+、人工智能等科学技术融入区域经济、生产经营等诸多环节，提升区域体育消费产品供给效率及水平，实现区域体育

消费的优势发展。第二，合理利用区域优势，利用各地区网络及新媒体，开创区域体育消费发展新模式，通过电子商务、微商等互联网营销，联结区域体育发展特色，建立智慧化产品或服务供给模式，不断拓展区域体育消费线上业务，提高体育消费便利性，满足区域发展水平较低地区的体育消费需求，推动区域异质性体育消费的进一步发展。第三，根据区域异质性条件将科学技术应用到体育场馆、体育赛事、体育旅游消费中，政府可推行体育消费数字经济的区域差异化战略，突出优势地区数字化消费经济转型，打造一大批具有示范功能及价值的智慧化场馆，开创智慧体育发展项目，提高区域体育消费的经营效率以及增强参与体育消费的便捷性，提升体育消费体验。第四，有效结合区域体育文化资源、发展水平，利用科学技术，提供网络化、差异化、个性化、精准化体育供给服务，建立多通道的体育消费模式与消费渠道，丰富体育消费市场化供给，不断满足区域体育消费发展需求。

三、体育消费供给路径：完善区域体育消费基础，增强体育消费供给

根据区域发展状况，建设区域体育消费设施，完善区域体育消费基础，创新消费空间与消费领域，优化体育消费产品流通体系，增强体育消费产品与服务的供给数量与质量，有效推进区域体育消费发展。第一，继续扩大发展水平较高的一线、二线城市体育消费基础设施建设，开发都市核心体育消费商圈，扩大区域体育消费市场规模，激发体育消费市场活力，充分发挥城市体育消费供给的推动力，构建体育消费供给创造体育消费需求及体育消费需求引导体育消费供给的动态互动局面，在此基础上建立完备的体育消费流通体系，保障体育消费的供给质量与供给水平。第二，在长三角地区、京津冀地区等城市群中，发挥城市体育消费核心市场的带动能力，以核心城市为主体，建设体育消费核心城市，辐射周边区域体育消费市场，并发挥体育消费较强地区以"点"带"面"的能力，逐渐形成区域体育消费经济体。第三，欠发达地区或农村地区，体育消费核心商圈、基础设施、产品供给流通体系等均处于较低水平，可建立城市、乡镇、农村三位一体的体育消费产品供给体系，完善体育消费产品物流服务，优化体育消费产品服务供给结构，开创体育消费产品供给的新领域，扩大区域体育消费产品市场，打造全区域的体育消费产品供给网络，提高体育消费供给水平。第四，各区域体育消费类型存在较大差异，不同地区的体育企业、体育品牌等体育消费市场主体应立足于本地区体育消费发展现实状况，通过开展市场调研，及时掌握地区体育消费变化趋势，紧抓体育消费市场发展重心及主流方向，在吸收广大消费者消费意见、产品口碑的基础上，实现区域资源的最大化利用，不断开发适应市场需求的特色体育运动项目。

四、体育消费人口路径：扩大消费人口基数，稳升体育消费率

扩充体育消费人口是促进体育消费率提高的关键，通过体育参与形成一定运动涉入，让更多的人参与体育消费。因而扩充体育消费人口，稳定区域消费成为进一步发展区域体育消费的有效举措。第一，国家体育总局颁布《促进体育消费十点工作实施方案》通过发放体育消费券来扩大体育消费，在2020年借此措施拉动体育消费近百亿元，实现了体育消费政策的引领作用。消费券属于灵活的促销手段，在不同区域，通过对消费券赋予适合地区实际情况的功能，吸引体育消费者参与到消费中，挖掘地区体育消费潜力，充分激发其体育消费活力。政府应加大体育消费券发放，拓宽消费人口，提升政府与市场的亲和度。第二，在刺激地区消费潜力后，构建长期动力与短期动力相结合的发展机制，在体育消费人口实现量的提升后，政府和市场需进行统一调控，增强社会保障，强化消费信心，稳固体育消费人口。第三，在扩大体育消费规模的同时，遵循创新、协调、绿色、开放和共享的新发展理念实现体育消费可持续发展，实施区域协调发展战略，建立稳固的区域协调发展新机制，优化不同区域的消费结构，大力发展小镇体育经济，统筹不同区域社会保障水平，激发体育消费需求，提升体育消费在区域经济发展水平中所占比重，提升体育消费率，稳固体育消费基础。

推动体育消费发展，并促进其与新时代社会经济发展相契合，是驱动我国体育产业高质量发展的重要前进方向。由于地区消费经济异质性的客观存在，导致体育消费发展过程中也存在显著的区域异质性特征表现。与此同时，区域异质性的体育消费也面临消费供需不平衡、体育消费率低的困境。在明晰体育消费理论内涵、辨析区域异质性视域下体育消费发展现状及特征的基础上，通过不同体育消费政策、网络数字技术等动力因素及现实路径机制可有效驱动体育消费发展，实现区域异质性的体育消费各环节要素的有效联动及转变，推动体育消费发展，以期完成体育产业高质量发展的阶段任务与时代目标。

PART 2

体育彩票的
消费验证篇

第三章

体育彩票消费环境的影响因素质性与量化的学术验证

第一节 消费者购买竞猜型体育彩票的影响因素

一、引言

2014年，国务院提出加快体育产业发展、扩大体育消费等国家政策发展重点，可知体育消费已经俨然成为下一阶段之经济发展重点项目。据世界彩票年鉴调查，中国体育彩票销售虽然以2231百万美元的销售金额居于世界第六位，但平均人口销售金额仅为2美元[1]，与其他国家或地区相较之下差距甚远。据2011年中国体育年鉴显示，2010年体育彩票销售金额为694亿元，竞猜型体育彩票借助2010年足球世界杯的缘故，全年销量为147亿元，但这仅仅是自2001年以来最好的彩票销售成绩[2]，对于至今需加快发展的体育产业和全球体育彩票的类型来说也面临着重要考验。因此，如何提高竞猜型体育彩票销量，促进中国体育产业发展，并摄取更多公益金已成为未来体育产业发展的关键。

20年来，我国体育彩票事业发展迅速，虽然整体上体育彩票的总销量成长速度较快，但其中的竞猜型体育彩票类型的销售成长却仍显缓慢。竞猜型体育彩票销售成长低迷的原因相当复杂，其中包括发行机制的不成熟、地下私彩的竞争激烈等，许多人认为应加强体育彩票销售量与盈余分配的问题[3]，但笔者认为此类型的结论可能只解决竞猜型体彩的制度和机制上的问题，另外应尝试着去关注了解为何消费者不愿购买竞猜型体育彩票。本书认为，从产品的本质来看，竞猜型体育彩票同样也具有一般产品的属性，只是要如何将产品属性设计得符合消费者的需求或购买的动机，从而能借由

---

[1] 世界体育彩票官网[EB/OL]. http://www.world—lot—teries.org/cms/.
[2] 国家体育总局体育文化发展中心. 中国体育年鉴[M].北京,中国体育年鉴出版社,2011.
[3] 贾清皓, 陈金盈. 两岸体育彩票公益金使用情况研究[J]. 体育文化导刊，2014(4):103-105.

自身属性以促使彩民消费者进行购买为本书的主要动机。借由探讨体育彩票消费者购买过程中所重视的关键属性,发现消费者期望通过属性所提供的结果特质,以此结果的特质发现消费者内心的价值观,为本书的主要研究目的。

基于体育彩票的自身特性,学者斯科尔尼克(Skolnick)指出,在人类社会中充满着"赌和博弈运气",而这种赌博都是视概率而定的。由于体育赛事过程中具有高度的不确定性,使其将体育竞赛列为标物,同时体育竞赛的规则和干扰因素会影响竞赛结果[1]。这使参与体育竞赛的赌博和购买体育竞猜型彩票的动机与其他赌博有相当程度的差异。

由此可知,消费者购买竞猜型体育彩票与一般下注彩票消费者的购买动机和行为有所差异。

对本书而言,对消费者购买决策的相关文献回顾尤为重要。通过对购买决策的文献回顾可知,布莱克威尔(Blackwell)等经过10个版次的研究确定了消费者决策(CDP)的程序模式,指出消费者决策的结果是商品与服务的购买与使用,决策模式在研究各阶段的活动中由所有变数的影响而组成[2]。彼得(Peter)指出消费决策涉及在两个或更多的可替代行动(或行为)中做出选择[3]。科特勒(Kotler)指出消费者行为研究中的消费者"黑箱"是促使消费者可由外在的刺激来源,营销活动与环境的刺激,经由"黑箱"进行处理,产生购买决策[4]。

上述的文献相关研究已对购买决策明确了定义,对EKB消费者行为模式和科特勒购买行为模式上的探讨更为深入。其中特别针对购买动机能够提供较为深入的资讯和看法的研究工具是构建方法目的链模型,因为此模型可以具体呈现消费者购买的实际购买行为。对体育彩票购买决策、影响消费者购买体育彩票的动机具有深入理论和实证意义的价值。

对于消费者购买动机的相关研究可知,国外虽然有许多与金融商品有关的消费者行为研究,但将研究聚焦在体育彩票消费动机者却相对较少,例如,莱乌托尔德(Leuthold)研究美国居民购买彩票的购买决策时发现影响购买彩票的因素是,购买彩票是否能一夜暴富、期望值是否会大于彩票价格、享受赌博的乐趣、彩票的中奖概率与是否有其公益的用途[5]。即使如此,研究也只能了解消费者购买的动机而已,对于消费者内心的价值观与行为之间的关系也着墨不多。在国外,使用方法目的链模

---

[1] Skolnick J H . House of cards: legalization and control of casino gambling[M].Boston: Little Brown,1978.

[2] Roger D. Blackwell, Paul W. Miniard, James F. Engel . Consumer behavior[M].South—Western College Pub,2005.

[3] J Paul Peter, Jerry C Olson. Consumer behavior and marketing strategy[M].Mcgraw—Hill,2004.

[4] Kotler P.Marketing management: Analysis, planning, implementation and control(9thed.)[M].Upper Saddle River, NJ: Prentice Hall Inc,1998.

[5] Gilvary,M P,Leuthold,J H.Why play the Illinois Lottery Illinois business review[M].October,1989.

型或工具来协助企业制订产品与广告等营销策略早已行之多年。方法目的链模型是一种基于消费者认知结构的研究方式，这种方式并非从生产者的角度来看待产品，而是从消费者的角度出发，比较符合市场导向或顾客导向；此外，采用方法目的链模型也意味着，本书尝试着将体育彩票视为一般商品而不是特殊产品来看待，尝试着透过这样的工具来探讨体育彩票，希望能为体育彩票的营销相关决策提供更丰富的参考资讯[1][2][3][4]。

方法目的链是由古特曼提出，探讨消费者在从事消费购买决策时，会先对产品的特征（fea-tures）或是属性（attributes）的认知、从消费产品之后得到何种消费结果（consequences），并由这些消费结果中获得何种消费价值（values），以达成内心的期望；最后自特征（属性）、结果到价值，可以形成链结（chain），从而来解析体育彩票的属性—结果—价值链[5]，另外，以方法目的链理论（Means-end chain theory）为研究工具，其内涵就是在消费者确定购买决策过程中，会考虑产品特征或是属性及购买的功能性、心理性的结果，以此发现消费者希望通过产品的结果完成获得其价值。同时透过消费者的决策过程提出适应竞猜型体育彩票的营销建议及有效措施。

我们采用方法目的链模型的创新价值在于此，希望透过研究的结果找出那些会影响顾客购买体育彩票的决策因素，以及这些因素会通过何种途径与其心理的价值联结。最后再依照其联结路径绘制HVM层级价值图，并提出营销战略上的建议，以期相关部门在发展竞猜型体育彩票市场时能有更佳策略。

二、研究工具与方法

（一）研究工具

方法目的链的依据是期望—价值理论（Expect-ancy-value theory）发展而来的，因此，就要了解消费者的购买决策过程，确定消费者对于产品的属性—结果—价值的重要因素，以此进行联结，以期认识消费者对于产品最后所形成的价值观，结果与其价值观相符时，消费者就会按照其结果所确定的内容发生其行为[6]。以上的属性—结果—

---

[1] Claeys C, Swinnen A, Abeele P V. Consumer's meansend chains for "think" and "feel" products[J]. International Journal of Research in Marketing, 1995（12）: 193-208.

[2] Olson J C, Reynolds T J. Understanding consumers' cognitive structures: implicationsformarketing strategy[M]. Advertising and Consumer Psychology, Lexington: Lexington Books，1983.

[3] Reynolds T J, Gutman J. Laddering theory, methods, analysis and interpretation[J]. Journal of Advertising Research,1988, 28(1): 11-31.

[4] Walker, Beth A Olson, Jerry C. Means—End Chains: connecting products with self[J]. Journal of Business Research，1991(22): 111-118.

[5] Gutman J. A means—end chain model based on consumer categorization processes[J]. Journal of Marketing,1982，46(1): 60-72.

[6] Rachel Hine, Jo Peacock, Jules Pretty. Green lungs for the east of England[J]. University of Essex,2007.

价值的关系，正是本书的理论核心。

1. 属性

属性是指产品或服务被消费者所知觉到的特征，泛指产品其有形可见的部分，属性大致可分为两大类：具体属性（concrete attributes）与抽象属性（abstract attrib-utes），前者指有形、具体、可直接观察描述的特性；后者则指无形、存在于人们心理主观的描述特性。沃克（Walker）等认为，消费性的产品大多具备有形和无形的特征[1]；斯坦顿（Stanton）则具体指出，产品属性包括了包装、价格、质量、品牌以及销售者的服务等。鉴于上述学者所言，产品属性是消费者对产品所感知到的所有特征[2]。

以竞猜型体育彩票属性来看，产品属性大致上包含了玩法、赔率、公益特性等体育彩票产品所提供的各项服务[3]。

2. 结果

奥尔森和雷诺兹将结果大致分为三种：功能性结果（functional consequence），指消费者使用产品或享受服务后，能立即感受到产品或服务的属性所提供的结果；心理性结果（psychological conse-quence），指产品或服务能让消费者感受并建立（强化）自尊与自信心等；社会性结果（sociological conse-quence），指产品或服务能让消费者感受到自身在他人心中建立其社会地位、提升社会形象[4]。

（二）研究对象与步骤

本书首先访谈专家学者，访谈是为了确定资料内容和分析的类目以及定义，邀请3位具有相关专业背景的专家学者以视讯的方式进行焦点团体访谈，访谈时间大约为1个小时，访谈过程加以录音记录并整理出初步的属性、结果与价值等类目。分析整理出类目后再同2名竞猜型体育彩票的营销主管进行访谈和确定类目后，初步确定了在研究中使用的层级和类目[5]。

构建方法目的链模型方面，依照雷诺兹与古特曼与威廷克（Wittink）等学者建议，建构方法目的链的关联性至少通过三个步骤：首先进行软式阶梯法（soft laddering）访谈，通过一对一深入访谈，让受访者在几乎不受限制的情况下进行思考

---

[1] Walker B A, Olson J C. Means end chains: connecting products with self[J]. Journal of Business Research,1991，22(1)：111−118.

[2] Stanton W J, Etzel M J, Walker B J. Fundamental of marketing[M]. 9thed., New York：Mc Graw−Hill,1991.

[3] 中国体育体育彩票[EB/OL].http//www.lottery.gov.cn, 2014.

[4] Olson J C, Reynolds T J. Understanding consumers' cognitive structures: implicationsfor marketing strategy[M]. Advertising and Consumer Psychology, Lexington: Lexington Books,1983.

[5] Wittink D R, Vriens M, Burhenne W. Commercial use of conjoint analysis in Europe: results and critical reflections[J]. International Journal of Research in Marketing, 1994, 11(1)：41−52.

与回答,自由引出(free elicitation)其真实的内在想法[①]。软式阶梯法借由深度访谈可获得较多资料,方便研究后进行内容分析时编码的建构[②]。其次针对访谈结果以内容分析法分析。最后绘制层级价值图(hierarchical value map,HVM)[③]。在访谈提纲的设计上,除了基本的人口统计变数与体育彩票的购买行为之外,本书依上述学者的建议采用非结构性的提纲,包括"购买彩票时主要考虑哪些因素""为什么考虑此因素?这些因素能带来什么结果""为什么这些结果会这么重要?希望从这些结果中得到什么样的价值"等。

在研究样本的选取上,我们依据受访专家学者与彩票从业者的建议,将竞猜型体育彩票消费者的类型依照体育涉入和赌博涉入分为四个类别,本书将自评为球迷者认为体育高度涉入者,而非球迷则认为是体育低度涉入者;本书对于赌博的涉入程度,同样依照学者与业者的建议,将每周下注竞猜型体育彩票3次及以上者认为赌博高度涉入者,而3次以下则认为是赌博低度涉入者。其中有三类人群:一是赌博涉入高、体育涉入高者,有6人;二是赌博涉入高、体育涉入低者,有7人;三是赌博涉入低、体育涉入高者,有5人。

目前研究针对体育不涉入、赌博不涉入者,将其排除于体育彩票消费市场区隔。其余三个类别的消费者皆包含在本书的抽取样本中(图3-1)。

		体育运动	
		涉入高	涉入低
赌博	涉入高	6人	7人
	涉入低	5人	0人

图3-1 体育运动与赌博涉入程度结构

在建构方法目的链过程中,针对购买竞猜型体育彩票的消费人群具有的特性,采取滚雪球抽样,抽样对象皆符合上述的3个类别人群,每位受访者访谈15—20分钟。访谈过程加以记录并整理成逐字稿。通过方法目的链所产生的层级路径,最后确定本书

[①] Reynolds T J, Gutman J. Laddering theory, methods, analysis and interpretation[J]. Journal of Advertising Research, 1988, 28(1):11–31.

[②] 黄盈裕. 顾客价值的方法目标链结模式之研究——以童装之消费经验为例(未出版博士论文) [D]. 高雄:中国台湾中山大学企业管理研究所, 2001.

[③] Lee W I, Chang C Y, Liu Y. Exploring customers' store loyalty using the means-end chain approach[J]. Journal of Retailing and Consumer Services, 2010, 17(5):395–405.

受访者性别比例为12男6女，平均年龄约为29.7岁（受访者基本资料见附录1）。虽然雷诺兹等认为针对某一群体进行阶梯式访谈至少需要20位的样本数，而古特曼和瑟摩尔（Zeithaml）等学者的研究中也提到样本数是以30人以上为基准的，但在古特曼的研究中也提到了，方法目的链的分析目的在于找出明确联结属性到价值路径或型式。本书首次选取了12位受访者进行分析，当分析至第7位受访者时，访谈所构建的属性、功能与价值基本不会出新；归结到第10位受访者时主要的联结路径模型已经明显出现。为了路径及模型准确性，再次选取了6位受访者，发现并无重叠，只是主要路径的次数增加与首次选取的12位受访者的结果并无差异，因此，虽然本书最后选取18位样本受访者，比上述学者建议的人数少，但我们认为就算人数再增加也只是增加联结的次数而已，对于研究的主要路径与结论并不会有所影响。研究在确定受访人数的问题上，雷诺兹和古特曼研究中指出，抽样的多少决定是否有价值链的构成[①]。本书共计访谈18位受访者，然后将访谈资料整理和归纳为方法目的链的三个层级，同时依靠专家学者的团体访谈结果对所得到的定义进一步将18位受访者的资料进行分类和整理，研究发现，分析到第7位受访者时，访谈结果不会出新，当受访者所回答的内容无法有新的类目进行呈现，此时方法目的链的类目基本完成，通过上述步骤进行整理获取到属性类目8项、结果18项以及价值9项，修正调整后的分类类目与定义见表3-1。

在对受访者进行深度访谈后，本书基于古特曼、瑟摩尔与雷诺兹等所提出的分析方法，将访谈中找出的联结关系转换成层级价值图。为了确定层级价值图的真正组成要素以及各阶层要素间的联结关系，本书以试误的方法在不同的cutoff值之下绘制层级价值图，最后选取cut-off值为3，也就是在3以下者的阶层因素不列入层级价值图（HVM）中。

表3-1 方法目的链的类目与定义量表

属性层级		
具体属性（Concrete Attributes）		
	类目	定义
A01	赔率	在投注者投注当时，体育彩票经营者对投注者因中奖可获得的奖金所设定的赔率，奖金金额即为投注金额乘以固定赔率的金额
A02	玩法	体育彩票针对体育比赛结果的预测所公告的游戏方式，包括"主客和""正确得分""大小""让分"等游戏方式
A03	公益金	竞猜型体育彩票销售额按规定比例提取的专项用于发展体育事业的资金

[①] Reynolds T J, Gutman J. Laddering theory, methods, analysis and interpretation[J]. Journal of Advertising Research, 1988, 28(1):11-31.

续表

属性层级		
具体属性（Concrete Attributes）		
	类目	定义
A04	赌金大小	每次（张、笔）交易投注上限
A05	下注方便性	比赛中也能够下注且能立即找到投注的通道
A06	体育种类	竞猜型体育彩票投注物的体育种类，目前有足球、篮球等
A07	赛前分析	对所有投注物的相关实力分析
A08	实时转播	所投注之赛事能立即在媒体上观赏比赛
抽象属性（Abstract Attributes）		
	类目	定义
无		
结果层级		
功能性结果（Functional Consequences）		
	类目	定义
C01	财富	具有价值的东西，在此指的是金钱
C02	正确下注选择	能正确选择竞猜型体彩投注类型
C03	休闲娱乐	工作以外的时间，自由从事自己所喜欢的活动
C04	改进生活形态	提升个人生活方式的质量
C05	买更多体彩	增加购买竞猜型体彩的次数、频率或投注金额
C06	方便下注	提高购买竞猜型体彩的便利性
C07	增加知识、学习	经由购买竞猜型体彩而获得的相关知识、技能
社会心理性结果（Physiological Consequences）		
	类目	定义
C10	幸运	凡事顺心、意外得到的幸福感
C11	支持球队	对喜欢的球队提供协助，协助的方式可以是倾听、鼓励、金钱、评价
C12	决策的自主权	依照自己的自由意识去做决定
C13	归属感	一个人对某样事物或团体的从属感觉
C14	乐趣	个体因购买竞猜型体彩而感受到欢乐、愉悦
C15	冒险	挑战环境或是某项事务的不确定性与危险，来获取刺激感、挑战感与征服感
C16	增加自尊及自信	是对自己所具有特质所持的态度、感受、评价等，自尊与自信高的人遇到障碍
C17	克服挑战	挑战甚至失败时，就能够勇于面对困难及迎接挑战一种积极的、主动的、进取的人生态势，喜欢向更高的目标前进
C18	加强社交关系	加强与他人的交流互动，以建立更为紧密和谐的关系或提升个人在团体中的重要性
C19	满足好奇	对于特别的人、事、物产生兴趣，进而投入心力去了解
C20	参与感	个体自觉参与某项事务的程度

续表

价值层级		
	类目	定义
V01	归属感	个人拥有归属于某个团体的感觉
V02	刺激	生活中刺激及新奇的挑战，会觉得好奇想要去尝试、挑战
V03	生活中的乐趣与享受	舒适和谐的心理状态，较无感觉到压力，生活中充满欢乐且能愉快地享受生活
V04	与他人幸福温暖	与他人的互动增加并维持良好情谊
V05	自我实现	达成自己的梦想与希望
V06	被他人认可	获得他人的尊敬与重视
V07	成就感	追求成就表现，以自己表现为荣
V08	自尊	对自我存在价值的整体评价，维持自我尊严
V09	自由	没有拘束、没有限制，可以依自我意识来决定物之所属、事之是非等

（三）研究结果与分析

1. 竞猜型体育彩票的属性

基于方法目的链的属性部分，通过软式阶梯访谈法，发现竞猜型体育彩票的消费者购买竞猜型体育彩票所关注的重要因素，有赛前分析（占HVM中属性提及数的27.2%）、赔率（占HVM中属性提及数的24.2%）、体彩种类（占HVM中属性提及数的18.2%）、公益（占HVM中属性提及数的18.2%）以及下注方便性（占HVM中属性提及数的9%）。

2. 竞猜型体育彩票的结果

基于方法目的链的结果部分，竞猜型体育彩票的消费者知觉的重要结果有乐趣（占HVM中结果提及数的16.3%）、财富（占HVM中结果提及数的14.5%）、正确下注选择（占HVM中结果提及数的14.5%）、参与感（占HVM中结果提及数的12.7%）、买更多体彩（占HVM中结果提及数的9%）、支持球队（占HVM中结果提及数的10.9%）、社交关系（占HVM中结果提及数的10.9%）、休闲娱乐（占HVM中结果提及数的5.4%），以及下注方便性（占HVM中结果提及数5.4%）。

3. 竞猜型体育彩票的价值

基于方法目的链的价值部分，竞猜型体育彩票的消费者知觉的重要价值有刺激（占HVM中结果提及数的20%）、成就感（占HVM中结果提及数的17.5%）、生活中的乐趣（占HVM中结果提及数的17.5%）、自我实现（占HVM中结果提及数的17.5%）、与他人幸福（占HVM中结果提及数的12.5%）、被他人认可（占HVM中结果提及数的7.5%）、归属感（占HVM中结果提及数的7.5%）。

通过上述结果的分析建立竞猜型体育彩票矩阵表（表3-2），以此可知ACV层级联结次数及其分析结果。通过ACV层级矩阵表绘制HVM价值图。

表3-2 竞猜型体育彩票属性、结果、价值联结次数矩阵表

	属性（A层）	次数	结果（C层）	次数	价值（V层）	次数
A1	赛前分析	9	C1 乐趣	9	V1 刺激	8
A2	赔率	8	C2 财富	8	V2 成就感	7
A3	体育种类	6	C3 正确下注选择	8	V3 生活中乐趣享受	7
A4	公益性	6	C4 参与感	7	V4 自我实现	7
A5	方便性	3	C5 支持球队 C6 社交关系 C7 购买更多竞猜型体彩 C8 休闲娱乐 C9 方便下注	6 6 5 3 3	V5 与他人幸福温暖 V6 被他人认可 V7 归属感	5 3 3

注：部分因素因联结的次数未达cutoff值，所以未绘入矩阵表中。

4. 购买竞猜型体育彩票层级价值图

本书将上述的访谈分析结果，依据方法目的链的模型和阶梯访谈法归结分析结果，按照属性、结果及价值三个层级，绘制成竞猜型体育彩票层级价值图（HVM）（图3-2）。HVM图中括号内号码为提及该层级的受访者人数。

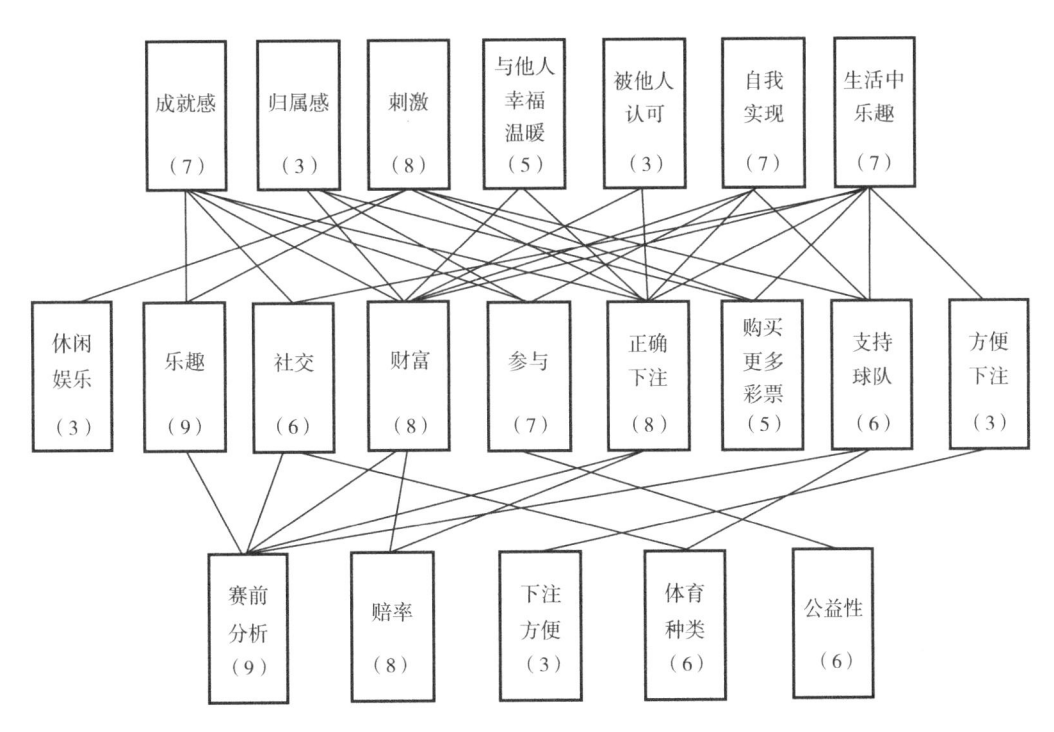

图3-2 竞猜型体育彩票层级价值图

注：1. 本书分析结果（构成层级价值图的ACV层级）图中括号内数字为ACV层级中为各自被受测者提到的次数；2. 图中线条的粗细与联结次数有关，线条越粗代表受访时被提到的次数越多。

三、结论与建议

通过上述的结果价值链分析，发现竞猜型体育彩票层级价值图的主要路径是赛前分析—乐趣、正确下注、社交以及支持球队—刺激，其次是赔率—财富、正确下注—与他人幸福，最后是赛前分析—财富—生活中的乐趣和与他人幸福；但从中发现，参与竞猜型体育彩票的受访者在一定程度上关注选购彩票后的公益性，故此，发现路径是公益性—参与—成就感和自我实现。

（一）结论

1. 属性层级与结果的联结

首先在属性层级关系的联结中，发现赛前分析不仅可以给消费者带来乐趣，同时消费者希望可以通过赛前分析提高正确下注的机会并建立朋友交际关系，从中还发现部分彩票消费者，可以通过赛前分析合理下注支持自己所热爱的球队。另外，竞猜型体育彩票消费者通过赛前分析而获得竞猜型体育彩票的收益，这也是竞猜型体彩消费者购买决策的动机之一。

其次是赔率路径的层级关系，消费者之所以关注赔率，主要是为了获得更多的经济收入，但是竞猜型体彩消费者一般是建立于通过赔率的这一属性问题研究其获取正确下注的概率，以至达到最终的价值层级。

最后是公益性的体育彩票属性的问题，公益性在层级产品属性连接是参与，这表示，竞猜型体育彩票的消费者在选购彩票的过程中部分消费者是为了参与到竞猜型体育彩票中，因此，认为部分彩票消费者与涉入较高的赌博者有相当显著的差异。

2. 结果层级与价值的联结

首先在结果层级关系的联结中，最重要的路径是乐趣、正确下注选择、财富再联结刺激。这对于消费者而言，选购彩票主要目的是获取刺激的价值观，据分析显示，刺激的价值观获取也是通过购买更多彩票来支持自己喜欢的球队。

其次是财富和正确下注联结与他人幸福的价值观。这样的结果也显示出，与他人幸福的价值观是通过消费者购买竞猜型体彩，借由下注方式获得更多财富来体现的。

最后是参与的结果属性联结成就感和自我实现的价值观，这是本书最初没有考虑到的因素，此结果显示，购买竞猜型体彩主要是为了参与，而参与联结的价值观就是选购竞猜型体彩的成就感和自我实现。

消费者自我实现和成就感的价值观也是通过参与体育彩票的投注以及关注体育彩票公益事业来体现的。

（二）建议

1. 属性层级与结果及价值建议

从上述赛前分析属性与结果及价值联结的最主要路径来看，扩宽营销者市场和经营模式应是着重点，期望体育彩票管理中心对竞猜型体育彩票营销者进行定期的课程培训，并针对课程培训进行考核、派发证件，以此建立证照制度，加大对有体育背景的营销人员的投入，此举既可促使营销者迅速了解竞猜型体彩，具备相关的分析能力，使消费者可收集定量的资讯，也可引导消费者理性选购彩票。

另外，要加强体育彩票的消费促销模式，对于涉入较高的人群，要有促销模式的设计，既可加强竞猜型体育彩票的玩法组合，也可稳固消费者建立长期的购买动机。

从赔率层级的主要路径来看，加大竞猜型体彩赔率上限是解决其内在发展的有力保证。透过销售金额的分配比率的上限，多数涉入消费者的吸引力会倾向赔率较高的地下私彩，鉴于地下私彩的盛行，外在解决之道，其一是完善行政立法机制，其二是加快体育彩票管理立法的建设，其三是屏蔽赌博网络，加快互联网监管力度。内核解决之道应该是修改竞猜型体彩的赔率上限，增加返奖比例，即使仍不如地下私彩的赔率，但也已具备相应的竞争，再加之，公立体彩的保障制度，依据研究路径和价值来刺激消费者的消费动机，维持体彩事业稳定持续发展。

从公益性的重要路径来看，投入赛事宣传和业者分析，加大媒介传播和公益价值对消费者市场至关重要。当代世界体育高度繁荣，不仅国际上有世界杯、世青赛、欧冠联赛等，我国也有中国职业篮球联赛、中超联赛、中网大师赛、中国乒乓球职业联赛等，基于我国拥有着多数体育赛事的承办和比较完备的体育传媒，亦可通过相关运动赛事的赞助与转播，加强竞猜型体育彩票的宣传，并建议通过专业人员在各媒体上分析球队实力与竞猜型体育彩票的赔率，介绍球队近况和既往赛的讯息，一方面为消费者提供参考，另一方面刺激消费者认知竞猜型体彩的玩法和特点，促使更多人认识并喜爱竞猜型体彩，以扩大体育彩票的营销市场和提高投注水平。另外，不可忽视的是公众媒介是宣传竞猜型体彩的有力手段，是传播产品最快的手段，着重建设平面、电视与网络媒体的立体传播，加强竞猜型体彩的广告策略，建立长久的选测机制，通过媒介传播公益性和体育事业的投入量，阐明公益博彩和赌博的本质区别。涉入公益体育彩票的活动传播，激发体育彩票消费者的购买动机，疏导病态博彩者的价值认同和公益博彩的属性层级。再者，加大公益价值的投入一方面可以刺激消费者下注，另一方面可以支持国家的群众体育事业和奥运争光计划，以及运动员的后期保障等。

2. 研究展望

对于本书的建议而言，透过资料的分析和总结，研究结果的应用可能只适用于中国大陆地区，后续研究也可以针对中国大陆地区与其他区域或国家进行差异比较。另外，本书属于初探性质，因为资料收集方式采用的是软式阶梯法、访谈法，后续研究可以依此发展出量表来进行较大规模的量化资料收集分析，以更清楚地描绘出消费者心中想法。再者，本书研究中并未对消费者的人口统计变数如收入所得、教育程度、职业等加以控制，后续研究也许可以加入对此部分的探讨。

第二节　消费者购买竞猜型体育彩票影响因素的量化验证

一、引言

体育彩票的收入是一个国家体育事业的主要经费来源，据La Fluer 2010 Almance统计，每年全球发行的体育彩票总额高达1800亿美元，而且此收益利润基本作为扶持国家体育事业经费来源[1]，其中，国家体育彩票中的竞猜型体彩有别于一般博彩和国家福利彩票，具有独特的彩票特性，竞猜型体育彩票的发展趋势处于逐年增长的态势。无论是对体育竞赛投入，还是对民生岗位建设都具备着举足轻重的地位。如今恰逢我国成功申办2022年冬季奥林匹克运动会，另外，在国家大力发展体育产业的政策下，加快发展体育博彩业和竞猜型体育彩票事业也势在必行。

基于已有研究的基础，深入全面了解消费者购买竞猜型体育彩票的价值动机和行为。采用方法目的链为研究工具，对消费者购买竞彩型体育彩票决策的行为动机建立量表，以期通过量化研究结果对中国竞猜型体育彩票消费者购买的消费动机进行全面分析，完善前人的质性研究结果，并且发现其更佳的营销策略，提高竞猜型体育彩票的销量。

通过质性研究结果可知，体育彩票的属性中包含赛前分析、赔率、体育种类、下注方便、公益性。结果中包含功能性结果和心理性结果，其中消费者购买体育彩票的结果共计9项。价值层级中采用LOV价值列表，其中消费者购买体育彩票的价值层级包含7项[2]。研究引述方法目的链的结果产生是以小样本的质性研究为依据和基础的，而对于质性研究结果是否符合真实市场情况产生的疑虑，因此本书目的是通过量化研究方法，一方面分析影响消费者购买竞猜型体育彩票的因素路径探讨，另一方面则是验证方法目的链质性研究结果所得到的路径。本书能够清楚地分析消费者购买竞猜型体育彩票的消费决策和行为，厘清路径之间的影响关系。以此来做出进一步的研究探索。

---

[1] 世界彩票销售额，世界体育彩票官网[EB/OL]. http://www.world-lotteries.org/cms.
[2] 李凌，王俊人.消费者购买竞猜型体育彩票之影响因素初探[J],体育与科学, 2015, 36(2):11–18, 25.

(一)消费者购买竞猜型体育彩票属性与结果联结

通过质性研究结果显示,竞猜型体育彩票的消费者赛前分析:对所有投注物的相关实力分析。受访者共计提出次数达9次。受访者关于对赛前分析的层级联结为乐趣、社交、正确下注、财富、支持球队、购买更多体彩,其联结度分别为6、4、4、3、2、1。赔率:此属性是受访者较为倾向的属性,受访者共计提出次数达8次。受访者关于对赔率的层级联结主要是财富和能否正确下注选择以及是否会购买更多竞猜型体彩,其联结度分别为5、4、2。体育种类:体育种类是指竞猜型体彩投注物的体育种类。此属性为研究中较高的重要因素,受访者共计提出次数达6次。受访者关于对体育种类的层级联结主要是支持球队和休闲娱乐以及社交,其联结度分别为4、1、1。公益性:竞猜型体育彩票销售额中按规定比例提取的专项用于发展体育事业的资金。受访者共计提出次数达6次。受访者关于对公益性的层级联结仅为参与性,其联结度为6。下注方便性:指比赛中也能够下注且能立即找到投注的通道。此属性被提及的次数为3次。受访者关于对下注方便性的层级联结主要是方便下注,其联结度均为3。

(二)消费者购买竞猜型体育彩票结果与价值联结

通过引述文献的研究结果显示竞猜型体育彩票的HVM图中结果与价值联结有以下几点:

①乐趣被提及9次,受访者关于对乐趣的层级价值联结为刺激和成就感,其联结度分别是7、5,而联结乐趣主要产品属性为赛前分析。

②财富指的是金钱,结果层级被提及8次,受访者关于对财富的层级价值联结为与他人幸福温暖、生活中的乐趣、成就感、归属感、被他人认可,其联结度分别为6、5、4、2、1,其联结财富最主要的产品属性为赔率。

③正确下注选择被提及8次,受访者关于对正确下注选择层级价值联结为与他人幸福、刺激、生活中的乐趣、成就感、自我实现以及被他人认可,其联结度分别为5、5、3、3、3、3,而联结正确下注选择重要的产品属性是财富和赛前分析。

④参与感被提及7次,受访者关于对参与感层级价值联结为自我实现、成就感、归属感,其联结度分别为3、2、1,而联结参与感重要的产品属性是公益性。

⑤社交关系被提及6次,受访者关于对社交关系层级价值联结为成就感和生活中的乐趣,其联结度为4、4,联结支持球队最主要的产品属性是赛前分析。

⑥购买更多竞猜型体彩被提及5次,受访者关于对购买更多体彩层级价值联结为刺激、归属感、生活中的乐趣,其联结度为4、1、1。因结果联结价值中归属感和生活中的乐趣未达cutoff值而不进行路径分析。

⑦休闲娱乐被提及3次,受访者关于对休闲娱乐层级价值联结为刺激,其联结度为3。其联结度未达cutoff值而不进行路径分析。

⑧方便下注被提及的次数有3次，受访者关于对方便下注，联结方便下注的产品属性是下注方便，虽方便下注未达到cutoff值，但在质性研究结果中主要属性联结与结果形成联结路径，因此对下注方便的数据进行整理和分析。

通过研究结果可知，第一路径中乐趣联结刺激的价值是消费者购买影响因素的主要路径；第二路径是财富联结与他人幸福、生活中的乐趣等路径；正确下注联结与他人幸福、刺激的路径；第三路径是消费者购买竞猜型体彩自我实现、获得成就感的主要路径；第四条路径是支持自己喜欢的球队是消费者购买竞猜型体育彩票的主要生活乐趣。社交关系是消费获得成就感和生活中乐趣的主要路径，而消费者购买更多彩票的主要想法是为获得刺激，另外两类的结果虽然主要路径强度较弱，但是都已形成个体的主要路径。

基于本书提出的基础路径和质性研究结果的路径进行验证分析，建立结构方程模型构建路径模型进行分析，以此发现其量化路径模型之间的影响关系。

二、研究方案及信效检验

（一）研究对象与方法

1. 研究对象

本书以竞彩型体彩的影响因素路径及相互关系为研究对象，以质性研究结果的方法目的链为研究工具，构建知觉价值图，从而确定消费者购买竞猜型体育彩票影响因素的研究路径模型图。

2. 研究方法

本书通过质性研究结果确定实施方案后，第一，采用问卷调查法在已有研究和文献的基础上构建问卷及量表指标。第二，通过质性的深入访谈法对专家访谈确定问卷和初期检验，并根据专家反馈意见修改量表和题项内容。第三，通过数理统计法对回收数据进行整理，并且通过结构方程模型进行路径分析。

研究初选定彩民50名竞猜型体育彩票消费者进行初测，回收有效问卷49份，根据测量结果重新修订量表，形成正式问卷进行区域发放，于2015年3—4月发放问卷共计500份，回收问卷420份，回收有效问卷396份，问卷有效率94.285%。

本次问卷发放是按照立意抽样的方式进行的，问卷调查对象均为竞猜型体育彩票消费者，问卷的组成是按照Likert5点量表进行设计的。问卷分为四个部分，第一部分为体育彩票属性认知部分，第二部分为体育彩票的结果联结部分，第三部分为体育彩票价值联结部分，第四部分为人口统计变数特征（表3-3）。经SPSS 20.0的分析检定信度Cronbach's α系数及效度KMO及Bartlett球体检验及方差分析。

表3-3 购买竞猜型体育彩票消费者人口统计变数

变数	分类	样本数量	百分比（%）	变数	分类	样本数量	百分比（%）
性别	男	295	74.5	年龄	20～30岁	216	54.5
	女	101	25.5		31～40岁	123	31.1
月可消费	2000元以下	233	58.8		41岁以上	57	14.4
	2001～3000元	135	34.1	学历	本科以下	29	7.3
	3001～5000元	23	5.8		本科含大专	344	86.9
	5001～10000元以上	5	1.3		本科以上	23	5.8
职业	军职人员	12	3.0	婚姻状况	未婚	150	37.9
	公务人员	32	8.1		已婚	230	58.1
	教师	25	6.3		离婚	16	4.0
	商业人员	78	19.7	职业	家庭主妇	13	3.3
	劳工	38	9.6		服务业人员	90	22.7
	学生	100	25.3		其他职业	8	2.0

资料来源：本书。

（二）信效检验

1. 信度检验

研究针对测量的数据结果及归属因子进行内容一致性指标的检验，并采用信度Cronbach's α系数大于0.7的项作为其指标信度的评价标准。从而对变量进行确定及修正。通过按照Likert5点量表确定Cronbach's α检定系数，结果显示，其Cronbach's α系数均大于0.7，表示测量结果量表信度较好，见表3-4。

表3-4 购买竞猜型体育彩票量表信度Cronbach's α系数

变量/因素		量表项	Cronbach's α系数
属性联结结果	赛前分析	J1-J5	0.712
	赔率	J6-J8	0.873
	下注方便	J9	
	体育种类	J10-J11	0.749
	公益性	J12	
结果联结价值	休闲娱乐	V1	
	乐趣	V2-V3	0.817
	社交行为	V4-V5	0.879
	财富	V6-V11	0.810
	公益竞彩	V12-V13	0.851

续表

变量/因素		量表项	Cronbach's α 系数
结果联结价值	正确下注	V14–V19	0.856
	购买更多竞彩	V20–V22	0.876
	支持球队	V23–V25	0.744
	方便下注	V26	

2. 效度检验

效度检验分为内容效度（content validity）、效标效度（criterion validity）及结构效度（construct validity）三个主要的类型。其中效标效度在问卷调查的分析中选择一个准则十分困难，应用受到限制，为此本书在效度检验上，选择内容效度和结构效度进行检验。本书拟定及发放两部分问卷，每部分问卷调查不同的维度与变量。第一部分问卷部分共计12个问项，第二部分问卷共计26个问项。

（1）内容效度

本书针对质性研究的变量调查结果和变量维度。在本书中对测量指标和内容与其研究者和专家进行了评判和修正，内容的各个调查变量和维度基本符合测量目的和要求。

（2）结构效度

本书在问卷问项的结构上采用两个部分，每个部分题项不超过30个，符合因子分析的结构。通过SPSS 20.0的问卷结构性检验结果显示，属性联结结果部分的量表KMO=0.906，变量的Bartlett的球体检验值（2858.671，P=0.000）；在结果联结价值的量表KMO=0.926，变量的Bartlett的球体检验值（7447.014，P=0.000），因此符合因子分析和理论假设的相符程度。

三、结果与分析

（一）路径模型呈现

本书采用结构方程模型，评价整体模型拟合度最常用的是卡方检定，但由于易受到样本数及多变项常态的分配影响[1]，因此建议多数研究要以多项指标来做评价指标[2]，以此对模型的可接受性起到作用。以下对评价模型的整体结果指标提供参考，提出拟合度指标建议值表（表3-5）。

---

[1] Fornell C R, Larcker F F. Structural equation models with unobservable variables and measurement error [J]. Journal of Marketing Research,1981(18): 39–51.

[2] Iwasaki Y. Examining rival models of leisure coping mechanisms[J].Leisure Studies,2003(25): 183–206.

表3-5 模型拟合度指标及建议值表

评价指标	指标含义	指标建议值
卡方值 χ^2	χ^2显著水平（P＞0.05），模型才可被接受	P＞0.05（Bentler, 1990）
GFI	GFI解释样本数据变异数与共变数之间的程度，GFI值越大表示拟合度越佳。范围0~1	GFI＞0.9（Cheung and Rensvold, 2002）
均方根残差 RMR	RMR代表观察共变异量矩阵与资料数据矩阵间的差异平方的平均值。RMR值越小表示该模型越拟合。范围0~1	RMR≤0.05（Jöreskog and Sörbom, 1993）
均方根 RMSEA	RMSEA为比较理论模型与完美拟合的饱和模型的差距程度。RMSEA数值越小，表示模型的拟合度模型越完善。范围0~1	RMSEA≤0.05良好适配；0.05＜RMSEA＜0.08不错的适配；0.08＜RMSEA＜0.10中度适配；RMSEA＞0.10不良适配（Browne and Cudeck, 1993）
规范拟合指标 NFI	NFI为比较理论模型与独立模型的卡方差异，可以说明模式较虚无模型的改善程度。NFI值越大表示适配度越佳。范围0~1	NFI＞0.9（Bentler, 1990）
非规范适配指标 NNFI（TLI）	即模型复杂度后的NFI，其值越大，拟合度越高。范围0~1	NNFI＞0.9（Bentler and Bonett, 1980）
比较适配指标 CFI	CFI是反映理论模型与独立模型差异程度的量数。CFI值越接近1表示拟合度越高。范围0~1	CFI＞0.9（Bentler, 1990）
增值适配指标 IFI	IFI是NFI的修正，其目的是减低NFI对样本大小的依赖。IFI值越大表示模式拟合度越好。范围0~1	IFI＞0.9（Hu and Bentler, 1999）
卡方自由度比 χ^2/df	卡方自由度比越小表示模型的拟合度越高，卡方自由度比小于3为可接受的标准	$\chi^2/df \leq 3 \sim 5$（Hayduk, 1987）

资料来源：引自各文献数据值[1][2][3][4][5][6][7]。

---

[1] Bentler P M. Comparative fit Indexes in structural models[J]. Psychological Bulletin,1990, 107 (2):238-246.

[2] Cheung G W & Rensvold R B. Evaluating goodness-of-fitindexes for testing measurement invariance[J]. Structural Equation Modeling,2002, 9 (2):233-255.

[3] Jöreskog K G, Sörbom D. LISREL 8: structural equation modeling with the SIMPLIS command language[M]. Chicago: Scientific Software International,1993.

[4] Browne M W, Cudeck R. Alternative ways of assessing model fit. In K. A. Bollen & J. S. Long (Eds.) Testing structural equation models (pp. 136-162)[M]. Newbury Park, CA: Sage. 1993.

[5] Bentler P M, Bonnet D C. Significance tests and goodness of fit in the analysis of covariance structures. [J]. Psychological Bulletin,1980，88 (3):588-606.

[6] Hu L, Bentler P M. Cutoff criteria for fit indexes in covariance structure analysis: Coventional criteria versus new alternatives[J].Structural Equation Modeling,1999，6 (1):1-55.

[7] Hayduk L A. Structural equation modeling with LISREL:essential and advances[M].Baltimore, MD: Johns Hopkins Press,1987.

通过表3-5拟合度指标的说明，本书在已有引述HVM图的路径模型的基础上，经过Amos23.0与SPSS20.0的统计运算和路径分析，构建了三个主要路径结构方程式模型。并对本书的量表拟合度和整体模型分别进行呈现。

1. 赛前分析模型

通过结构方程模型-Amos的运算得出其部分拟合数据，见表3-6。证明赛前分析模型路径拟合指数良好，并得出修正后的赛前分析路径模型。

表3-6　赛前分析模型的拟合度指标表

指数	RMR	GFI	RMSEA	NFI	IFI	CFI	NNFI（TLI）	x^2/df
拟合指数	0.090	0.908	0.081	0.916	0.938	0.938	0.918	3.596
标准指数	≤0.05	>0.9	≤0.05~1	>0.9	>0.9	>0.9	>0.9	≤3~5

通过对上述赛前分析模型的拟合度说明和模型路径图设计分析，得出其路径模型的路径结果。以此结果说明赛前分析的假设（表3-7）。

表3-7　赛前分析路径分析结果表

假设	路径			Estimate	S.E.	C.R.	P
H1	乐趣	<---	赛前分析	0.100	0.135	0.742	0.458
H2	社交	<---	赛前分析	4.92	0.334	4.464	***
H3	支持球队	<---	赛前分析	2.453	0.473	5.184	***
H4	财富	<---	赛前分析	0.814	0.224	3.625	***
内部路径	乐趣	<---	社交	0.688	0.047	14.520	***
内部路径	财富	<---	乐趣	0.328	0.058	5.653	***
结果联结	V4	<---	社交	1.000			
结果联结	V5	<---	社交	1.012	0.046	21.809	***
结果联结	V2	<---	乐趣	1.000			
结果联结	V3	<---	乐趣	1.89	0.068	17.560	***
结果联结	V23	<---	支持球队	1.000			
结果联结	V24	<---	支持球队	0.784	0.074	10.555	***
结果联结	V25	<---	支持球队	6.60	0.141	11.794	***
价值路径关系	V8	<---	财富	1.000			
价值路径关系	V9	<---	财富	1.027	0.036	28.353	***
价值路径关系	V10	<---	财富	0.805	0.048	16.741	***
价值路径关系	V11	<---	财富	0.897	0.045	19.748	***

说明：表中***代表P<0.001，路径联结以图中箭头为准。其中Value（价值）问项中共计问卷26项价值，其中V系列编码为消费者心理价值的不同调查维度。

2. 赔率模型

研究赔率模型路径的部分拟合数据见表3-8。研究赔率模型路径的拟合指数良好，并得出修正后的赔率路径模型。

表3-8 赔率模型的拟合度指标表

指数	RMR	GFI	RMSEA	NFI	IFI	CFI	NNFI（TLI）	χ^2/df
拟合指数	0.041	0.954	0.047	0.961	0.982	0.981	0.975	1.863
标准指数	≤0.05	>0.9	≤0.05	>0.9	>0.9	>0.9	>0.9	≤3~5

通过表3-8赔率模型的拟合度说明及赔率路径模型图的呈现，经Amos结构方程的运算，得出其路径模型的路径结果。以此结果说明赔率的假设（表3-9）。

表3-9 赔率路径分析结果表

假设	路径			Estimate	S.E.	C.R.	P
H6	财富	<---	赔率	0.066	0.036	1.803	0.071
H7	正确下注	<---	赔率	0.368	0.055	6.676	***
H8	购买更多彩票	<---	赔率	0.243	0.066	3.694	***
内部路径	财富	<---	正确下注	0.748	0.062	12.001	***
内部路径	购买更多彩票	<---	财富	0.429	0.076	5.660	***
结果	V14	<---	正确下注	1.000			
结果	V15	<---	正确下注	1.950	0.081	14.802	***
结果	V17	<---	正确下注	0.676	0.074	9.174	***
结果	V18	<---	正确下注	0.897	0.078	15.480	***
结果	V19	<---	正确下注	0.915	0.076	11.977	***
联结	V8	<---	财富	1.000			
联结	V9	<---	财富	1.031	0.037	27.589	***
联结	V10	<---	财富	1.094	0.074	14.732	***
联结	V11	<---	财富	2.660	0.073	17.229	***
价值路径关系	V20	<---	购买更多彩票	1.000			
价值路径关系	V21	<---	购买更多彩票	1.056	0.058	18.133	***
价值路径关系	V22	<---	购买更多彩票	0.992	0.054	18.410	***

说明：表中***代表P＜0.001，路径联结以图中箭头为准。其中Value（价值）问项中共计问卷26项价值，其中V系列编码为消费者心理价值的不同调查维度。

3. 体育种类模型

本书的第三个主要模型是体育种类的路径，其拟合度数据见表3-10。通过Amos的运算，体育种类模型路径的拟合指数良好，并建立体育种类路径模型。

表3-10 体育种类模型的拟合度指标表

指数	RMR	GFI	RMSEA	NFI	IFI	CFI	NNFI (TLI)	x^2/df
拟合指数	0.038	0.979	0.066	0.972	0.982	0.982	0.965	2.713
标准指数	≤0.05	>0.9	≤0.05	>0.9	>0.9	>0.9	>0.9	≤3~5

通过对体育种类模型的拟合度说明及得出的体育种类路径模型图，经Amos结构方程的运算，得出其体育种类路径模型的路径结果，以此结果说明体育种类的假设（表3-11）。

表3-11 体育种类路径分析结果表

假设	路径			Estimate	S.E.	C.R.	P
H9	支持球队	<---	体育种类	0.457	0.095	4.811	***
H11	社交	<---	体育种类	0.781	0.096	8.106	***
内部路径	支持球队	<---	社交	0.173	0.056	3.096	0.002
结果联结价值路径关系	V4	<---	社交	1.000			
	V5	<---	社交	0.895	0.071	12.685	***
	V23	<---	支持球队	1.000			
	V24	<---	支持球队	0.862	0.077	11.400	***
	V25	<---	支持球队	0.901	0.087	10.315	***

说明：表中***代表P<0.001，路径联结以图中箭头为准。其中Value（价值）问项中共计问卷26项价值，其中V系列编码为消费者心理价值的不同调查维度。

4. 下注方便及公益性博彩的相关分析说明

研究在路径模型的基础上进行Amos的运算，由于下注方便和公益性博彩属于单一测量路径，因此无法进行路径的分析，针对本书所限进行下注方便和公益性的相关分析。本书进行相关分析过程中，只能证明问项之间的相关关系，不能说明路径关系和影响力，但基于质性研究的路径模型上进行说明，以期说明问项之间的相互关系。

属性联结结果层面：研究问项中下注方便（S3）与方便下注（J）联结皮尔逊（Pearson）相关性为（0.138**，P<0.01），结果相关性显著。研究问项中公益性（S5）与参与性（J12）联结皮尔逊相关性为（0.521**，P<0.01），结果相关性显

著，此属性联结结果与质性研究结果并无差异，而且从量化的结果发现，公益属性是竞猜型体育彩票消费者参与竞彩的重要因素。

结果联结价值层面：研究问项中方便下注（J9）与生活中的乐趣价值（V26）联结皮尔逊相关性为（0.218**，P<0.01），相关性效果显著。研究问项中参与性（J12）与成就感、自我实现（V12、13）联结皮尔逊相关性分别为：与成就感联结其相关性为（0.228**，P<0.01)，与自我实现联结其相关性为（0.462**，P<0.01），效果显著。

（二）路径模型分析

1. 赛前分析路径的结果分析

竞猜型体育彩票赛前分析是对所有投注物的相关实力分析，是消费者在从事购买竞彩型体育彩票过程中其所从事的购买决策因素。赛前分析的价值结果联结直接体现消费者内心价值观和诉求，这对于从事营销体育彩票和消费者购买行为具有指导作用。

赛前分析正向地影响社交并联结成就感和生活中的乐趣（V4、V5），联结社交结果（CR=4.464，P<0.001），联结价值V4和V5（CR=21.809，P<0.001）；赛前分析对乐趣结果联结的影响力较差并联结成就感和刺激（V2、V3），联结乐趣结果（CR=0.742，P=0.458），模型联结的路径影响路径薄弱，H2假设不显著。赛前分析正向的影响财富结果并联结与他人幸福、被别人认可、自我实现、生活中的乐趣（V8、V9、V10、V11），联结财富结果（CR=3.625，P<0.001），联结价值V9（CR=28.353，P<0.001）、联结价值V10（CR=16.741，P<0.001）、联结价值V11（CR=19.748，P<0.001）；赛前分析正向的影响支持球队结果并联结刺激、自我实现、生活中的乐趣（V23、V24、V25），联结支持球队结果（CR=5.184，P<0.001），联结价值V24（CR=10.555，P<0.001）、联结价值V25（CR=11.794，P<0.001）；其中变量之间的内部影响路径，社交联结乐趣并联结财富，说明赛前分析中影响因素中变量的内部关系密切，社交影响购买乐趣，购买乐趣影响财富价值。

2. 赔率路径的结果分析

竞猜型体育彩票赔率是指在投注者投注当时，体育彩票经营者对投注者因中奖可获得的奖金所设定的赔率，奖金金额即为投注金额乘以固定赔率的金额。赔率的价值结果联结是影响消费者最为重要的因素。

赔率正向影响消费者财富的结果路径并联结与他人幸福、被别人认可、自我实现（V8、V9、V10、V11）；联结财富结果（CR=1.803，P=0.071）；联结价值（V8、V9、V10、V11）分别为，V9（CR=27.589，P<0.001）；V10（CR=14.732，P<0.001）；V11（CR=17.229，P<0.001）。赔率正向地影响正确下注并联结成就感、刺激、被他人认可、自我实现、生活中的乐趣（V14、V15、V17、V18、V19），联结

正确下注结果（CR=6.676,P＜0.001），而联结价值（V14、V15、V17、V18、V19）分别为V15（CR=14.802，P＜0.001），V17（CR=9.174，P＜0.001）；V18（CR=15.480，P＜0.001）；V19（CR=11.977，P＜0.001）。赔率正向的影响购买更多彩票并联结价值归属感、刺激、生活中的乐趣（V20、V21、V22），联结购买更多彩票的结果（CR=3.694，P＜0.001）；联结价值（V20、V21、V22）分别为V21（CR=18.133，P＜0.001）；V22（CR=18.410，P＜0.001）。其中变量之间的内部影响路径，正确下注联结财富并联结购买更多彩票，内部变量说明正确下注影响财富的投入；财富投入影响购买更多彩票。影响因素中变量的内部关系影响路径非常显著。

3. 体育种类路径的结果分析

竞猜型体育彩票体育种类是指竞猜型体育彩票投注标物的体育种类，目前有足球、篮球等。体育种类是消费者在产生购买行为时所关注的重要因素，这对于发现消费者在购买竞猜型体育彩票中的消费行为和动机影响因素，具有重要作用。

体育种类正向影响消费者支持球队的结果路径并联结刺激、自我实现、生活中的乐趣（V23、V24、V25）；联结支持球队的结果（CR=4.811，P＜0.001）；联结价值（V23、V24、V25）分别为V24（CR=11.400，P＜0.001），V25（CR=10.315，P＜0.001）。体育种类正向影响消费者社交的结果路径并联结成就感、生活中的乐趣（V4、V5）；联结社交的结果（CR=8.106，P＜0.001）；联结价值V5（CR=12.685，P＜0.001）。其中变量之间的内部影响路径，社交联结支持球队，内部变量说明良好的社交关系会促进消费者所投注的球队。影响因素中变量的内部关系影响路径显著。

四、结论与建议

（一）结论

赛前分析作为体育彩票消费者购买竞猜型体彩影响因素的属性，其量化结果的显示与社交、乐趣、财富和支持球队都是具有正向的影响，而且在主要的路径上对财富、社交、支持球队上因果显著，另外，在赛前分析属性的潜变量的影响下对于可测变量之间的关系在模型上也有显示，研究确定了LOV价值路径列表。

赔率是本书调查结果最主要的路径属性，赔率属性在其量化结果中与正确下注、财富、购买更多彩票具有正向的影响，对其潜变量有显著的结果。另外，赔率的高低对消费者的下注行为决策具有直接影响，因此LOV价值变量结果显著。

体育种类是消费者购买动机的体现，是影响因素的重要组成属性。体育种类在其量化研究的结果中与社交、支持球队具有正向的影响，体育种类的选择也对社交结果有显著的影响。另外，社交和支持球队对LOV价值变量结果有直接效果。在其HVM知觉价值图中，社交影响支持球队并且有显著的直接效果。

（二）建议

根据量化研究的结果，赛前分析联结结果与价值的研究结果体现，未来竞猜型体育彩票应建立长效的稳定的购买机制，加大对竞猜型体育彩票消费者的关注，建立体育彩票消费者的社群，并发展网络社群经济的消费。另外还应建立竞猜型体育彩票营销者、分析者的证照制度，建立健全的常态机制。

根据赔率的路径联结显示，我国竞猜型体育彩票应扩大销售量，全面提高竞猜型体育彩票的赔率，优化分配机制、多元体育彩票玩法和返奖比例，规范赔率比例和稳定竞猜型博彩市场，从而抵制私彩消费者市场，实现体育彩票稳步发展。

依据方便下注的路径联结显示，我国竞猜型体育彩票的应加快网络市场的管制，一方面是治理网络投注市场，另一方面是建立国家正规网络投注平台，此为有效扩宽销路的主要手段，以期建立公立网络投注平台进程，一是为了销路的建设，二是为了同国际上营销竞猜型体育彩票发达地区步伐一致。全面促进我国竞猜型体育彩票的快速成长。

建议依据体育种类的路径联结显示，投注标物的不同类型，建议一方面加大对投注标物和玩法上叠加和更新，另一方面加大对赛事宣传和媒介传播以及对各类赛事的转播和投入。另外还要加强对体育彩票投注种类和我国优势联赛的融合和开展，突破传统的体育彩票竞猜投注种类，以此刺激消费者进行多方面的价值考虑和投入。

依据公益性的路径联结显示，我国要加大对公益性的投入，也要加大对公益金使用的透明度公开，扩大竞猜型体育彩票的媒体传播，扩宽对体育事业的投入路径，完善运动员后勤保障制度，建立规范化、细致化、透明化的公益投入机制，全面深入地为我国体育事业又好又快的稳步发展注入新鲜活力。

（三）对未来研究发展的建议

就于本书的建议而言，通过对量化数据的整理和分析，本书结果旨在对于质性研究的完善和发展，研究的结果仅限应用于中国大陆地区，其后续发展也可以针对人口统计变数如年龄、性别、教育程度等大数据进行分析和整理。另外，未来研究也可以针对不同国家或地区进行对比，以便更加全面地诠释消费者想法和动机，期许未来研究成果能够更加丰富和完善。

第三节　竞猜型体育彩票消费者购彩行为的纵向发现

一、问题提出

竞猜型体育彩票是体育彩票产品中的核心产品，也是一类独特的产品，其将体育赛事与彩票相结合，包含较大的智力与分析因素[1]。然而，消费者在购买竞猜型体育彩票时往往未进行赛前分析，直接模仿他人购彩行为或跟随预测专家的意见，做出非理性购彩行为。非理性购彩行为影响消费者正常博弈和决策，同时也影响了体育彩票事业健康可持续发展。因此，如何促进竞猜型体育彩票消费者的购彩行为趋于理性化，建立健康的购彩环境，成为消费者、体育彩票机构、政府管理部门等热议的问题。随着网络信息技术的普及，互联网、手机App等成为诸多竞猜型体育彩票消费者获取"购彩信息"的途径，竞猜型体育彩票预测机构、预测分析师、彩民中奖排行榜等引起了消费者注意，导致消费者跟随或模仿他人的态度或行为，引发竞猜型体育彩票消费者的"羊群效应"现象。这种购彩的羊群效应是指消费者完全忽略了自己的购彩认知，模仿他人的行为，极大影响了消费者在购彩过程中的理性思考与判断，对常态化的竞彩决策会形成干预和影响。鉴于此，本书基于竞猜型体育彩票消费者的羊群效应视角，从社会影响理论出发，探析消费者产生羊群效应的内在归因，并进一步通过社会学习概念，兼顾彩票社会责任的作用，挖掘竞猜型体育彩票消费者由非理性向理性购彩行为转变的路径。诚然，期望通过理论与实证问题解决并促进彩票消费者越来越趋于理性购彩，形成健康的竞猜型体育彩票消费环境，对推进体育彩票事业健康可持续发展具有较好的理论与实践意义。

追溯相关学者探寻羊群效应的归因，发现社会影响是导致消费者产生羊群效应的重要原因[2]。社会影响是指社会诱导的行为变化，个人会受到某一领域的专家、领头人等其他个体的影响，进而产生观点或行为上的改变[3][4]。纵观国内外相关研究，社会影

---

[1] 李凌,张瑞林,王俊人,等.消费者购买竞猜型体彩偏好路径的实证分析[J].体育与科学,2016,37(2):89-99.
[2] 殷猛,李琪,刘洋.网络购物节中的羊群效应及其对冲动购物的影响——基于社会影响理论和羊群效应的实证[J].中国流通经济,2019,33(8):99-107.
[3] Kelman H C. Further thoughts on the processes of compliance, identification, and internalization[J]. Social Power and Political Influence. 1974:36-47.
[4] Venkatesh V, Davis F D. A theoretical extension of the technology acceptance model: four longitudinal field studies[J]. Management Science, 2000, 46(2): 186-204.

响理论广泛应用于消费者行为学的研究中[1]。从宏观层面而言，社会影响会预测新兴消费市场水平，对整个消费者群体产生影响，使消费者行为趋同化，引发新型消费市场的羊群效应[2]。从微观层面而言，消费者在他人社会影响下，促进消费者产生模仿心理与行为，影响消费者的购买决策[3]。相关研究也运用实验法，探究了同事、家人、朋友等同龄人在选择消费产品时可能产生的社会影响，并进一步测试了社会影响对"群体行为"和"社会学习"的影响[4]。诸多研究证实，社会影响理论应用广泛，并且在社会影响的作用下，消费者的观点、态度和行为均会受到影响，但社会影响理论在竞猜型体育彩票的研究中还并不深入，对于竞猜型体育彩票消费者，在购买彩票过程中所处的社会环境是否影响消费者的正常判断，如何导致消费者非理性羊群效应？该问题尚未得到论证。因此，本书的第一个研究方面是以社会影响为切入点，探寻竞猜型体育彩票消费者产生羊群效应的归因。

在行为学研究领域中羊群效应内涵与机制的测度上，发现相关学者将羊群效应行为分为理性和非理性两个框架。理性羊群行为可分为三类：支付外部性、信息学习以及基于委托代理关系的羊群行为。支付外部性是指在市场发生变化时，先采取行动的人会危及后者的利益，参与者的理性选择就是争先，这种结果在银行挤兑中比较常见[5]；信息学习是参与者因不能收集足够的私人信息，导致信息不对称，而从其他决策者的信息和行为中进行猜测或模仿[6]；委托—代理是分析职业经理人的决策行为，主要适合在职业经理人的决策行为研究中。非理性羊群行为包括群体压力和对权威的服从，群体压力来自周围的人群，当其他人做出相同的决策时，消费者常会不自觉地服从这种压力，也会做出相同的决策；权威的服从则指人们在无意识的情况下服从某些专家或意见领袖传播的信息，进而做出决策行为[7]。竞猜型体育彩票是将彩票和体育结合起来的一种博彩产品，它需要消费者对比赛数据信息进行分析，并熟知彩票规则，

---

[1] 魏如清，唐方成. 用户生成内容对在线购物的社会影响机制——基于社会化电商的实证分析[J]. 华东经济管理，2016, 30(4):124-131.

[2] Dholakia U M, Talukdar D. How social influence affects consumption trends in emerging markets: an empirical investigation of the consumption convergence hypothesis[J]. Psychology & Marketing, 2004, 21(10): 775-797.

[3] Grinblatt M, Keloharju M, Ikäheimo S. Social influence and consumption: evidence from the automobile purchases of neighbors[J]. The review of Economics and Statistics, 2008, 90(4): 735-753.

[4] Salazar H A, Oerlemans L, van Stroe - Biezen S. Social influence on sustainable consumption: evidence from a behavioural experiment[J]. International Journal of consumer studies, 2013, 37(2): 172-180.

[5] 吴福龙，曾勇，唐小我. 羊群效应理论及其对中国股市的现实意义[J]. 预测，2003(2):62-68.

[6] 张科，裴平. 信息不对称、贷款人类型与羊群效应——基于人人贷网络借贷平台数据的研究[J]. 经济管理，2016, 38(6):125-137.

[7] 秦海英. 实验与行为经济学[M]. 北京：中国财政经济出版社，2010

是一种极具智力性、趣味性、竞争性的博彩活动①②。因此，羊群行为中的信息不对称、群体压力、权威服从符合彩票消费者进行博彩决策时产生的羊群效应情况，而支付外部性以及委托—代理则无法与竞猜型体育彩票消费者的购彩行为相关联。在竞猜型体育彩票消费过程中，消费者常因信息不对称、群体压力或权威服从等影响自身的理性判断和分析。因此，本书第二个研究是选取羊群效应中信息不对称、群体压力、权威服从三个方面，探究竞猜型体育彩票消费者的购彩行为过程。

社会学习理论强调个体在社会情景下学习是如何发生的，同时阿尔伯特·班杜拉（Albert Bandura）认为社会学习是个体会观察、模仿以及学习他人的行为，目的是提高自己的能力③。在消费行为学层面，社会学习是影响消费者的购买决策重要因素，在消费者掌握信息不充足的情况下，会促进消费者社会学习，模仿他人的消费行为④。同时，在外界社会规范的影响下，消费者会产生心理意识变化，促进消费者个体的社会学习，转变消费行为方式⑤。社会学习理论在消费者行为学研究中广泛应用。然而，在竞猜型体育彩票消费行为中，消费者会因个人或群体产生的社会影响，产生诸多羊群效应中的信息不对称、群体压力、权威服从等现象，是否会引起一些消费者在决策过程中进行社会学习，观察、模仿以及学习他人的行为，进而影响到消费者的购彩行为？此问题尚未明晰。因此，本书的第三个研究是将社会学习理论应用到竞猜型体育彩票消费者行为中，深入探讨社会影响对竞猜型体育彩票消费者社会学习的作用以及社会学习对后续购彩行为的影响。

彩票社会责任源于企业社会责任⑥，它是指彩票行业为追求经济与社会综合效益最大化，实现自身的可持续发展，在其运行发展过程中对相关利益各方及社会所承担必要的社会责任和义务⑦。具体而言，彩票方通过优化彩票玩法、合理设置游戏过程，引导消费者进行理性购彩，并采取相应的限购手段，弘扬公益文化，保证消费者的健康购彩心态，减少问题彩票消费者的产生，以保护彩票消费者的权益。竞猜型体育彩票消费者作为利益相关方之一，彩票业有必要对消费者履行社会责任，减少问题博彩、引导消费者合理购买彩票，形成健康理性的购彩环境。然而，探讨彩票社会责任在竞猜型体育彩票消费者购彩行为过程中的调节作用仍存在不足。因此，本书的第

---

① 李海.新编体育博彩概论[J].上海：复旦大学出版社，2013:102-119.
② 李凌,张瑞林,王立燕.感知信赖模型:竞猜型体育彩票再购意愿的质性研究——基于扎根理论研究视角[J].天津体育学院学报,2018,33(3):204-209.
③ Bandura A, Walters R H. Social learning theory[M]. Englewood Cliffs, NJ: Prentice-hall, 1977.
④ 冯娇,姚忠.基于社会学习理论的在线评论信息对购买决策的影响研究[J].中国管理科学,2016,24(9):106-114.
⑤ 王建明,贺爱忠.消费者低碳消费行为的心理归因和政策干预路径:一个基于扎根理论的探索性研究[J].南开管理评论,2011,14(4):80-89,99.
⑥ 王玲.论企业社会责任的涵义、性质、特征和内容[J].法学家,2006(1):136-142.
⑦ 马福云.彩票利益相关方的社会责任[M].北京：中国财政经济出版社,2015:107-109.

四个研究是通过引入彩票社会责任,以探讨其对竞猜型体育彩票消费者购彩行为过程的干预效果。

基于以上理论和文献论证,本书将从社会影响、羊群效应、社会学习以及彩票社会责任四个方面开展,深入探究竞猜型体育彩票消费者产生非理性的归因、购彩行为由非理性到理性转变的过程,以发现其非理性到理性购彩行为的变化路径,深层次挖掘促进竞猜型体育彩票消费者理性购彩行为的内在机理,以引导竞猜型体育彩票消费者理性购彩,推进体育彩票事业健康可持续发展。

二、研究假设

(一)社会影响的作用

社会影响主要来自身边的个体或者群体,导致观点或行为产生变化。当个体受到来自同龄人、大学同学、家庭、朋友等社会群体产生的社会影响时,为促进自己的消费行为达到最优化,个体则倾向于收集更多的消费信息,进行社会学习[1]。同时,当消费者认为其他个体消费者产生的社会影响具有足够的经验时,消费者会采纳其他消费者的经验,进行社会学习[2]。冯娇从消费者社会学习理论角度,分析了在线评论数量与评论等级等外在社会影响会促进消费者社会学习,影响消费者的购买决策[3]。在竞猜型体育彩票消费层面,竞猜型体育彩票是将体育比赛与彩票结合起来的产品,消费者在购买体育彩票时,网络预测机构、专家、朋友圈等发布的竞猜型体育彩票预测或相关中奖信息均会对消费者产生较大的社会影响,扰乱消费者购买竞猜型体育彩票的认知,很大程度上会促进消费者社会学习。基于文献梳理与推论,本书提出假设1。

假设1:社会影响对竞猜型体育彩票消费者社会学习具有显著的影响。

(二)羊群效应的中介作用

羊群效应包含信息学习、群体压力、权威服从等羊群效应行为[4]。其中,信息学习是指当自己与他人掌握的信息不对称时,导致消费者会忽略个人信息而采用他人信息进行决策,激发了消费者社会学习的动机[5]。群体压力来自周围个体,当周围个体做出相似或相同的决策与行为时,个体会产生较大的群体压力,会促进人们社会学习,做出相同的行为。例如,吕峰在研究中指出,由于社会成员面临来自不同方面的群体压

---

[1] Salazar H A, Oerlemans L, van Stroe - Biezen S. Social influence on sustainable consumption: evidence from a behavioural experiment[J]. International Journal of Consumer Studies, 2013, 37(2): 172–180.

[2] Young H P.Innovation diffusion in heterogeneous populations:contagion,social influence,and social learning[J].American economic review,2009,99(5):1899−1924.

[3] 冯娇,姚忠.基于社会学习理论的在线评论信息对购买决策的影响研究[J].中国管理科学,2016,24(9):106−114.

[4] 秦海英.实验与行为经济学[M].北京:中国财政经济出版社,2010.

[5] 谭思,陈卫平,房玉秀.消费者线上参与度如何影响其农产品忠诚度?——基于社会学习理论视角的实证研究[J].农村经济,2020(2):113−122.

力时，会激发社会学习的动机①。此外，消费者在得知相关专家或具有影响力的意见领袖发布的一些预测消息时，可能会导致消费者产生权威服从的心理效果，进而促进消费者社会学习②。在竞猜型体育彩票消费者之间，当消费者得知其他消费者购买的彩票类型或者下注的号码时，产生的社会影响也会影响消费者的选择。同时，彩票消费者容易受到具有社会影响力的其他权威专家、预测机构等产生的社会影响，增加了消费者信息不对称、群体压力以及权威服从的情况，导致消费者模仿与学习③。基于以上推断，本书提出假设2。

假设2a：信息不对称在社会影响与社会学习的影响关系间具有显著的中介作用。

假设2b：群体压力在社会影响与社会学习的影响关系间具有显著的中介作用。

假设2c：权威服从在社会影响与社会学习的影响关系间具有显著的中介作用。

（三）社会学习的作用

社会学习是个体在不确定的情况下，对他人的态度或者行为进行学习或者模仿的一种方式。它不仅体现在个体学习或模仿方面，而且也是贯穿消费者购买行为的一个重要过程，影响消费者的决策或行为。消费者通过社会学习影响其最终的消费决策或者行为④。巴林杰（Ballinger）用实验的方法证明了社会学习能够促进消费行为发生转变⑤；在后续的研究中，蔡（Chua）也证明了社会学习可以解决确定性的跨期生命周期的消费行为问题⑥。这表明消费者通过社会学习影响了其消费行为。竞猜型体育彩票消费者在社会影响下产生非理性羊群效应行为，消费者会通过社会学习，即对各方面的信息情况进行模仿或学习，进而做出最终的购彩行为。基于以上推断，本书提出假设3。

假设3：社会学习对竞猜型体育彩票消费者的购彩行为具有显著的影响。

（四）彩票社会责任的调节作用

彩票社会责任是指彩票在运营发展中对社会所承担的责任与义务，以促进彩票消费者理性购彩、优化彩票玩法、发扬彩票公益精神、降低问题购彩、保障彩票消费者的权益⑦。当竞猜型体育彩票消费者自身在对产生的羊群效应进行社会学习时，彩票的相关利益方能够履行彩票社会责任，进而从消费者自身和彩票利益相关方两个方面优

---

① 吕峰.成人学习影响因素的理论分析[J].中国人力资源开发,2007(3):101-104.
② Bikhchandani S, Welch H I. A theory of fads, fashion, custom, and cultural change as informational cascades[J]. Journal of Political Economy, 1992, 100(5):992-1026.
③ 王斌,叶绿,马红宇,等.体育彩票消费中问题博彩的认知偏差研究述评[J].天津体育学院学报,2013,28(3):193-197.
④ 康健."羊群行为"的理性视角——社会学习理论综述[J].生产力研究,2009(23):254-256.
⑤ Ballinger T P, Palumbo M G, Wilcox N T. Precautionary saving and social learning across generations: an experiment[J]. The Economic Journal, 2003, 113(490): 920-947.
⑥ Chua Z, Camerer C F. Experiments on intertemporal consumption with habit formation and social learning[J]. 2011（1）:23-145.
⑦ 马福云.彩票利益相关方的社会责任[M].北京：中国财政经济出版社,2015.

化与干预购彩行为，从而使购彩行为趋于健康理性。例如，李海在研究中证实了在消费者购彩出现模仿学习等非理性社会学习时，彩票机构履行社会责任对彩票消费者购彩行为产生积极的影响[①]。同时，聂丽芳通过实证研究也验证了彩票机构履行监管责任对模仿他人购彩行为的消费者的购彩行为产生了显著的影响[②]。然而，彩票消费者单方面进行社会学习，若缺少了彩票社会责任，其购彩行为会存在较大的不确定性[③④⑤]。基于上述研究推论，彩票社会责任对彩票消费者进行社会学习以促进购彩行为的过程中发挥着重要的干预作用。因此，本书提出假设4。

假设4：彩票社会责任在社会学习与购彩行为之间具有显著的调节作用。

综合上述文献推断与假设，本书构建竞猜型体育彩票购彩行为机制的理论概念模型（图3-3）。

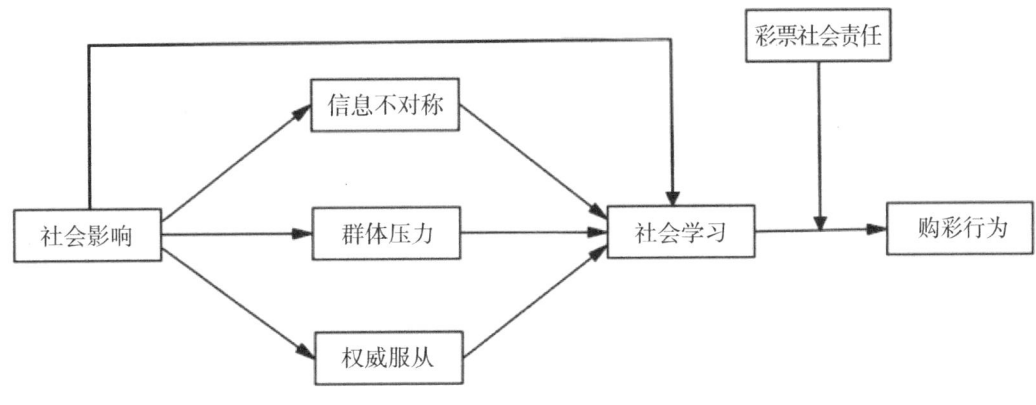

图3-3 购彩行为机制理论概念模型

三、研究对象与方法

（一）研究数据来源

由于山东省体育彩票销量水平常年保持在较高水平，吉林省体育彩票销量处于中下游水平。因此，本书数据按照收益排名和便利抽样两个原则，选取长春市与济南市2个地区进行调查。本书对竞猜型体育彩票消费者进行调查数据量按效果量鉴定和抽样公式计算进行抽取，两个地区共发放问卷350份，回收问卷325份，剔除无效问卷12份，有效问卷为313份，有效回收率达89.43%。后经G-POWER效果量检定[⑥]，本书收集

---

① 李海,吴殷.体育彩票机构社会责任对彩票消费者消费行为的影响[J].上海体育学院学报, 2015, 39(5): 22-27.
② 聂丽芳,李海.体育彩票机构社会责任履行对彩票消费者消费行为的影响研究[J].天津体育学院学报, 2015, 30(6): 474-479.
③ 张弛,冯欣,王乐萌.中国体育彩票责任彩票内容体系研究[J].体育科学,2019,39(9):41-50.
④ 吴玉桐,梁静国.羊群行为与有限理性[J].学术交流,2008(8):116-118.
⑤ 杨瑞杰,向丽.基金经理羊群行为是否明智:盲目跟风 VS 理性选择[J].证券市场导报, 2019 (9): 9.
⑥ Faul F, Erdfelder E, Buchner A, et al. Statistical power analyses using G* Power 3.1: tests for correlation and regression analyses[J]. Behavior research methods, 2009, 41(4): 1149-1160.

的数据样本量达到要求，收集样本呈现的特征见表3-12。

表3-12 竞猜型体育彩票消费者人群统计特征表

人口统计变量	属性	频率	百分比（%）
性别	男	215	68.7
	女	98	31.3
年龄	20~30岁	70	22.4
	31~40岁	84	26.8
	41~50岁	94	30.0
	51~60岁	36	11.5
	61岁及以上	29	9.3
学历	小学及以下	20	6.4
	初中	52	16.6
	高中	108	34.5
	大专及本科	96	30.7
	本科以上	37	11.8
收入（月）	3000元及以下	23	7.3
	3001~6000元	100	31.9
	6001~8000元	98	31.3
	8001~15000元	80	25.6
	15001元及以上	12	3.8
职业	教师	24	7.7
	个体经营	53	16.9
	企业经理	36	11.5
	工人	35	11.2
	自由职业	41	13.1
	通信客服	23	7.3
	企业职员	49	15.7
	网店经营	41	13.1
	其他	11	3.5

数据来源：本书整理。

根据表3-12竞猜型体育彩票消费者人群统计特征结果显示，在性别方面，男性居多，男性占68.7%；女性占31.3%。在年龄方面，41~50岁的消费者最多，有94人，占比30.0%；20~30岁70人，占比22.4%；31~40岁有84人，占比26.8%；51~60岁36人，占比11.5%；61岁及以上29人，占比9.3%，表明彩票消费者人群集中在中青年人群。

在学历方面，小学及以下20人，占6.4%；初中52人，占比16.6%；高中学历108人，占比34.5%；大专及本科96人占比30.7%；本科以上37人，占比11.8%。在收入方面，3000元收入及以下23人，占7.3%；3001～6000元100人，占31.9%；6001～8000元98人，占31.3%；8001～15000元80人，占25.6%；15001元及以上12人，占3.8%。在职业方面，主要集中在个体经营（16.9%）、自由职业（13.1%）、企业职员（15.7%）、网店经营（13.1%）这四个方面。以上人口统计变量结果符合刘圣文与黄显涛研究的样本特征[1][2]。

（二）测量工具

在所测量的量表中由于部分参考量表为英文量表，本书通过山东大学英文外籍教师和中国汉语言文学教师将英文条目进行翻译与修正处理，将量表进行有效呈现，发现问卷内涵及特点，并邀请体育彩票消费者行为学领域的王俊人（中国台湾）、刘圣文（中国人民大学）等专家，对具体量表内容提出指导建议，进而编制本书所需量表。其中，社会影响量表题项设计参考文卡特什（Venkatesh）、金辉以及殷猛研究中对社会影响的测量[3][4]，共设计4个题项；信息不对称借鉴张璇、威尔斯（Wells）以及沈华玉等对信息不对称的测量研究[5][6][7][8]，共设计4个题项；群体压力量表参考布朗（Brown）的研究中对群体压力的设定[9][10]，共设计3个题项；权威服从量表的设计参考斯坦利·米尔格拉姆（Stanley Milgram）的研究[11]，共设计5个题项；社会学习量表借鉴陈（Chen）的量表[12]，共设计4个题项；彩票社会责任量表参考李海、陈承等设计的社

---

[1] 刘圣文,李凌,项鑫.竞猜型体育彩票消费者忠诚度研究:体验价值与观赛热情的交互效应[J].体育与科学,2018,39(3):100−106.

[2] 黄显涛,王斌,胡月,等.基于扎根理论的竞猜型体育彩民健康购彩影响因素模型构建[J].北京体育大学学报,2019,42(4):87−98.

[3] Venkatesh V, Thong J Y L, Xu X. Consumer acceptance and use of information technology: extending the unified theory of acceptance and use of technology[J]. MIS Quarterly, 2012: 157−178.

[4] 金辉,杨忠,黄彦婷,等.组织激励、组织文化对知识共享的作用机理——基于修订的社会影响理论[J].科学学研究,2013,31(11):1697−1707.

[5] 张璇.电子商务信息不对称与网络购物风险分析[J].商业经济研究, 2017 (2): 84−86.

[6] Wells J D, Valacich J S, Hess T J. What signal are you sending? How website quality influences perceptions of product quality and purchase intentions[J]. MIS quarterly, 2011: 373−396.

[7] Yeh J C, Hsiao K L, Yang W N. A study of purchasing behavior in Taiwan's online auction websites[J]. Internet Research, 2012:35−47.

[8] 沈华玉,吴晓晖.信息不对称,信息不确定与定向增发中的利润承诺[J].世界经济, 2018 (3): 170−192.

[9] Brown B B, Clasen D R, Eicher S A. Perceptions of peer pressure, peer conformity dispositions, and self−reported behavior among adolescents[J]. Developmental Psychology, 1986, 22(4): 521.

[10] Ajzen I. The theory of planned behavior[J]. Organizational Behavior and Human Decision Processes, 1991, 50(2): 179−211.

[11] Stanley Milgram. Compliant subjects. book reviews: obedience to authority. an experimental view[J]. Science, 1974:184:667−669.

[12] Chen G, Gully S M, Eden D. Validation of a new general self−efficacy scale[J]. Organizational Research Methods, 2001, 4(1): 62−83.

会责任以及彩票社会责任相关量表[①②]，经修改后共设计3个题项；购彩行为量表各题项参考刘炼等、刘圣文、李凌对购彩行为题项的设计[③④⑤]，共设计3个题项。

（三）问卷设计

本书的问卷共设置了3个部分，其中，第一部分为竞猜型体育彩票消费者的个人基本信息，包括年龄、性别、学历、收入、受教育程度等；第二部分为社会影响、信息不对称、群体压力、权威服从、社会学习和购彩行为量表部分，主要了解竞猜型体育彩票消费者的信息；第三部分为彩票社会责任量表，主要是调查相关利益方的社会责任履行情况。测试题项采用李克特5点记分的方式，其中1到5分别代表"非常不赞同""不赞同""一般""赞同""非常赞同"。另外，为避免问卷填答者在填答问题时出现同源偏差的现象，本书从填答者的角度出发，将量表题项进行合理化设计，便于填答者理解相关问项。在本书量表初步设置完成后，为保证量表设计的科学性、有效性及合理性。首先，本书按照德尔菲法的标准，通过三轮专家访谈，对量表设置进行评估。然后，进行问卷预发放，并邀请相关专家对量表进行评定，经过3次预发放与专家评估，认为信息不对称量表中的第4个题项、权威服从的第2个题项以及社会学习量表中的第3个题项适切性较差。因此，对这两个题项进行删除处理，最终问卷包含23个题项。

（四）信效度检验

1. 信度检验

信度检验主要采用克朗巴赫α系数、组合信度CR值以及平均方差萃取量AVE值进行综合判定，以验证量表的可靠性和稳定性。经检验，由表3-13可知，上述7部分量表的Cronbach's α系数均大于0.60，且整体量表的Cronbach's α系数为0.894（大于0.70），表明7部分量表均具有较好的内部一致性信度。另外，根据CR＞0.6，AVE＞0.5的标准进一步检验量表的信度，经检验，量表的信度较好。

---

① Torugsa N A, Hecker W O. Capabilities, proactive CSR and financial performance in SMEs: empirical evidence from an Australian manufacturing industry sector[J]. Journal of Business Ethics, 2012, 109(4):483-500.
② 陈承,张俊瑞,李鸣,等.中小企业社会责任的概念、维度及测量研究[J].管理学报,2015,12(11):1687-1694.
③ 刘炼,王斌,黄显涛,等.体育彩票消费者低风险购彩行为阈限与危害的剂量—反应关系研究[J].天津体育学院学报,2015,30(5):393-399.
④ 刘圣文.多维感知价值对竞猜型体育彩票消费者购彩行为的影响研究——基于互联网赛事资讯的中介模型[J].天津体育学院学报,2019,34(1):23-28, 37.
⑤ 李凌,张瑞林.体育赛事观赏与竞猜型体彩的影响效果探析——基于二元热情模型的研究视域[J].体育与科学,2017,38(2):99-107.

表3-13 变量信度分析表

变量	维度/题项	因子载荷	Cronbach's α值	CR值	AVE值
社会影响	SI1	0.905	0.876	0.8858	0.6634
	SI2	0.900			
	SI3	0.770			
	SI4	0.657			
信息不对称	IA1	0.885	0.864	0.8804	0.711
	IA2	0.849			
	IA3	0.793			
群体压力	GP1	0.884	0.854	0.8777	0.7055
	GP2	0.818			
	GP3	0.815			
权威服从	AO1	0.788	0.793	0.8417	0.5711
	AO2	0.787			
	AO3	0.728			
	AO4	0.717			
社会学习	SL1	0.859	0.827	0.8503	0.6556
	SL2	0.836			
	SL3	0.728			
彩票社会责任	SROL1	0.782	0.749	0.7918	0.5594
	SROL2	0.750			
	SROL3	0.710			
购彩行为	LP1	0.822	0.802	0.838	0.6331
	LP2	0.797			
	LP3	0.767			

数据来源：本书整理。

2. 效度检验

效度检验包括内容效度与结构效度。本书首先通过邀请消费者行为学领域的教授2名，彩票经营者、管理者3名以及体育产业管理教授1名对量表设计的内容进行深度访谈，保证问卷内容效度，对本书初步编制的量表进行讨论，其目的主要为明确量表维度和题项内容；其次，将预发放过程后整理得到的量表内容，再次邀请专家对量表维度和题项的适当性和科学性进行评定，以检验问卷的内容效度。另外，本书通过验证性因子分析（CFA）检验问卷的结构效度，结构效度包括收敛效度与区别效度，验证结果显示（表3-14），各项指标均在符合标准的范围内，表明模型的收敛效度与区别效度良好，进而保证了问卷的结构效度。

表3-14　模型拟合度指标

适配指标	RMSEA	NFI	RFI	IFI	CFI	x^2/df
标准指数	≤0.05~1	>0.9	>0.9	>0.9	>0.9	≤3~5
模型1	0.036	0.925	0.909	0.977	0.976	0.413

指标标准来源：李凌等[1]。

（五）同源方差检验

同源方差是因为研究中使用的测量方法而产生一种系统性的偏误。产生此种偏误的情况有许多种，例如研究中测量时得到的两个量表分数可能会受到填答者本身某种因素影响，造成所谓的同源性偏差。本书问卷由彩票消费者和彩票社会责任的相关人员填答，可能在填答时存在同源方差的现象，因此，采用哈曼（Harman）单因子检验以验证是否存在同源方差，在未旋转探索性因子分析后，第一个公因子解释的方差比例为30.699%（小于40%），说明研究结果不会受到同源数据的显著影响[2]。

四、研究结果

（一）相关分析

将社会影响、群体压力、权威服从、信息不对称、社会学习、彩票社会责任、购彩行为这7部分量表对应的题项进行数据处理，构成变量间的相关矩阵，并运用SPSS25.0软件检验各变量间的相关性，经检验，两两变量间均达到显著水平为0.01的正相关（表3-15），且相关系数均小于0.7，表明各变量间不存在共线性的问题，亦可进行回归分析与检验[3]。

表3-15　变量间相关分析结果

	社会影响	群体压力	权威服从	信息不对称	社会学习	彩票社会责任	购彩行为
社会影响	1						
群体压力	0.353**	1					
权威服从	0.298**	0.245**	1				
信息不对称	0.364**	0.362**	0.243**	1			
社会学习	0.333**	0.290**	0.337**	0.292**	1		
彩票社会责任	0.316**	0.382**	0.389**	0.316**	0.451**	1	
购彩行为	0.352**	0.285**	0.284**	0.304**	0.336**	0.372**	1

注：*代表P<0.05，**代表P<0.01，***代表P<0.001，下同。

---

[1] 李凌,张瑞林,王俊人,等.消费者购买竞猜型体彩偏好路径的实证分析[J].体育与科学,2016,37(2):89-99.
[2] 汤丹丹,温忠麟.共同方法偏差检验：问题与建议[J].心理科学,2020,43(1):215-223.
[3] 张瑞林,李凌,贾文帅.冰雪体育广告对消费行为的影响研究：基于态度的调节效应[J].武汉体育学院学报,2020,54(5):12-19.

（二）社会影响与社会学习以及羊群效应中介效应的路径分析

本书运用结构方程模型构建出社会影响、羊群效应与社会学习的影响关系路径，再参考模型适配度指标进行综合分析。根据模型适配指标进行修正，模型的适配结果（表3-16）：RMSEA为0.043，NFI、RFI、IFI、CFI、GFI、AGFI均大于0.9的标准，且x^2/df为（5）70，综合来看，各项指标基本符合要求，表明模型的适配度较好，并且拟合效果也较好。

表3-16 模型拟合度指标

适配指标	RMSEA	NFI	RFI	IFI	CFI	GFI	AGFI	x^2/df
标准指数	≤0.05～1	>0.9	>0.9	>0.9	>0.9	>0.9	>0.9	≤3～5
模型	0.043	0.943	0.930	0.978	0.978	0.936	0.911	0.570

指标标准来源：李凌等（2015）[①]。

由表3-17可知，首先，社会学习<---社会影响的路径系数为0.169，CR值为2.636，大于1.96，P值为0.008（<0.01），在0.01的水平下显著，这说明社会影响对社会学习产生了显著的正向影响。因此，假设1成立。其次，信息不对称<---社会影响的路径系数为0.332，CR值为6.060，大于1.96，P值在0.001的水平下显著；群体压力<---社会影响的路径系数为0.340，CR值为6.099，大于1.96，P值在0.001的水平下显著；权威服从<---社会影响的路径系数为0.298，CR值为4.548，大于1.96，P值在0.001的水平下显著，这说明社会影响对信息不对称、群体压力、权威服从产生了显著的正向影响。最后，社会学习<---信息不对称的路径系数为0.127，CR值为2.099，大于1.96，P值在0.05的水平下显著；社会学习<---群体压力的路径系数为0.166，CR值为2.667，大于1.96，P值在0.01的水平下显著；社会学习<---权威服从的路径系数为0.258，CR值为3.860，大于1.96，P值在0.001的水平下显著，这说明信息不对称、群体压力、权威服从均对社会学习产生显著的影响。综合上述研究结果可知，在社会影响对社会学习的影响关系中信息不对称、群体压力和权威服从可能具有部分中介作用。

表3-17 各路径的因子载荷表

路径	标准化路径系数	CR	P值
社会学习<---社会影响	0.169	2.636	0.008
信息不对称<---社会影响	0.332	6.060	***
群体压力<---社会影响	0.340	6.099	***
权威服从<---社会影响	0.298	4.548	***

③ 李凌,张瑞林,王俊人,等.消费者购买竞猜型体彩偏好路径的实证分析[J].体育与科学,2016,37(2):89-99.

续表

路径	标准化路径系数	CR	P值
社会学习<---信息不对称	0.127	2.099	0.036
社会学习<---群体压力	0.166	2.667	0.008
社会学习<---权威服从	0.258	3.860	***

本书将信息不对称、群体压力、权威服从三个中介分别构建中介效应的结构方程模型1至模型3，并对每个模型的适配度进行检验（表3-18），经检验，三个模型的适配度良好，且拟合效果较好。

表3-18 模型拟合度指标表

适配指标	RMSEA	NFI	RFI	IFI	CFI	GFI	AGFI	x^2/df
标准指数	≤0.05~1	>0.9	>0.9	>0.9	>0.9	>0.9	>0.9	≤3~5
模型1	0.046	0.973	0.962	0.989	0.989	0.966	0.941	0.655
模型2	0.045	0.973	0.962	0.989	0.989	0.966	0.941	0.643
模型3	0.048	0.961	0.947	0.983	0.983	0.959	0.933	1.712

指标标准来源：李凌等。

然后检验每个中介的效果，具体检验结果见表3-19。在社会影响通过信息不对称影响社会学习的过程中，直接效应95%置信度下的Bootstrap置信区间为（0.141，0.412），不包含0值，P值为0.001，直接效应显著；间接效应的置信区间为（0.030，0.125），不包含0值，P值为0.001，间接效应显著。故信息不对称在社会影响与社会学习之间起部分中介作用，假设2a成立。在社会影响通过群体压力影响社会学习的过程中，直接效应95%置信度下的Bootstrap置信区间为（0.125，0.408），不包含0值，P值为0.001，直接效应显著；间接效应的置信区间为（0.028，0.161），不包含0值，P值为0.001，间接效应显著。故群体压力在社会影响与社会学习之间起部分中介作用，假设2b成立。在社会影响通过权威服从影响社会学习的过程中，直接效应95%置信度下的Bootstrap置信区间为（0.128，0.377），不包含0值，P值为0.001，直接效应显著；间接效应的置信区间为（0.033，0.169），不包含0值，P值为0.001，间接效应显著，故权威服从在社会影响与社会学习之间起部分中介作用，假设2c成立。

表3-19 Bootstrap中介效应分析结果

	路径	标准化路径系数	BC95%置信区间 下限	BC95%置信区间 上限	P值
模型1	社会学习<---社会影响	0.271	0.141	0.412	0.001
	社会学习<---信息不对称<---社会影响	0.025	0.030	0.125	0.001

续表

	路径	标准化路径系数	BC95%置信区间 下限	BC95%置信区间 上限	P值
模型2	社会学习<---社会影响	0.258	0.125	0.408	0.001
	社会学习<---群体压力<---社会影响	0.081	0.028	0.161	0.001
模型3	社会学习<---社会影响	0.249	0.128	0.377	0.001
	社会学习<---权威服从<---社会影响	0.090	0.033	0.169	0.001

（三）社会学习的作用检验和彩票社会责任的调节作用检验

本书通过3个模型验证社会学习对购彩行为的影响关系以及彩票社会责任的调节作用。模型4将控制变量控制变量纳入回归模型；模型5将控制变量、社会学习、彩票社会责任纳入回归模型；模型6将中心化后的社会学习和彩票社会责任及两者的乘积项纳入回归模型，回归结果见表3-20。

表3-20 回归分析结果

变量	模型4 购彩行为	模型5 购彩行为	模型6 购彩行为
性别	0.108	0.093	0.093
年龄	0.065	0.023	0.017
学历	0.191**	0.153**	0.155**
收入	0.124*	0.061	0.061
职业	0.029	0.008	−0.002
社会学习		0.207***	0.243***
彩票社会责任		0.241***	0.287***
社会学习×彩票社会责任			0.144*
R^2	0.073	0.211	0.227
Adj R^2	0.058	0.193	0.206
F	4.845***	1.629***	1.130***

由模型4可知，学历（β=0.191，P<0.01）和收入（β=0.124，P<0.05）对购彩行为的正向影响均显著，性别（β=0.108，P>0.05）、年龄（β=0.065，P>0.05）以及职业（β=0.029，P>0.05）对行为忠诚影响不显著，说明竞猜型体育彩票消费者的学历和收入能够影响其购彩行为，性别、年龄、职业则不是影响消费者购彩的因素；模型5中社会学习在0.001的水平上达到显著（β=0.207，P<0.001），表明社会学习对购彩行为产生显著的影响，假设3得到证实。模型6中社会学习×彩票社会责任的系数

（β=0.144）在0.05的水平上达到显著，表明彩票社会责任与社会学习之间关系的调节效应显著，假设4得到证实。为进一步检验在不同彩票社会责任条件下，社会学习对购彩行为的具体影响，本书利用简单斜率分析法，将彩票社会责任按照得分均值加减一个标准差的方式分为2组，即高值（均值+1个标准差）和低值（均值-1个标准差），进行分析。

由表3-21和图3-4可知，在低彩票社会责任（P=0.012）和高彩票社会责任条件下（P<0.001），社会学习均会对购彩行为产生显著的正向影响，同时高彩票社会责任社会学习对购彩行为的影响要大于低彩票社会责任。因此，表明彩票社会责任对社会学习与购彩行为的调节效应，再次验证假设4。

表3-21 彩票社会责任对社会学习与购彩行为的调节作用简单效应检验结果

Moderator levels Z	Estimate	SE	95%Confidence Interval Lower	Upper	t	p
Mean-1·SD	0.159	0.0632	0.0349	0.284	2.52	0.012
Mean	0.252	0.0611	0.1316	0.372	4.12	<0.001
Mean+1·SD	0.344	0.0786	0.1895	0.499	4.38	<0.001

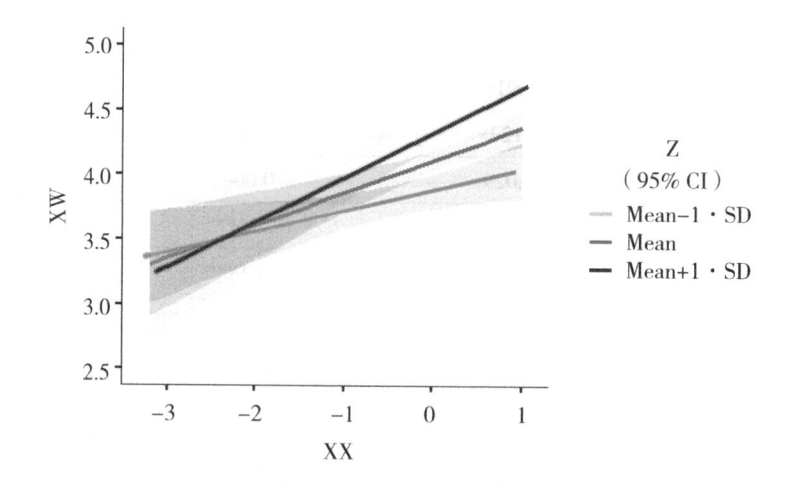

图3-4 彩票社会责任对社会学习与购彩行为的调节作用

注：XX代表社会学习；Z代表彩票社会责任；XW代表购彩行为。

五、讨论

（一）社会影响的作用

社会影响对社会学习具有显著的正向影响。竞猜型体育彩票消费者在购彩过程中因受到其他彩票消费者、机构或专家态度或行为的社会影响,影响了消费者对购彩信息与购彩决策的博弈思路和正常判断,导致消费者模仿、学习他人的态度与行为,不利于消费者购彩常态化,这与李刚的研究结论一致[①]。另外,竞猜型体育彩票消费者在购彩过程中进行社会学习,出发点可能是把握购彩过程中的各种信息,以强化购彩行为,但在社会影响的条件下进行社会学习,消费者可能陷入社会影响的陷阱,对后续购彩行为非常不利。本书认为,彩票消费者在购彩过程中若受到社会影响,要明晰社会影响给购彩带来的负面影响,以免误入博彩的错误方向与路线。

(二)羊群效应的中介作用

信息不对称、群体压力、权威服从这三种羊群效应在社会影响与社会学习之间具有中介效应。彩票消费者在社会影响下会产生信息不对称、群体压力、权威服从非理性的影响,进而引起彩票消费者进行学习或模仿,以获取较多的购彩信息,达到强化购彩行为的目的。这间接印证了萨拉查(Salazar)等的研究,即消费者在受到社会影响时会产生羊群效应,然后促进消费者社会学习[②]。首先,在通常情况下,体育彩票消费中社会影响往往来源于消费者身边的个体或群体,当消费者得知其他消费者掌握更多的购彩信息时,会认为他人做出的购彩决策相较于自己而言较优,此时信息不对称随之产生;其次,体育彩票消费者在购彩过程中看到其他消费者都下注了相同或者相近的彩票号码、数字或比分,此时购彩者在做出自己的购彩决策时会产生较大的群体压力,容易做出盲目跟风的选择;最后,诸多购彩预测分析平台或专家发布的彩票或比赛数据预测均会导致消费者服从专家权威,跟随预测进行购彩。消费者在购彩过程中的社会影响、羊群效应与社会学习之间的关系解释了体育彩票消费者非理性购彩行为过程。因此,消费者应注意并清楚这一非理性购彩过程,避开外在社会影响因素,实现博彩常态化。

(三)社会学习的影响作用

社会学习对竞猜型体育彩票消费者的购彩行为具有显著的影响,研究结果同巴林杰(Ballinger)的研究一致,即社会学习影响了消费行为[③]。究其原因,社会学习是竞猜型体育彩票消费者由于外界社会影响导致的非理性认知,引发消费者进行模仿与学习。同时,从消费者的角度而言,社会学习是为了通过更多的方式与渠道获取更广泛的购彩信息,以强化购彩行为,但彩票消费者通过社会学习影响了其理性认知,其做出的消费决策或行为可能完全模仿他人的态度或行为,影响了消费者购彩的正常思维

[①] 李刚.传播学视角下中国彩票购买者心理不健康成因及对策的研究[J].体育科学,2011,31(2):26-35.

[②] Salazar H A, Oerlemans L, van Stroe-Biezen S. Social influence on sustainable consumption: evidence from a behavioural experiment[J]. International Journal of Consumer Studies, 2013, 37(2): 172-180.

[③] Ballinger T P, Palumbo M G, Wilcox N T. Precautionary saving and social learning across generations: an experiment[J]. The Economic Journal, 2003, 113(490): 920-947.

判断，不利于消费者理性购彩。因此，消费者在购彩过程中要明晰有利或不利购彩信息，调整购彩心态，避免误入社会学习的误区，理性购彩，以达到购彩的心理预期。

（四）彩票社会责任的调节作用

彩票社会责任在社会学习与购彩行为之间具有调节效应，这与前人研究中的部分观点一致[1][2]。究其原因，本书认为彩票社会责任从彩票管理、销售、监督等方面出发，彩票相关利益者通过对彩票消费者提供一定的购彩提示或者发布一系列的官方信息，增强彩票消费者对各种信息的辨识度与分析能力，提升购彩过程的理性思维判断，从竞猜型体育彩票消费者购彩外在角度向消费者提供增强购彩认知的方法，以发挥干预彩票消费者购彩行为的作用。因此，可适当向彩票消费者提供相应的购彩信息参考或加强博彩娱乐性的提示，以帮助彩票消费者矫正购彩思维与行为，促进消费者理性购彩。

六、研究结论

（一）研究结论

本书从竞猜型体育彩票消费者购彩中的非理性视角出发，构建竞猜型体育彩票消费者购彩行为机制理论概念模型，经实证检验分析，得出以下结论：①社会影响对竞猜型体育彩票消费者社会学习具有显著影响；②信息不对称、群体压力和权威服从终结了社会影响与社会学习的关系；③社会学习对竞猜型体育彩票消费者的购彩行为具有显著影响；④彩票社会责任在社会学习与购彩行为影响关系间具有显著的调节作用。

（二）理论贡献

本书通过实证分析对竞猜型体育彩票消费者由非理性向理性购彩行为转变过程进行探索，其理论贡献主要体现在以下几个方面：第一，当前对竞猜型体育彩票消费者产生的羊群效应的研究相对较少，虽有研究提到体育彩票消费者在购彩过程中会出现羊群效应，但未进行充分检验与分析。而本书将信息不对称、群体压力、权威服从作为竞猜型体育彩票消费者羊群效应的三个方面，证实了社会影响是引发竞猜型体育彩票消费者产生羊群效应的内在归因，为后续对体育彩票消费者羊群效应的研究提供了理论参考。第二，本书从彩票社会责任这一角度出发，证实了彩票社会责任在社会学习与购彩行为之间具有调节作用，进一步验证了消费者的购彩行为可以从彩票相关利益方这一方面出发，引导消费者理性购彩，为后续消费者理性购彩行为的研究提供新

---

[1] 李海,吴殷.体育彩票机构社会责任对彩票消费者消费行为的影响[J].上海体育学院学报, 2015, 39(5): 22-27.
[2] 聂丽芳,李海.体育彩票机构社会责任履行对彩票消费者消费行为的影响研究[J].天津体育学院学报, 2015, 30(6): 474-479.

的理论视角。第三，本书将社会影响理论、羊群效应理论、社会学习理论、彩票社会责任理论创新性地应用到竞猜型体育彩票消费者的消费行为研究中，将现有理论扩展，并丰富竞猜型体育彩票的理论研究。

第四节 体育赛事观赏与竞猜型体彩的量化验证

一、引言

2014年10月，国务院颁布了《关于加快发展体育产业促进体育消费的若干意见》（国发〔2014〕46号），文件明确了体育产业发展与体育消费重要战略地位，俨然成为国民经济新兴增长点[①]。而体育赛事作为体育产业重要组成范畴，影响着竞猜型体育彩票整体销量提高，决定着体育相关产业的消费。世界体育彩票官方网站发布，体育彩票每年整体销售总量超过1800亿美元，但截至2016年10月，中商报统计我国体育彩票总体销售量仅为23.9亿美元[②]。对于目前国内体育赛事与体育彩票面临的问题和考验，如何深入体育赛事产业运营投入，激发体育博彩业发展活力，促使产业协同、合作共生发展，将是体育产业未来一个时期的重要议题。

近年来，我国体育产业发展迅速，相关体育产业的投入与产出逐年递增。体育产业内部之间协同发展趋势也相对明显，但围绕着体育产业中的赛事运营与竞猜型博彩产业相比于世界水平仍显缓慢。2013年世界博彩统计数据显示，我国体育彩票销售总额居于世界第六位，但人均销售额仅为2美元。在成长低迷且复杂的环境下，赛事运营机制不成熟、地下竞彩激烈竞争等问题凸显，极为影响竞猜型体育彩票销售总量的提高。本书认为，应透过体育赛事观赏和体育竞彩的行为，发现相关体育产业的内部协同关系，促使消费者加强体育消费能力，刺激赛事运营与体育竞彩的活力。

本书引述瓦勒兰（R. J. Vallerand）的二元热情模型理论，也称激情二元论（DMP），认为事件的热情是个体对所关注的事件并愿意投注时间、精力和心理欲望，同时将热情模型分为调和型热情（Harmonious passion）与偏执型热情（Obsessive passion）[③][④]，以此解析体育赛事与体育竞彩两个变量的二元热情模型关系。在我国，

[①] 国务院.国务院关于加快发展体育产业促进体育消费的若干意见[EB/OL]. http://www.gov.cn/zhengce/content/2014-10/20/content_9152.htm.

[②] 世界体育彩票官网.世界运彩统计数据[EB/OL]. http://www.world-lotteries.org/cms.

[③] Vallerand, R J Blanchard, et al. Les passions de l'âme: onobsessive and harmonious passion[J]. Journal of Personality and Social Psychology, 2013, 85:756−767.

[④] Vallerand R J. On passion for life activities: The dualistic model of passion. In M. P. Zanna(Ed.),Advances in experimental social psychology[J].New York :Academic Press,2010,42:97−193.

体育博彩主要来源之一就是体育赛事信息的博彩方式。故此，体育赛事不仅具有观赏性特征，同时也具有博弈竞猜的特征。因而以体育赛事观赏和体育竞彩行为为切入点，并将体育赛事观赏与体育竞彩的影响效果构建DMP模型与其相关联，并总结体育彩票消费者体育彩票消费者与体育赛事观赏者二元热情模型（DMP）路径与影响关系的结构性表现，应用社会网络分析和结构方程模型等研究方法，对体育赛事观赏与竞猜型体彩消费者行为动机因素进行讨论。以定性与定量结合的研究结果充实二元热情模型与消费行为模型理论，从而拓展了体育赛事观赏与体育竞彩的潜力消费群体。

本书还认为二元热情模型理论的国内外回顾极为重要，也是本书关键所在。通过对二元热情模型的文献回顾可知，二元热情模型（DMP）源自德西和瑞安（Deci and Ryan）自我决定理论的行为动机，瓦勒兰等学者根据自我决定理论，分为调和型热情（HP）与偏执型热情（OP）的二元热情模型。瓦勒兰还运用探索性和验证性因素分析探讨热情模型，其结果已经在体育领域、组织领域得到关注[1]。张健、宋亚辉再一次对二元热情模型深入挖掘，指出二元热情模型对企业管理领域的讨论，发现其工作激情中绩效与机制模型关系[2][3]。拉弗雷尼埃（Lafrenière）发现运动员的运动调和型热情和教练关系满意度的各项指标呈正相关。相反，运动员的运动偏执型热情对运动的影响无关或对指标的满意度呈负相关关系[4]。苗元江针对二元热情同心理影响和幸福感之间的关系深入探究，证明热情模型对个体心理与行为的影响作用[5]。上述文献基础确定了二元热情模型理论的应用领域，深入讨论二元热情模型理论行为特征。因此，二元热情模型理论可以解决体育领域里消费行为问题，也可呈现消费者在事件关系中的影响效果。

对于消费者参与或购买体育赛事观赏与体育彩票产品相关研究可知，国内外虽然在产品消费行为、产业消费需求等领域有较多研究，但聚焦于体育赛事与体育竞彩的产业关系研究领域尚显缺失，而以应用二元热情模型理论（DMP）为核心的研究更是少见。例如，后卫、李和斯廷奇菲尔德（Back、Lee and Stinchfield）主要是透过热情模型理论讨论娱乐性博弈与病态博弈的特征，研究得出调和型热情对娱乐型博弈意图影响较大，而偏执型热情对病态博弈影响力较大[6]。即使如此，上述研究也只关注博弈事件单个变量同二元热情模型理论特征的分析。李凌、王俊人从消费者行为角度呈现

---

[1] In search of what makes people's lives most worth living[J]. Canadian Psychology, 2008,49:1 - 13.
[2] 张健,宋亚辉.工作激情研究:理论及实证[J].心理科学进展,2014,22(8):1269-1281.
[3] 宋亚辉.企业员工的工作激情与工作绩效的关系[D].北京:北京科技大学,2015.
[4] Lafrenière, M-AK, Jowett, et al. Passion in sport: on the quality of the coachplayer relationship[J]. Journal of Sport and Exercise Psychology, 2008, 30:541-560.
[5] 苗元江.热情-积极心理学视角[J].广东社会科学,2015,3:64-69.
[6] Back K J, Lee, et al. Gambling motivation and passion: a comparison study of recreational and pathological gamblers [J]. Journal of Gambling Studies, 2011, 27(3):355-370.

了竞猜型体育彩票中形成消费者的价值联结与行为效果表现，从而得出竞猜型体育彩票消费者行为特征[1]，另外，从体育赛事与体育彩票关系的角度认为体育赛事可提供竞猜型体育彩票的信息，并助力体育彩票宣传，刺激彩民购彩行为与动机。上述研究已经发现体育赛事与体育彩票的行为关系和特征，虽然形成行为学的理论支撑和实证价值，但并没有挖掘体育赛事与体育竞彩内部之间关系与影响效果。本书以体育赛事与体育竞彩的产业关系为对象，尝试应用瓦莱兰、马高、拉泰勒和伦纳德（Vallerand、Mageau、Ratelle and Leonard）的二元热情模型理论来探讨产业之间的内部特征与协同作用，促进产业融合共生，整合体育赛事与体育竞彩产业的有效资源，进一步健全体育赛事和体育竞彩所匹配的管理运营体系，强化体育赛事运营监督与完善体育竞彩的销售渠道，稳步扩展赛事观赏与体育竞彩的市场规模，提升体育彩票的社会公益形象，从而助力体育产业结构升级。

二、研究工具与方法

（一）工具

调和型热情与偏执型热情具有本质上的差异，对情感与行为、心理都会有不同程度的影响。第一，情感层，调和型热情是正向情感联结，会有人们可以接受的结果，而偏执型热情是与负面情感联结，常常会出现个体不愿接受的结果。第二，行为层，两种热情模式都可以刺激个体参与其中，但是当呈现后果时，两种热情的差异就此显现。调和型可以具有较大的弹性，并可以快速做出选择。而偏执型热情会深陷其中，不顾一切继续投入。第三，心理层，拉弗雷尼埃（Lafrenière）、菲利普（Philippe）相关研究证实这两种类型的不同预测与不同结果，调和型热情已被证明是积极的情绪并呈正相关，心理调节与消极情绪、焦虑等行为呈负相关。相反，偏执型热情通常与消极结果呈正相关，心理健康指数与消极等行为呈不相关[2][3]。

（二）研究对象与方法

本书以体育产业融合发展的环境与产业结构升级为背景，以二元热情模型理论探讨体育赛事观赏与体育竞彩的影响关系为研究主线，揭示体育产业融合发展的影响关系、路径特征，深入研究体育赛事与体育竞彩的内在关联，进而对体育消费结构、产业融合与需求升级等内容进行具体探究。

研究首先通过研究议题访谈专家学者，其主要目的是明确量表与分析结构与类

---

[1] 李凌,王俊人.消费者购买竞猜型体育彩票之影响因素初探[J].体育与科学,2015,214(2):11-18.
[2] Lafrenière,M-A K,Vallerand, et al. On the costs and benefits of gaming: The role of passion[J]. Cyber Psychology and Behavior, 2009,12:285-290.
[3] Philippe, F, Vallerand, et al. Passion for an activity and quality of interpersonal relationships: the mediating role of emotions[J]. Journal of Personality and Social Psychology, 2010,98:917-932.

目,邀请5位具有业界相关研究背景的专家,采取电脑辅助亲身访谈法(computer-assisted personal interviewing)进行面对面的访谈。访谈提纲设计主要强调了阶梯式访谈的询问方式,采用非结构性访谈范式,平均访谈30分钟,访谈过程加以录音并整理,访谈内容包含"您认为体育赛事观赏与体育竞彩关系是怎样的""为什么说这些因素可以证明其关系""这些关系为什么这么重要"等,基于上述内容分析再次进行编码并建构量表。

在构建二元热情模型量表过程中,研究采取结构式问卷,前期是要对体育赛事与体育竞彩的变量采用社会网络分析方法,发现受访对象的2模隶属矩阵关系效果。所以研究在构建量表问项上,采用两个部分的调查内容:第一部分为体育赛事观赏变量,采用瓦勒兰等的体育赛事观赏的二元热情模型基础问项;第二部分为体育竞彩的变量,采用卢梭(Rousseau)等体育竞彩的二元热情模型基础问项。问卷采取李克特7点量表进行评价。

本书样本引述质性研究的相关数据和滚雪球抽样方法,在社会网络分析中,再次尝试滚雪球抽样方法,主要对收集部分地下竞彩的样本数据具有独特效果,并依据竞猜型体育彩票消费者类型形成区隔划分,基于质性研究的经验,对体育赛事观赏热情模式和体育博彩热情模式的消费者进行区隔划分。另外,本书针对样本选取的问题,认为对不参与或不消费的体育赛事观赏与体育竞彩的消费群体不进行抽样。因而,研究通过滚雪球抽样方法,选取样本最终共计有效样本254人,其中体育赛事观赏的调和型热情消费者为68人,体育赛事观赏的偏执型热情消费者为63人;体育竞彩的调和型热情消费者为94人,体育竞彩的偏执型热情消费者为29人。对样本数据量经GPower效果量进行检定,检定结果认为本书选取的样本数据量符合效果量要求和研究所需。

(三)信效度检验

1. 信度检验

本书根据量表数据进行归属因子的内容一致性指标检验,并采用信度Cronbach's α系数大于0.7的指标信度为本书的评价标准,从而根据指标删除并确定及修正变量,见表3-22。

表3-22 二元热情量表信度指标系数

二元热情因素		问项	Cronbach's α信度系数
体育赛事观赏	调和型热情	CHP1-CHP7	0.756
	偏执型热情	COP1-COP7	0.754
体育竞彩	调和型热情	LHP1-LHP5	0.823
	偏执型热情	LOP1-LOP5	0.747

研究采用李克特（Likert）7点尺度量表，以Cronbach's α值为检定系数，信度系数在0.3~0.6说明该量表需要重新构建；0.6~0.7，说明量表是可以接受的，但是信度系数为最低；0.7~0.8为量表信度较好阶段；0.8~1，说明信度极佳。上述研究其结果呈现Cronbach's α系数均大于0.7。表示测量结果量表信度较好[1]。

2. 效度检验

效度检验可分为以下三种：①内容效度：是指量表内容的代表性，是否能反映测量问项的意义和内涵。内容效度还要检视其问项题目的合理性布局，以及逻辑效果。因而，本书采用内容效度进行检验中，首先是按照相关学者的工具量表，其次通过质性的专家访谈推演检视，对词句进行修正和删减。最终形成两部分问卷，其一为社会网络分析的隶属矩阵问项，其二为结构性的问项。②效标效度：是指实征性效度检验，其效度检验是与外在校标间的关系。通常来说，效标效度的准则十分难以把握，所以本书并未进行效度分析。③结构性效度：是指测量表的特质与内涵，在统计学领域里常用因素分析的方法，通过测量工具对量表抽取因素，形成研究的结构性效度。本书根据凯撒（Kaiser）的指标标准，经由SPSS运算得出本书的结构性效度值，量表问项的KMO=0.726，变量的Bartlett球体检验值（355.237，P=0.000）；因此符合因素分析结果[2]。

三、结果呈现与讨论

本书将二元热情模型即调和型热情与偏执型热情同观赛与竞彩相结合的理论模型，形成四个类型，即调和型观赛热情、偏执型观赛热情、调和型竞彩热情、偏执型竞彩热情。同时将赛事观赏程度和竞彩消费行为分为观赛程度高、观赛程度低、公立竞彩、地下竞彩四个类型，构造隶属关系矩阵。运用社会网络分析软件（UCINET）导入矩阵数据，分析体育赛事观赏热情、体育竞彩热情与赛事观赏程度、竞彩消费行为之间的关系。

（一）网络密度分析

密度是社会网络分析中的一个重要测度，是网络结构非常重要的特征，用来测量行动者之间联结的紧密度，密度越大表示行动者之间联系越多，该网络对其中行动者的态度、行为等产生的影响可能越大[3]。对于参与体育赛事和体育竞彩消费者(行为人)的矩阵为h×h的对称矩阵。计算公式为：

---

[1] 吴明隆.问卷统计分析实务——SPSS的操作与应用[M].重庆:重庆大学出版社,2010.
[2] 吴明隆.问卷统计分析实务——SPSS的操作与应用[M].重庆:重庆大学出版社,2010.
[3] 刘军.整体网分析讲义——UCINET软件应用[M].哈尔滨:哈尔滨工程大学社会学系,2007.

$$D^E = \frac{\sum_{i=1}^{h}\sum_{j=1}^{h}X_{i,j}^{E}}{h(h-1)/2}(i<j)$$ （3-1）

对研究矩阵数据进行密度计算，经由计算得出该网络密度值为0.5108，说明该网络呈现紧密的网络结构。

（二）体育赛事观赏与体育竞彩可视化结构图

通过2-模网络可视化结构图探讨体育赛事观赏热情、体育竞彩热情与赛事观赏程度、竞彩消费行为之间的关联性和中心性。运用Netdraw软件将隶属关系矩阵转化为可视化关联结构图（图3-5）。

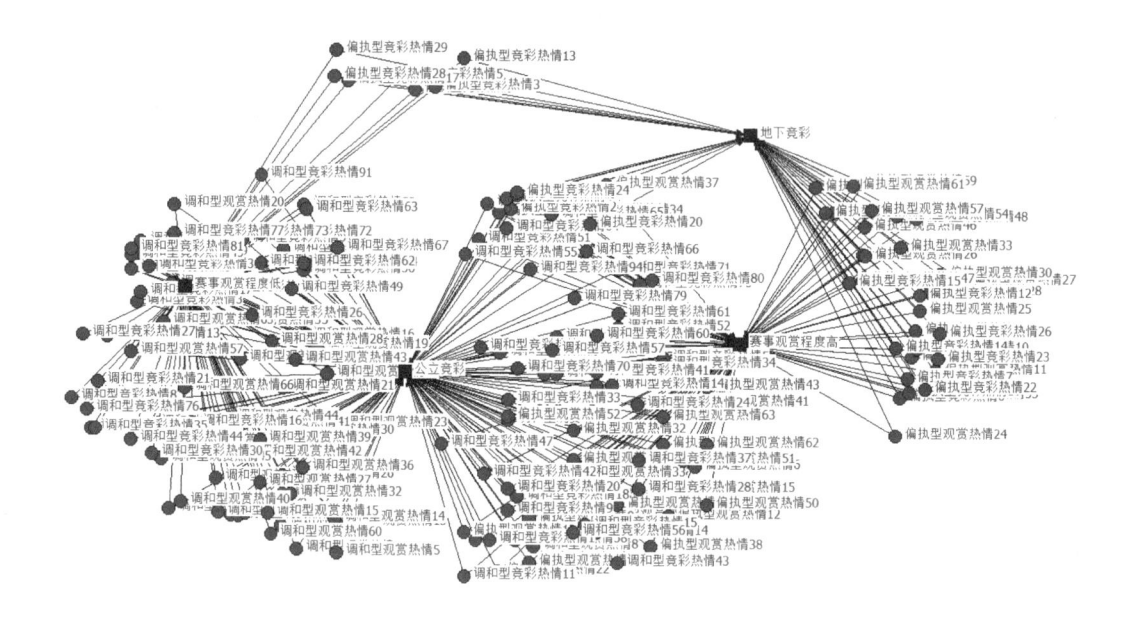

图3-5 体育赛事观赏与体育竞彩关联结构图

如图3-5所示，调和型观赛热情与赛事观赏程度低最相近，偏执型观赛热情与赛事观赏程度高最相近，说明偏执型观赛热情在观赛程度上高于调和型观赛热情。调和型竞彩热情与公立竞彩最相近，偏执型竞彩热情与地下竞彩最相近，说明调和型竞彩热情倾向公立竞彩，偏执型竞彩热情倾向地下竞彩。

为发现观赛竞彩行为的中心性，进一步呈现中心性结构图（图3-6）。中心性分析法的主要有三种：度中心性（Degree Centrality）、中间中心度（Betweenness Centrality）以及接近中心度（Closeness Centrality），本书就中间中心度对二元热情模型的赛事观赏、竞彩行为关系进行分析。中间中心度是以经过某个节点并连接另外两个节点的最短路径占这两个节点之间的最短路径总数之比。

计算公式为：$b_{jk}(i)=g_{jk}(i)/g_{jk}$ （3-2）

其中g_{jk}表示假设节点j和k之间存在的最短路径数目，$g_{jk}(i)$表示节点j到节点k之间经过节点i的最短路径数目[①]。

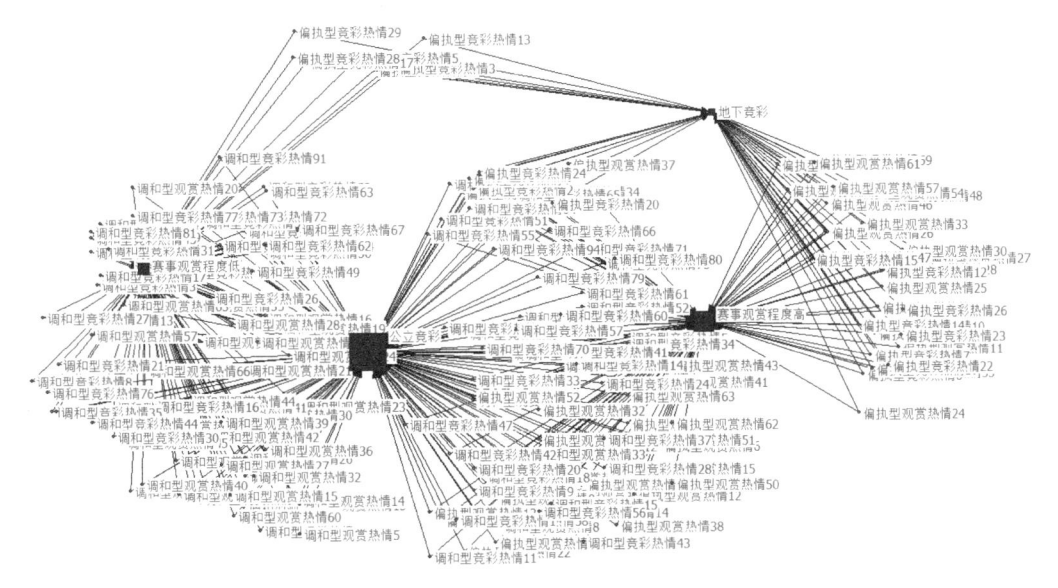

图3-6　体育赛事观赏与体育竞彩中心性结构图

图3-6中蓝色节点代表行为，节点大小表示中心性大小。如图所示，公立竞彩的中心性最高，说明公立竞彩是最主要的行为，分析其原因，调和型观赏热情和调和型竞彩热情消费者都倾向公立竞彩，这同调和型热情人群的特征有关，调和型热情会导向个体不会过度沉迷，做出较为理智的选择，所以观赏赛事程度低，在竞彩方面进行的是公立竞彩。赛事程度高是中心性次高的行为，偏执型观赏热情和偏执型竞彩热情距离赛事程度高较近，这是由于偏执型热情不论在观赏上还是竞彩上都更执着。地下竞彩中心性最低，连接它的主要是偏执型竞彩热情。

（三）体育赛事观赏与体育竞彩（二元热情模型）的SEM分析

本部分将调和型观赏热情、偏执型观赏热情、调和型竞彩热情、偏执型竞彩热情与观赏程度及竞彩形式之间的关系形成假设，采用结构方程模型（SEM）对形成假设进行路径分析，进一步探讨不同热情模型与不同行为的影响关系。

1. 路径假设

研究引用二元热情模型理论的热情，依据赛事观赏者的不同内部需求划分为调和型和偏执型两种观赏热情，基于其不同的特质，在参与竞彩时会选择不同的参与方式，且偏执型观赏热情比调和型观赏热情更能坚持到底，在一定程度上对于赛事结果更为重视，对观赏程度的影响程度会更大，此推论在前人研究中已被提出。根据上

[①] 刘军.整体网分析讲义——UCINET软件应用[M].哈尔滨:哈尔滨工程大学社会学系,2007.

述，本书形成以下假设：

H1：偏执型观赛热情在观赛程度上大于调和型观赛热情。

同时本书依据竞猜型体育彩票的现行状况将竞猜型彩票分为公立竞彩和地下竞彩两种类型，由于调和型竞彩热情本质上对于竞彩的娱乐性要求更高，因此可推断调和型竞彩热情购彩者在较大程度上会选择公立竞彩；相反，对于偏执型竞彩热情对结果重视的本质特征来说，可推测其与以盈利为目的的地下竞彩关联性更强。本书提出了以下假设：

H2：调和型竞彩热情对公立竞彩有正向影响。

H3：偏执型竞彩热情对地下竞彩有正向影响。

本书认为当消费者对赛事观赏或竞彩产生热情时，该事件会成为消费者生活的一部分，根据赛事观赏目的的不同，将观赛人群分为以赛事观赏为主和购彩投入为主两种类型，其中不同的主导性观赛热情可能会对不同的购彩投入产生一定影响，同时不同购彩热情也会对观赛程度产生影响。换言之，观赛程度与购彩投入行为可能存在显著的相关性。因此，本书提出以下假设：

H4：观赛行为者的调和型观赛热情对调和型竞彩热情有正向影响；偏执型观赛热情对偏执型竞彩热情有正向影响。

H5：购彩投入行为者的偏执型观赛热情在观赛程度上大于调和型观赛热情。

2. 体育赛事观赏与体育竞彩路径结构图呈现

本书根据以上假设采用极大似然法对四个模型的拟合指标，运用Amos软件进行SEM分析，集体模型拟合标准与本书模型拟合度对比（表3-23）。

表3-23 体育赛事观赏与体育竞彩的模型拟合指标

指标	RMR	GFI	RMSEA	NFI	IFI	CFI	NNFI	x^2/df
模型1拟合指标	0.018	0.968	0.265	0.964	0.969	0.912	0.936	3.27
模型2拟合指标	0.05	0.987	0.375	0.992	0.996	0.994	0.927	3.11
模型3拟合指标	0.021	0.968	0.091	0.966	0.968	0.977	0.943	3.63
模型4拟合指标	0.031	0.947	0.137	0.932	0.927	0.993	0.953	3.788
评价指标	≤0.05	>0.9	≤0.05~1	>0.9	>0.9	>0.9	>0.9	≤3~5

注：指标标准引自李凌、张瑞林等[①]。

本书依据假设创建体育赛事观赏与体育竞彩的结构方程模型（SEM），采用SEM路径检验分析其各潜在变量之间的关系。模型1：检验热情对赛事观赏程度的影响；模型

---

① 李凌,张瑞林,孔坤伦.消费者购买竞猜型体彩偏好路径的实证分析[J].体育与科学,2016,220(2):89-99.

2：检验不同类型热情对不同竞彩参与形式的影响；模型3：检验竞彩热情与观赏热情之间的关系；模型4：检验购彩投入主导下不同竞彩类型对赛事观赏程度的影响。

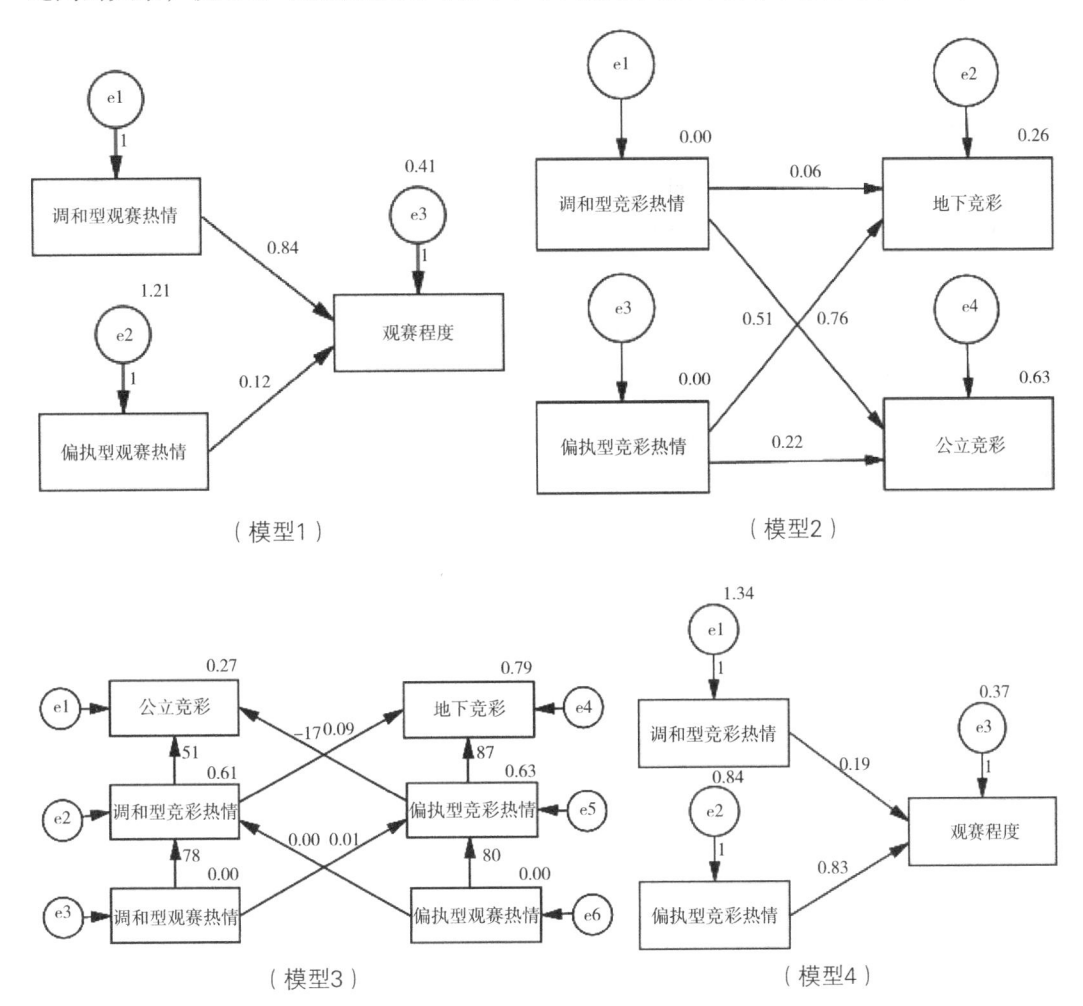

图3-7 体育赛事观赏与体育竞彩的路径结构图

模型1将热情分为偏执型和调和型两类，检验两者对观赛程度的影响程度，结果表明偏执型观赛热情对赛事观赏的影响力明显比调和型观赛热情大，证明假设H1成立。

模型2主要检验调和型竞彩热情与偏执型竞彩热情对公立及地下两种购彩形式的关系，结果表明，调和型竞彩热情对两种购彩形式都产生了正向影响，对公立竞彩的影响力要远大于地下竞彩，说明调和型竞彩热情为主导的购彩者主要选择公立竞彩形式；偏执型竞彩热情对两种购彩形式同样产生正向影响，但其主要指向地下竞彩形式，说明偏执型竞彩热情主导购彩者偏向购买地下竞彩。

模型3检验的主要路径为不同观赛热情—不同竞彩热情—不同竞彩形式的路径分析，其中形成较为明显的三条路径显示，调和型观赛热情能够正向影响调和型竞彩热情从而影响公立竞彩；偏执型观赛热情对偏执型竞彩热情有正向影响，从而影响地下竞彩；再者，偏执型观赛热情在影响偏执型竞彩热情的基础上会对公立竞彩产生正向影响。该模型的路径印证了本书假设H4的假设内容，调和型观赏热情对调和型竞彩热情有正向影响，偏执型观赏热情对偏执型竞彩热情有正向影响。同时可以得知，偏执型观赛热情及偏执型竞彩热情对公立竞彩也有较大影响，对于公立竞彩的发展有很大促进作用。

模型4检验的主要路径在于针对假设H5提出的竞彩热情对观赛程度的影响，进一步分析调和型竞彩热情与偏执型竞彩热情对观赛程度影响力的差异。检验结果表明：偏执型竞彩热情与调和型竞彩热情对观赛程度均有正向影响作用，相比之下，偏执型竞彩热情对观赛程度的影响力较大。因此，假设H5成立。

3. 体育赛事观赏与体育竞彩的路径效果分析

通过上述模型拟合度对比及路径图的展现与分析，得出其假设路径及结果（表3-24）。

表3-24 体育赛事观赏与体育竞彩的SEM路径分析

假设	路 径			Estimate	S.E.	C.R.	P
H1	观赛程度	<---	调和型观赛热情	0.837	0.035	23.674	***
H1	观赛程度	<---	偏执型观赛热情	0.116	0.029	3.937	***
H2	公立竞彩	<---	调和型竞彩热情	0.834	0.034	24.615	***
H2	地下竞彩	<---	调和型竞彩热情	0.078	0.060	2.940	0.196
H3	公立竞彩	<---	偏执型竞彩热情	0.193	0.027	7.195	***
H3	地下竞彩	<---	偏执型竞彩热情	0.559	0.048	11.745	***
H4	调和型竞彩热情	<---	调和型观赛热情	0.430	0.029	14.834	***
H4	偏执型竞彩热情	<---	调和型观赛热情	0.014	0.033	0.424	0.671
H4	调和型竞彩热情	<---	偏执型观赛热情	0.263	0.028	9.268	***
H4	偏执型竞彩热情	<---	偏执型观赛热情	0.801	0.032	24.744	***
H5	观赛程度	<---	调和型竞彩热情	0.193	0.027	7.195	***
H5	观赛程度	<---	偏执型竞彩热情	0.834	0.034	24.615	***

注：***为P<0.001。

结果表明，以极大似然法估计模型，并测量其参数结果，除H2中调和型竞彩热情对地下竞彩及H4中调和型观赛热情对偏执型竞彩热情两条路径结果不显著外，其余加权回归值都呈现显著性。数据显示，假设H1：调和型观赛热情→观赛程度（C.R.=23.674，P<0.001）、偏执型观赛热情→观赛程度（C.R.=3.937，P<0.001）的影响关系显著；假设H2：调和型竞彩热情→公立竞彩（C.R.=24.615，P<0.001）路径上P值影响关系显著；假设H3：偏执型竞彩热情→公立竞彩（C.R.=7.195，P<0.001）、

偏执型竞彩热情→地下竞彩（C.R.=11.745，P<0.001）在路径上的影响关系均显著。假设H4:调和型观赛热情→调和型竞彩热情（C.R.=14.834，P<0.001）、偏执型观赛热情→调和型竞彩热情（C.R.=9.268，P<0.001）、偏执型观赛热情→偏执型竞彩热情（C.R.=24.744，P<0.001）三条路径在路径关系上的影响关系均显著；假设H5：调和型竞彩热情→观赛程度（C.R.=7.195，P<0.001）、偏执型竞彩热情→观赛程度（C.R.=24.615，P<0.001）两条路径在路径关系上的影响关系均显著。

通过上述的路径模型图的呈现与路径分析，对其路径的回归系数加权标准化，可以得出各路径的因素负荷量，进而发现路径之间的强度关系与模型变量的路径特征（表3-25）。

结果显示，鉴于因素负荷量的值需介于0.50和0.95之间，通过上述标准化的回归系数显示，假设H1中"调和型观赛热情"对"观赛程度"的直接效果值为0.762，"偏执型观赛热情"对"观赛程度"的直接效果值为0.127；假设H2中"调和型竞彩热情"对"公立竞彩"的直接效果值为0.761，"调和型竞彩热情"对"地下竞彩"的直接效果值为0.056；假设H3中"偏执型竞彩热情"对"公立竞彩"的直接影响值为0.222，"偏执型竞彩热情"对"地下竞彩"的直接效果值为0.511；假设H4中"调和型观赛热情"对"调和型竞彩热情"的直接效果值为0.563，"调和型观赛热情"对"偏执型竞彩热情"的直接效果值为0.013，"偏执型观赛热情"对"调和型竞彩热情"的直接效果值为0.352，"偏执型观赛热情"对"偏执型竞彩热情"的直接效果值为0.782；假设H5中"调和型竞彩热情"对"观赛程度"的直接效果值为0.222，"偏执型竞彩热情"对"观赛程度"的直接效果值为0.761。

表3-25 体育赛事观赏与体育竞彩的路径关系回归系数统计表

假设	路 径			Estimate
H1	观赛程度	<---	调和型观赛热情	0.762
H1	观赛程度	<---	偏执型观赛热情	0.127
H2	公立竞彩	<---	调和型竞彩热情	0.761
H2	地下竞彩	<---	调和型竞彩热情	0.056
H3	公立竞彩	<---	偏执型竞彩热情	0.222
H3	地下竞彩	<---	偏执型竞彩热情	0.511
H4	调和型竞彩热情	<---	调和型观赛热情	0.563
H4	偏执型竞彩热情	<---	调和型观赛热情	0.013
H4	调和型竞彩热情	<---	偏执型观赛热情	0.352
H4	偏执型竞彩热情	<---	偏执型观赛热情	0.782
H5	观赛程度	<---	调和型竞彩热情	0.222
H5	观赛程度	<---	偏执型竞彩热情	0.761

四、结论与建议

（一）结论

体育赛事观赏与体育竞彩网络密度是该项事件与消费者之间个体层次分析和系统层次分析，得出结构关系中的变化与结果。研究呈现网络密度可以证明该网络为紧密的网络结构。说明消费者的行为和态度对事件的联系影响较强，关系联结密切。

由体育赛事的社会网络分析结果得知，观赛热情和竞彩热情的调和型消费者倾向公立竞彩的投入，同调和型热情模式人群特征关系一致。而赛事观赏的偏执型热情和竞彩的偏执型热情都投入体育赛事观赏与体育竞彩中。研究还发现地下竞彩高度投入者仍然是偏执型竞彩热情的人群。

研究验证了5条影响路径和4个结构方程模型，其一，检验偏执型观赛热情在观赛程度上大于调和型观赛热情是成立的。其二，发现了以调和型竞彩热情为主导的购彩者主要选择公立竞彩形式；偏执型竞彩热情对体育竞彩同样产生正向影响，但其主要指向地下竞彩形式，说明偏执型竞彩热情主导购彩者偏向购买地下竞彩。其三，证明了调和型观赛热情能够正向影响调和型竞彩热情从而影响公立竞彩；偏执型观赛热情对偏执型竞彩热情有正向影响，从而影响地下竞彩。其四，印证了调和型观赏热情对调和型竞彩热情有正向影响，偏执型观赏热情对偏执型竞彩热情有正向影响。同时可以得知，偏执型观赛热情及偏执型竞彩热情对公立竞彩也有较大影响，对于公立竞彩的发展有很大促进作用。其五，得出偏执型竞彩热情与调和型竞彩热情对观赛程度均有正向影响作用，偏执型竞彩热情对观赛程度的影响力较大。

通过路径模型图的呈现与路径分析，得出各路径的因素负荷量，进而发现路径之间的强度关系与模型变量的路径特征。在验证的5条假设中，直接效果最强的为"偏执型观赛热情"对"偏执型竞彩热情"。次强的为"调和型观赛热情"对"观赛程度"。第三为"偏执型观赛热情"对"观赛程度"。结果充分地说明，先投入赛事观赏热情中，引用的二元热情模型具有影响力，偏执型观赛热情可通过偏执型竞彩热情影响地下竞彩；调和型观赛热情可透过偏执型竞彩和调和型竞彩正向影响公立竞彩。另外，结果还呈现，偏执型观赛透过调和型竞彩可以对公立竞彩产生直接正向影响。

（二）建议

透过体育赛事的热情模型来看，应加大赛事观赏的服务质量，提高球迷（消费者）的期望感知，完善赛事运营的服务品牌化，拓展调和型热情的球迷（消费者）的观赛的多渠道化，重视体验式和网络化赛事观赏营销。另外，加强体育赛事媒介传播机制，加强赛事的赞助和政府购买服务的机制，加强服务人员和俱乐部社团的培训机制，形成赛事观赏多渠道、服务品牌化、立体传播的新形式。

透过体育竞彩的热情模型来看，应加强彩票的行政立法机制，扩展多渠道经营与宣传，保障公立竞彩的有效运行。强化从业人员的营销意识与分析赛事讯息的能力，从而扩大调和型竞彩热情消费者的营销市场。另外，激发调和型竞彩热情消费者的投注水平与消费动机，疏导偏执型竞彩热情消费者的观赏动机与博彩动机。

强化体育赛事观赏与体育竞彩的联动效果，在投入体育赛事媒介的过程中，兼顾体育竞彩的多元化宣传，形成融合共生的作用。建立体育赛事承办与竞彩投入机制，注重赛事观赏与体育竞彩的共同消费者体验与购买动机。强调赛事观赏的口碑效果和体育竞彩的口碑效果。另外，完善公益金投入赛事的透明化与公开化，形成良好的公益投入。

（三）未来研究发展的建议

本书在相关质性研究的基础上，选取了部分地下竞彩的消费群体，虽然采用滚雪球抽样，但是仍受测量样本的特征影响。因此该人群样本较难收取。后期研究建议针对二元热情的行为影响效果进行探讨。另外，建议针对公立竞彩者与地下竞彩者及两者混合类型竞彩者的热情动机进行具体的实证研究，期许未来研究成果更加具体翔实。

第五节 消费决策环境对奥运彩票销量提升的质性挖掘

一、引言

奥运彩票提供筹办奥运会的内源资金支持，是奥运会期间以奥运会为主题发行的体育彩票，旨在促进奥运争光计划、奥运场馆建设、群众体育赛事的发展[1]。例如2008年北京奥运会举办过程中，国家体育彩票为其提供了20亿元的经费支持[2]。相较于国外形态，英国奥运会集资23.75亿英镑，仅奥运彩票的收入就达15亿英镑[3]；此前日本举办奥运会，为保证资金充足，也曾发行奥运会赞助彩票为其筹集资金，其中1998年长野冬奥会发行的奥运会赞助彩票收益达80亿日元。而此次东京奥运会的延期将使此届奥运会的经费负担极大，日本政府计划再次发行奥运赞助彩票，收益计划用于新国立

---

[1] 李刚.对当前我国体育彩票业社会福利效应的评价[J].体育科学,2008(10):32-40.
[2] 新浪新闻.体彩成为奥运背后支持者 为奥运筹集资金超过20亿[EB/OL].http://2008.sina.com.cn/jz/other/2007-08-08/103022319.shtml.
[3] 搜狐新闻.英国发售"有奖刮刮卡"为伦敦办奥运筹集资金[EB/OL].http://news.sohu.com/20050728/n226480422.shtml

运动场地、市区街道无障碍化等社会基础设施建设[①]。由此可见,奥运彩票可对筹集奥运会举办资金、减轻国家财政支出,节约奥运成本具有实际功能,同时奥运会所发行的奥运彩票对群众参与和关注奥运体育赛事也起到了关键作用,另外,对于全民参与关心奥运赛事发展也形成了桥梁搭建的效果[②]。因此,研究奥运彩票问题或解决奥运彩票的可持续化对于奥运会发展、可持续化尤为重要。

奥运彩票与消费者关系在当今一些形势上看,两者关系不再紧密,消费者参与体育的欲望也逐年降低,对于奥运会金牌期望度逐渐下滑,市场消费者也不再愿意关注并涉入奥运赛事,低欲望形态越发凸显[③]。同时反观奥运彩票营销环节上仍然存在产品营销非专业化、与相关体育彩票产品差异不明显、售卖环节低端、网点布局不合理、市场渠道单一等销售环节问题。在现存内外环境问题的影响下,要促进彩票销量,如何调整消费需求与供给彩票的问题、怎样激发奥运彩票可持续销售量成为彩票领域中的重要核心问题,并且解决上述营销问题对于北京冬奥会发展和建设十分必要。

本书所建立的问题原点是为更好解决奥运彩票营销环节的诸多问题,提升奥运彩票品牌与销售量互为并重是本书目的所在。鉴于此,研究认为奥运彩票核心症结在于解决"销出去"的问题,营销方案的表现包含售前、售中、售后的三个环节。奥运彩票也要依托营销市场方案进行售卖,虽然是寡头垄断企业,但在促进博彩发展过程中也应该注重营销服务,并刺激消费行为。基于此,研究提出优化消费决策环境的方案,解决提升奥运彩票销量可持续化问题,以综合型学术访谈法的方式挖掘质性研究中消费者、企业、主管部门、冬奥学者的不同看法及方案交流,并形成策略反馈以促进奥运彩票可持续发展化。

二、文献回顾

奥运彩票是指为强化体育彩票竞技色彩,借助奥运会举办契机,由财政部批准国家体育总局体育彩票管理中心发行的针对奥运比赛情况进行竞猜的彩票票种。与竞猜型体育彩票相似,奥运彩票将奥运会的比赛结果作为竞猜对象,不仅提高了彩票消费者的购彩意愿及观赛意愿,同时也为奥运会的顺利举办提供了资金支持。2008年,国家体育总局体育彩票管理中心借助第29届北京夏季奥运会契机,发行了奖牌连连猜、奥运天天彩等五类竞猜型奥运彩票,我国发行奥运彩票的初步尝试,有效丰富了彩票市场的彩票类型。奥运彩票以其与奥运竞技比赛结果的密切联系性而引起了相关领域

---

① 日本通.为支援东京奥运会 日本奥运彩票现已在名古屋开始售卖[EB/OL].https://www.517japan.com/viewnews-99241.html.
② 卡迪娅·英格丽切姓,让-卢·查普莱,易剑东.奥运会前后主办国家的体育参与——奥运会能改变什么?[J].体育与科学,2020,41(4):80-87.
③ 张瑞林,李凌."赛事链"溯源:职业体育赛事消费行为模式的影响效果[J].上海体育学院学报,2018,42(2):45-51.

学者的广泛关注。李海认为，借助大型体育赛事契机发行奥运彩票，不仅能够促进竞猜类体育彩票由单一赛事向综合赛事精彩发展，进一步优化体育彩票产品结构，而且其资金的筹集能够有效保证奥运赛事的顺利举行[①]。也有学者指出，发行即开型奥运彩票有利于满足彩票消费者的消费需求，同时对于提高我国体育彩票自身竞争力、进一步扩大市场销售份额也具有重要的现实意义[②]。国外学者弗雷斯科（Fresco E.）对1976年蒙特利尔夏季奥运会的资助方案进行研究时发现，广告赞助、品牌许可等方案筹集资金力度远低于预期，而发行奥运彩票却在奥运会举办自筹资金中发挥了重要的作用[③]。同时也有学者指出应充分挖掘和利用奥运会这种大型体育赛事的经济影响，重视这些活动所带来的有形及无形影响，而发行奥运彩票无疑是提升居民观赛意愿、筹备赛事举办资金的重要手段[④]。

在奥运彩票发行与销售期间，彩票销量的提升离不开消费者消费的决策环境。消费决策环境是消费者感受和体验到的外部条件，它对消费者的消费行为产生较大的影响，它能够激发消费者的消费需求或给消费者提供良好的消费环境。当前在消费需求日益提升的时期，消费决策环境引起研究者的关注，相关研究将体育消费决策环境划分为社会环境、文化环境、服务环境、自然环境等。在体育彩票消费决策环境的相关研究中，李海彩票机构对消费者履行社会责任，如加强彩票市场监管，优化彩票消费环境，提升体育彩票销售的公信力，增强消费者的消费信心[⑤]。同时也有研究对消费者再购意愿进行研究，并表明与经营者交流密切、经营者服务态度好、彩票销售站氛围好、彩票销售站正规等是影响消费者再购意愿的因素[⑥]。彩票消费决策环境的提升也离不开经济收入的支持，方春妮研究表明城镇化发展水平为体育彩票消费提供了社会经济保障，有助于提升体育彩票消费需求水平[⑦]。此外，彩票诈骗案件造成彩票公信力下降，对彩票销售的社会环境产生较大的负面影响，此时，彩票法律与监管体系则成为保障体育彩票免受负面案件影响的重要方面，以维持彩票消费的社会环境[⑧]。奥运彩票作为体育彩票的一个组成部分，其消费决策环境也与体育彩票相同。同时，奥运彩票

[①] 李海. 奥运竞猜型彩票带来的启示[J]. 环球体育市场, 2008(4):24–25.

[②] 李海, 曾雯彬. 从"奥运即开票"的发行看我国即开型体育彩票的营销策略[J]. 武汉体育学院学报, 2008, 42(12): 33–39.

[③] Fresco E. Marketing Avery Brundage's apoplexy: the 1976 Montreal Olympics self-financing model[J]. The International Journal of the History of Sport, 2016, 33(4): 369–384.

[④] Walton H, Longo A, Dawson P. A contingent valuation of the 2012 London Olympic Games: a regional perspective[J]. Journal of Sports Economics, 2008, 9(3): 304–317.

[⑤] 李海, 吴殷. 体育彩票机构社会责任对彩票消费者消费行为的影响[J]. 上海体育学院学报, 2015, 39(5): 22–27,43.

[⑥] 李凌, 张瑞林, 王立燕. 感知信赖模型:竞猜型体育彩票再购意愿的质性研究——基于扎根理论研究视角[J]. 天津体育学院学报,2018,33(3):204–209.

[⑦] 方春妮, 陈颇. 中国城镇化发展水平与居民体育彩票消费需求关系的实证研究[J]. 西安体育学院学报, 2019, 36(5): 562–569.

[⑧] 黄思成. 体育彩票发行与销售管理的行政法反思[J]. 武汉体育学院学报, 2020, 54(1):54–59.

作为国家在举办奥林匹克运动会期间发行与销售的彩票品种，其消费决策环境也存在不同之处，奥运举办期间，体育赛事观赏会提升人们对体育赛事的热情，增强了奥运彩票销售的体育赛事社会环境氛围；另外，在奥运彩票销售期间，奥运吉祥物以及奥运金牌，形成了奥运彩票的文化环境，有利于激发消费者的消费决策[1][2]。

纵观关于奥运彩票与彩票消费决策环境的相关研究，奥运彩票的发行与销售对于彩票销量提升以及为国家重大体育赛事的举办提供资金支持具有重要作用。与此同时，消费者购买奥运彩票的消费决策环境对消费者购彩行为产生很大影响，是影响奥运彩票销量的重要因素。但是在当前奥林匹克运动会以及体育赛事不断进步的情况下，现有研究尚未充分探讨奥运彩票及其消费决策环境的关键作用，可以解决奥运彩票销售过程中的环节问题，并且可以回应奥运彩票消费决策环境与奥运彩票销量的关系。

三、方法设计与程序——"综合型学术访谈录"

本书为解决和发现消费决策环境方案能否成为促进奥运彩票销售的最优方案，研究认为多视角讨论是一种科学处理方法，也便于对方案进行现象中讨论。多视角讨论可以发现不同人群或方案的不同看法，并且深入性更强，所得数据可以反映奥运彩票营销方案决策信度。因此，有别于其他专家访谈法，也有别于深入访谈法，本书就着重解决"消费决策环境"方案的作用，以不同视角进行明确与挖掘。将此方法与访谈综合，将形成结论的途径予以科学化，最终确定该方法即"综合型学术访谈录"。

（一）综合型学术访谈录的定义

"综合型学术访谈录"来源于访谈录研究方法，而访谈录这一术语起源于新闻学研究。访谈录是指根据被采访对象回答记者提问为主体内容采写成的报道[3]。随着信息时代的来临，访谈录已广泛应用于文学、教育学、体育学等多个学术研究领域，将其称为"学术访谈录"。但与此同时，传统的访谈录方法在质性资料收集、分析等方面的局限性开始显现，将传统访谈录方法与具有信息时代特征的网络资源相结合运用的"微访谈"便应运而生。"微访谈"是指嘉宾在一定时间内围绕话题在线与网友展开讨论，网友通过发送微博的形式与嘉宾直接对话[4]。尽管这些访谈录方法的内涵存在着差异，但它们在方法运用目的、内容呈现结构方面并无本质区别，仍是作为一种文体格式用以呈现访谈内容，即已有的访谈录还停留在"录"的范式上。此外，访谈录在

---

[1] 李凌,张瑞林.体育赛事观赏与竞猜型体彩的影响效果探析——基于二元热情模型的研究视域[J].体育与科学,2017,38(2):99-107.
[2] 雷选沛,王惠.浅析北京奥运吉祥物"福娃"的市场运营[J].武汉体育学院学报,2006(8):41-44.
[3] 范军.访谈录的写作[J].新闻知识,1997(4):33.
[4] 欧阳菲.出版社如何借力微博营销?[J].出版广角,2014(15):52-54.

众多质性研究方法中则显得暗淡无光。同其他质性研究方法相比，访谈录在使用频率与开发程度上都较为有限。随着质性研究方法的多元化、现代化，与时俱进成为质性研究方法发展的必然趋势。而面对更加科学、严谨且系统的质性研究方法，当前的访谈录已难以适应时代要求。因此，尝试引入新的技术与手段与当前访谈录结合，推动访谈录延伸与发展，使得访谈录在质性研究方法中获得更广泛的应用。

基于此，本书遵照质性研究范式，以学术访谈录为基础，将调查抽样方式、软式阶梯访谈法的访谈技术、系统编码的模式、理论饱和与资料收集原则、要素逻辑线、问题解决和策略反馈导向等多种方法技术进行引入。尝试提出综合型学术访谈录的新型访谈方法，借助前人对访谈录的定义，并整合其他相关研究成果，本书认为综合型学术访谈录是集综合访问交谈、软式阶梯深度访谈工具、规范编码范式、内容分析与凝练、要素提取与逻辑分析及策略解决方案于一体的学术访谈法。

（二）综合型学术访谈录的特点

综合型学术访谈录在访谈视角、访谈技术运用、内容深度与广度以及问题解决方面具有显著效果。具体而言，有别于以往访谈录的访谈对象特征单一、视角单一的特点，例如，概述式访谈录需要具有权威性领导人发言；评价式访谈录往往专家、教授是选择的主要对象；呼吁式访谈录群众则是最佳人选[①]。综合型学术访谈录将通过立意抽样法方式选取与研究问题或事件相关的多元主体，将被采访对象的群像扩大为一个研究问题或事件的相关利益者群体，倾听不同群体对于同一事件的声音，有利于从不同视角还原或展现事件全貌，以丰富社会大众对事件看法和理解。此外，已有访谈录多以半结构式深度访谈方法为基础，在资料收集方面灵活性和深刻性上有所局限。"综合型学术访谈录"将软式阶梯法这一深度访谈工具引入其中，给予被采访者自由发言机会，有助于更加深入被采访者思想、情感与观念。另外，已有访谈录多停留在"录"的层面，为延伸及扩展采访内容深度与广度，"综合型学术访谈录"将通过规范系统编码对事件关键要素挖掘，以理论饱和为原则并以要素串联逻辑线，以关键要素的观点发现案例事件中存在的问题，从而寻找并挖掘案例事件背后影响因素以及作用机理。最后，发现问题的最终目的是为解决问题，为此，"综合型学术访谈录"最终会对发现问题或存在的现象提出解决策略及方案。

综合型学术访谈录具有访谈对象多元性、视角多样性、解读深刻性、方法严谨性、策略针对性的特点。

（三）综合型学术访谈录的操作流程

综合型学术访谈录在操作流程上共分为以下七个步骤（图3-8），据此对操作流程

[①] 范军.访谈录的写作[J].新闻知识,1997(4):33.

中的明确研究问题与选取访谈对象（步骤1、2）、访谈资料收集（步骤3）、访谈资料整理与分析（步骤4、5）、研究结果呈现与解读（步骤6）、策略反馈（步骤7）进行详细探讨。

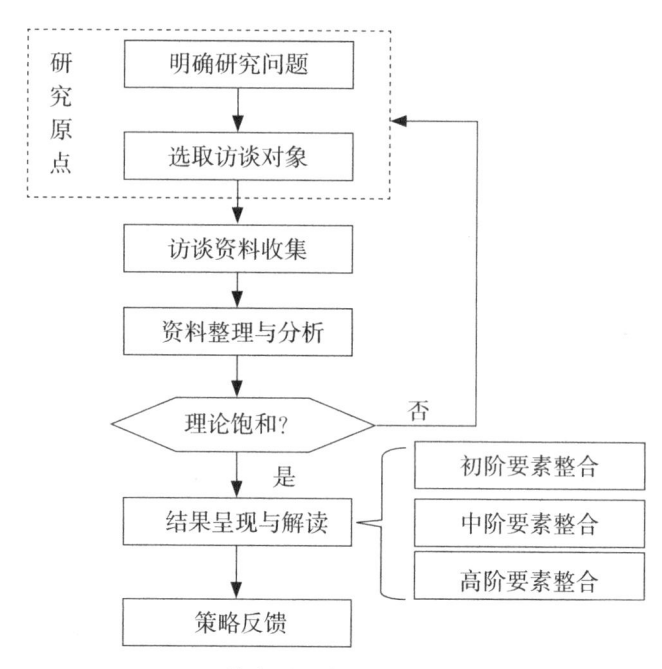

图3-8 综合型学术访谈录的操作流程

1. **明确研究问题与选取访谈对象**

研究问题是研究开展的逻辑起点。因此，在开展研究时首先需要设定与明确研究问题。其次，根据研究问题所发生的典型事件与场景，了解研究问题中包含的人员组成、群体特征及其行为特点。最后，通过立意抽样等调查方式，遴选参与该事件的、具有不同特征的利益相关者作为本书访谈对象。

2. **访谈资料收集**

访谈资料收集是一切质性资料处理的基础。综合型学术访谈录要收集的资料可以分为一手访谈资料与二手公开资料两种类型。一手访谈资料的获取是采用软式阶梯深度访谈手段，通过线上或线下两种渠道，源于事件具有代表特征多方利益主体访谈进行资料收集。为后续资料整理提供便利需要，对访谈录音，对此应向访谈对象给予充分解释并争取其信任。二手公开资料主要来自研究问题相关的新闻报道、档案资料、文字材料等。

3. **访谈资料整理与分析**

一手访谈资料整理首先需要进行转录，即将访谈时录音资料进行文字整理形成文字稿，并进行整体浏览与阅读。其次，对研究所需全部资料（包括一手访谈资料与二手公开资料）按照标准系统编码处理，即逐句编码、内容归类、提取关键要素等。最后，在访谈资料整理与分析过程中，坚持以理论饱和为原则，同时，运用访员间信度方法以保证结果可靠性。若此过程中访员间存在异议，需进行讨论、回访或二次访谈解决问题。

4. 研究结果呈现与解读

综合型学术访谈录的访谈资料经"初阶要素—中阶要素—高阶要素"编码提炼后，最终结果呈现按照逻辑线对各类阶级中要素及访谈内容之间关系进行整合，建立起研究结果的逻辑关系图，并对研究逻辑关系图进行要素和作用机制识别，从而实现更加系统、更有逻辑、更有层次的解读与发现。

5. 策略反馈

根据研究逻辑关系图与研究结果的解读，对事件存在现象和亟须解决问题提供具有针对性的运行策略，最终实现解决问题的目的。

四、研究设计与资料分析

奥运彩票作为一种以奥运会为主题的体育彩票，是体育彩票和奥运会结合的产物，这使得奥运彩票与浓厚奥运氛围和奥运盛事关系密切。同时，奥运彩票从发行至最终购买使用，经历上至国际奥委会、国家财政部和体育总局，下至奥运彩票消费者在内的诸多环节与多方主体行为。因此，探讨消费决策环境的优化方案能否影响刺激奥运彩票的购买量，若思考这些回答，就应对参与该过程的相关群体从不同视角进行系统收集。

基于此，本书将运用"综合型学术访谈录"这一研究方法，围绕消费决策环境对奥运彩票购买量的影响作为例证进行研究设计，深入挖掘奥运消费决策环境改进与优化策略的同时，展示"综合型学术访谈录"作为一种质性研究范式的可行性与解释力。

（一）研究取样

经了解本书的研究问题后发现，奥运彩票的消费决策环境与购买奥运彩票这一行为发生场所较为固定，参与该研究场所中群体按照人员构成、社会类属以及行为特点划分，发现本书群体可以分为奥运彩票消费者、体育彩票销售商、体育彩票中心管理者及专家学者这4类人群。从人员构成上看，他们参与奥运彩票生产、销售、运营、购买等不同环节，并在推动体育彩票业发展中发挥了不同作用。从社会类属上看，消费者是奥运彩票业终端，享受奥运彩票供给方提供的相关服务，是体育彩票业获取资金来源的群体。奥运彩票销售商与管理者既是政策推动者，又是产业价值链服务者，是联结生产与交易的重要实践者。专家学者在体育彩票政策领域理论与实践具有丰富经验，是体育彩票业发展中重要顶层设计者。可见，对该4类人群进行访谈有利于更加了解体育彩票业各个环节发展全貌。因此，本书将这4类群体均纳入采访范围内，遴选本书访谈对象。

本书采用软式阶梯访谈技术进行深度访谈，以曾身处奥运彩票消费环境中资深体育彩票消费者和从业人员为主要访谈对象。为寻找符合主题的访谈对象，本书运用立意抽样法、滚雪球抽样法和理论抽样法确定深入访谈对象。首先，运用个人关系网络，通过滚雪球抽样方式选取奥运彩票消费者、奥运彩票从业者及专家学者，陆续找到20名访谈对象，鉴于访谈对象数量较为有限，访者对被访者先通过半结构式访谈初步清晰被访者基本情况，旨在对身处体育彩票消费环境中参与人员的心得与体会有更多理解，从而制定有关奥运彩票主题与内容的访谈大纲。

除一手访谈资料外，在查阅奥运彩票相关资料时，收集到符合本书主题的网络访谈资料文本，特此将两份二手公开资料纳入原始访谈资料，旨在充实原始资料的内容，为本书开展提供了重要的前提保证[1][2]。此外，本书以理论抽样为原则，当样本提供的理论信息达到饱和状态时即满足样本量要求时停止访谈。基于此，本书最终对包含这4类人群特征的12位访谈对象进行深度访谈。由于受地理环境、社会疫情防控等现实因素制约，主要通过网络访谈方式与访谈对象进行访问交流，访谈对象及其基本信息整理见表3-26。

表3-26　访谈对象基本信息统计表

编号	特征类别	访谈形式	访谈时间
消费者1	奥运彩票消费者	QQ	约5个小时
消费者2	奥运彩票消费者	微信	约1个小时
消费者3	奥运彩票消费者	二手资料	—
消费者4	奥运彩票消费者	QQ	约2个小时
消费者5	奥运彩票消费者	微信	约50分钟
彩票销售商1	奥运彩票销售商	QQ	约5个小时
彩票销售商2	奥运彩票销售商	微信	约30分钟
彩票销售商3	奥运彩票销售商	微信	约1个小时
彩票管理者1	省级体育彩票管理中心市场部（科级）	微信	约1个小时
彩票管理者2	省级体育彩票管理中心主任（正处级）	二手资料	—
彩票管理者3	省级体育彩票管理中心副主任（副处级）	微信	约45分钟
奥运学者1	奥运研究学者（副教授）	腾讯会议	约40分钟

---

[1] 腾讯·大渝网.我中心领导答记者问：奥运彩票 与奥运同行 与奥运共赢[EB/OL].https://cq.qq.com/zt/2008/tc4/.
[2] 新浪体育.访首位奥运彩票中奖者 坦言奥运彩票中奖与众不同[EB/OL].http://sports.sina.com.cn/l/2008-03-25/11253554858.shtml.

（二）资料获取与整理

为了确保正式采访更加高效率高质量，访者从特征类型的访谈对象中分别抽取1位采用半结构式深度访谈方法进行预采访，有利于给予被访者畅所欲言、充分表达自己见解机会。其中，预采访主要围绕"奥运彩票和奥运彩票消费决策环境"这一核心主题进行，以便了解到不同特征类型的差异以及对奥运彩票和消费决策环境的看法，为后续正式访谈提问内容确定奠定基础。通过梳理相关研究、综合考虑奥运彩票销售现实情况以及结合预采访内容，本书最终设计深度访谈4个主题方向，包括奥运彩票销售情况、体育彩票消费决策环境现状、体育彩票消费决策环境影响因素以及消费决策环境对销售量影响结果。在正式访谈时分别与被访者进行一对一深度访谈，运用软式阶梯访谈法根据访谈对象的回答差异适当地追问更多其他相关的内容。其中，典型问题包括"奥运彩票和以前发行的即开票相比，有哪些特点？""奥运彩票采用何种方式销售？""奥运彩票会因为什么原因而销量提升？它们具有怎样的特点？"等。在征得访谈对象同意后，对访谈全过程进行录音，将原始访谈记录进行保存。在每次结束访谈后，由两位访者分别将录音内容转换为逐字稿，并对两人整理的文字稿内容进行对照，在此过程中如有不确定的地方将通过网络回访方式联系访谈对象进行确认，以确保文字内容准确性和可靠性。

（三）资料分析

1. 要素编码与整合

综合型学术访谈录将对访谈文本内容进行深入挖掘，而不仅仅局限于纪实记录的表面研究。为此，综合型学术访谈录将进行要素编码与整合的步骤。通过要素编码将一个或多个关键词与访谈文本的片段形成关联，并进行要素整合形成"初阶要素—中阶要素—高阶要素"要素阶层逻辑，实现对某种观点更系统、更全面的理解，进而建立事件系统内部的对应关系。

于本书而言，将访谈后的录音资料整理逐字稿后，利用要素编码与整合对各类访谈对象所描述或体验到的消费决策环境进行界定，并以此按照"初阶要素—中阶要素—高阶要素"程序进行归类整合，有利于对研究观点再加确认，也有利于获得奥运彩票消费决策环境系统内容更全面的资料。

本书初阶要素编码资料的提炼过程，提取一线城市、试点地区、奥运城市、政策责任、执行责任、强化服务、便民快捷、营销理念、研发能力、设计能力、营销设计、服务质量、服务设施、服务方式、即开型彩票、奥运主题、奥运精神、专题丰富、纪念用品、奥运吉祥物、奥运特许品、系统宣传、诚信博彩、公开透明、墙报宣传、视频播放、地推营销、家长榜样、家庭沟通、同伴行为、好友推荐、票面设计、玩法设计、票种名称、赛事日程、优势项目等140个初阶要素。再通过研究程序确定出中阶要素的整合。

2. 要素逻辑线

在对原始资料进行归纳与整理、提取出奥运彩票销售环境中阶因素的基础上，研究再次对提取出的中阶因素进行凝练与归纳，旨在提取出奥运彩票销量环境的高阶因素，使影响奥运彩票销量的环境因素更加具有指向性与概括性，进而为构建奥运彩票消费决策环境提供具有针对性与适用性的解决方案与措施。共提取出社会环境、文化氛围、服务能力、博彩动机事件反射4个高阶要素，具体内容见3-27。

表3-27 中阶要素和高阶要素的整合结果

中阶要素归类整合			高阶要素
奥运氛围	组织责任	募集资金	社会环境
社会阶层	支持公益	社会价值	
同伴关系	媒体宣传	责任博彩	
地区优势	智慧资源	法律保障	
奥运元素	理念传达	社会风尚	文化氛围
爱国情怀	树立信心	文化共情	
奥运游戏	情感能力	文化符号	
明星效应	价值认同	制度规范	
产品多样	渠道多向	服务效率	服务能力
观念转变	业务再造	营商优化	
差异化引导	简化购买	满足需求	
情景刺激	购彩引导	服务水平	
产品创新	票种丰富	玩法新颖	博彩动机事件反射
多元赛事	赛情分析	消费投入	
开奖频率	刺激欲望	获得收益	
彩票特色	收藏喜好	纪念意义	

（1）社会环境

社会环境广义上指包括社会政治环境、经济环境、文化环境和心理环境等大的范畴，对组织生存、发展的大环境和小环境都有积极的建设意义，而从狭义上指组织生存和发展的具体环境。奥运会的举办能够有效地促进社会环境的改善与发展；换言之，良好的社会环境能为奥运会的成功举办创造条件。而奥运彩票在这之间可以将社会环境与奥运会有效联系在一起。奥运会的浓厚人文氛围推动和谐社会环境的构建，促进社会组织担负自身社会责任，并携手为奥运会的资金募集提供支持。奥运彩票所得公益金一部分用于奥运争光计划、场馆建设等奥运会筹办的幕后工作，还有一部分用于社会大众。比如2008年奥运会举办之前，就抽调部分彩票公益金用于抗震救灾，因而奥运会的社会价值对社会大众颇为重要。奥运彩票的公益金来源于彩票消费者，同样离不开媒体宣传及同伴之间的口碑相传，并且奥运会的成功举办是国际共同责任，彩票消费者通过购买奥运彩票履行社会责任。奥运彩票作为体育彩票特殊品种，其销售过程也具有特殊性。2008年北京奥运会体育彩票的发行先选择了河北、江苏、浙江和山东四个省作为试点销售奥运即开彩票的单位，这就对奥运彩票的销售产生了地区优势。以试点地区为观察点，对奥运彩票销售过程中出现的问题进行调整，制定奥运彩票相关管理条例，不断优化环境，构建了奥运彩票的社会营销环境。

（2）文化氛围

奥运彩票以游戏的形式引导消费者体育情感，通过文化符号传递，将奥运理念融入奥运彩票消费过程中，传达奥林匹克"更高、更快、更强"文化理念。奥运会通过搭建国际体育交流平台彰显国家竞技体育实力、文化软实力等，弘扬国家体育精神和传统文化。从狭义层面而言，奥运彩票的魅力在于满足消费者获利、公益、爱国、趣味等多元化需求和丰富文化生活。奥运彩票是传播人文奥运理念、丰富奥运文化内涵的体育彩票品种，能满足群众支持奥运盛会的需求。奥运彩票在设计中加入奥运元素，以奥运彩票的形式实现奥运理念传达广大消费者的目的，也从奥运魅力层面促使更多社会大众投入奥运彩票消费，在奥运人文理念传达和刺激消费的同时，进一步引领社会风尚，促进彩票社会责任。奥运会作为全球性体育赛事，对于大多部分彩票消费者而言，不仅仅是单方面购彩，而且均具有较高爱国情怀，彩票消费者在奥运期间不仅关注国家体育赛事，更是激发消费者、奥运会与国家文化共情。

（3）服务能力

产品供给能力是体现企业或生产部门向社会提供产品的能力，奥运彩票通过丰富的产品供给，向消费者提供多样奥运彩票产品，如北京奥运会向消费者提供了"顶呱刮"奥运主题彩票、"勇争第一"、"好运中国"、"加油！中国队"等多种类型产品，奥运彩票的销售渠道也比较丰富，全国各地体育彩票网点以及在奥运会期间流动彩票销售站点形成了彩票销售多向渠道，丰富奥运彩票产品和多样化供给渠道，提升奥运彩票产品服务效率。良好业务运营体系以及流畅业务流程是保障彩票营销环节关键一环，转变经营和销售观念，将奥运彩票运营业务流程进行优化，以试点地区为观察点，对奥运彩票销售过程中出现问题进行调整，不断优化营销环境，提升奥运彩票服务能力。奥运彩票面向消费群体多样，消费者需求以及消费偏好趋于多样化，通过向消费者提供差异化服务或购买产品引导，简化消费者购买体育彩票环节，降低消费者购买彩票时间成本，提升消费者购买产品针对性，以最大化服务满足消费者需求，吸引消费者消费，并促进消费者持续性消费。相较于体育彩票其他产品而言，奥运彩票和奥运会存在非常紧密关系，包含"勇争第一""加油！中国队""奥运金牌"等诸多奥运元素，奥运彩票销售服务氛围搭建了较好的营销环境，吸引消费者的注意，刺激消费者购彩动机。同时，彩票网点中营销者向消费者介绍关于奥运彩票内容或产品由来、玩法等知识，以提升服务水平，增强奥运彩票服务能力，激发消费者购买意愿。

（4）博彩动机事件反射

体育彩票管理中心负责全国体育彩票的发行与销售工作，体育彩票管理中心管理者是管理活动的决策人，负责并参与奥运彩票研发、销售等工作实施，丰富奥运彩票票种，烘托购彩的奥运情境元素，增加了奥运彩票销售量。与此同时，奥运彩票销售量还与彩票设计与发行方式有关，而彩票产品类型研发是对彩票系统自身素质考验，内强素质是奥运彩票研发基础，在此之上尝试创新是奥运彩票研发关键，以此开发出玩法适宜票种，向消费者提供新颖玩法，并给予不同产品的消费体验，激发消费者购买彩票动机。奥运彩票和其他体育彩票产品一样，均能向消费者提供丰厚奖金回报，在奥运会举办期间，每天举办的丰富多样体育竞赛活动以及获得奥运金牌数量，成为奥运彩票主要竞彩内容，提升奥运彩票开奖频率，消费者购买彩票机会以及中奖概率将随之提升，进而刺激消费者参与奥运彩票消费，满足消费者通过购买彩票达到获取资金收益的目的。奥运彩票以多元化赛事为依托，通过打造精品赛事内容和优质赛事服务，满足体育赛事观众需求，其中体育赛事观众中的一部分消费者属于体育彩票消费者，较为擅长分析赛事，对比赛结果预测与判断，进而能够引发消费者的购彩动机，吸引消费者投入彩票消费。另外，奥运彩票蕴含奥运元素，是举办每一届奥运会的象征，具有时代象征与历史意义，存在一定收藏价值，并在一定程度上激发喜好收藏型彩票消费者购彩欲望。

五、奥运彩票消费决策方案的构建

（一）搭建营销的社会环境，从"群体情景"至"博彩互动"

社会环境不仅是奥运彩票得以发行的客观场域，同时也是消费决策环境中的重要组成内容，因此从社会学角度切入寻求解决奥运彩票消费决策困境及影响决策环境的相关内容极为必要。在社会学领域中，社会环境是社会结构的宏观主题，郑杭生提出社会结构主要包括政治文化环境、制度规范、群体关系等内容[1]。研究梳理认为奥运彩票的社会环境中主要包括法律保障、媒介传播、智慧资源、组织责任等要素内容。

---

[1] 郑杭生.社会学概论新修经编本[M].2版.北京:中国人民大学出版社,2014.

首先，法律保障是彩票发行同时也是奥运彩票发行的重要支撑保障。夯实的法律制度基础为体育彩票发行、营销等营造了良性健康社会环境。相关条例的制定及颁布在增强体育彩票公信力的过程中发挥重要作用，有助于提升消费者的博彩信赖及购彩信心。当消费者的购彩信心越强时，其参与购彩消费环节的主动性也会越高。

"购买彩票本身就是我个人娱乐消遣的一种方式，健康的娱乐消遣能够舒缓我的身心压力。购买体育彩票时我会考虑的点比较多，比如彩票的口碑、公信力等方面。一些负面事件的发生，可能会增加普通消费者的不信任。但是也正由于相关法律条例制度的保障，消除了我购买体育彩票的焦虑。"（访谈记录：奥运彩票消费者1，2020年10月2日）

"体育彩票行业容不得造假，但也不可避免的是总会有些同行做出一些错误的市场行为，严重破坏着体育彩票的营售卖氛围。但要是法律环境能增强，我们体育彩票运营商的从业信心就也能增强了。"（访谈记录：奥运彩票销售商1，2020年10月5日）

其次，媒介传播是奥运彩票发行过程中重要推动力量。通过网络自媒体等形式宣传奥运彩票，一方面宣传彩票取之于民、用之于民理念；另一方面倡导奥运彩票为国争光，增强民众自豪感及凝聚力。媒介传播在彩票消费者购彩的过程中发挥着重要桥梁作用。彩票消费者通过不同媒介获取关于奥运彩票多方信息。

"起初我去体育彩票站点只是为了购买之前我一直购买的票种，但当我到达站点后，看到站点宣传视频，才得知奥运期间推行奥运彩票。在咨询过彩票销售商后，又出于我本人的一些情怀，我觉得购买奥运彩票也挺有意思，既满足了我的购彩需求，同时也蕴含着我的个人情结，何乐而不为呢？"（访谈记录：奥运彩票消费者2，2020年10月11日）

再次，智慧资源是智慧化与相关资源结合体。这一结合体不仅强调系列资源，更注重不同资源之间智慧化联动。在奥运彩票销售环境中，离不开各类资源有机互动。这些资源不仅仅包括设备资源如彩票终端机，信息技术资源如自动销彩机，同时也包括人力资源等。这些资源共同推动着体育彩票的健康发展。

"以前我们去彩票站点买彩票，都是让彩票销售商家连上电脑人工打印。现在好了，彩票自动销彩机在很多城市中都有了。我之前不会用这个机器买彩票，但是我家孩子给我演示了，我可以自行购买了，很方便。这在以前根本是想都不敢想的事情。"（访谈记录：奥运彩票消费者3，2020年10月3日）

"体育彩票的发展，使得对彩票从业者的要求也得以提高。我认为这也会加大从业者的从业困难，但从另一方面说，也具有一定积极作用。严格的从业要求会降低一些恶性服务事件发生的频率，我想这样将对奥运彩票乃至彩票的整体销售有利。"（访谈记录：奥运彩票销售商2，2020年10月8日）

最后，组织责任是社会组织的社会责任感及责任心。社会组织是人们为实现某种共同目标，而将其彼此协调与联合起来所形成社会团体。在彩票市场中，包含着各类组织，如彩票销售站点、社会第三组织等。不同组织的社会职责各不相同，其对各自责任的履行更是会对社会秩序及社会环境产生影响，从而影响彩票决策环境的构建。在此背景之下，体育彩票销售方的社会责任也受到了越来越多的关注，成为体育彩票产业得以发展的不可忽视的重要关注点。

"体育彩票秉承了取之于民、用之于民的理念得到很多彩票消费者的关注。我们体育彩票运营商本身也肩负着一定的社会责任，不能忘了自己应承担的社会责任，否则将会造成彩票市场的混乱，影响我们自身生活的同时，也会影响着体育彩票行业的发展。"（访谈记录：奥运彩票销售商3，2020年10月12日）

社会环境本身极为复杂系统，其间包含着诸多要素及表现。在奥运彩票运营发展过程中，终归无法脱离社会环境这一宏观环境。然而，既往彩票发展过程中，消费者购彩行为的发出更多偏向于群体间的同伴关系等社会环境。在这一社会环境背景之下，其购彩行为的发出相对被动，且受同伴等因素的影响程度及效果更为显著。本书所构建的包括法律保障、媒介传播、智慧资源、组织责任等要素内容的奥运彩票销售的社会环境，能够有效打破这一发展僵局。高效健康的社会环境，从心理层面调动购彩消费者的购彩积极性，转变为购彩意愿，主动参与到购彩环节中，变被动为主动，促使"群体情景"模式的有效构建。在"群体情景"模式的驱动下，加深与奥运彩票经销商、奥运彩票消费者等多方联系，产生更多双向互动，促使"博彩互动"机制的形成与进一步发展。在此社会背景之下，"群体情景"模式与"博彩互动"机制之间相互关联、相互影响。与此同时，模式与机制间的有效联动也推动着优质社会环境的进一步升华，共同推进奥运彩票乃至整体彩票产业的健康有序发展。

（二）传播奥运文化氛围，从"冬奥文化"至"文化消费"

首先，奥林匹克是一种文化现象，奥林匹克主义的根本原则是"体育与文化及教育的融合"，主办国及主办城市在开展竞技体育的同时，也在积极致力于振兴文化和艺术，传播主办国及主办城市文化形象[1][2]。冬奥会既是大型体育赛事，也是一种文化，具有明显的地域文化色彩，其中冰雪文化是冬季奥运会物质文化的主要共性，奥运会背后独有的冰雪文化使其在文化的繁衍过程中表现出独有的一面[3]。消费已经成为社会再生产过程中的重要环节，既是促进市场经济发展的主导因素，也是牵引经济发展的主要力量[4]。文化消费是精神生活的重要内容，对文化的消费能够提升我国居民的幸福感、获得感、成就感，因而，对文化经济的发展也日益上升到国家战略层面[5]。彩票经济也属于文化经济的一种，对彩票的消费也是对"文化消费"的一种。对体育彩票的消费可以获取经济效用，也即体育彩票消费者对体育彩票消费经济回报的度量，体育彩票消费者主要希望通过购彩而博取高额奖金[6]。

"冰雪元素是冬季奥运会物质文化最鲜明的特色之一，不论是哪一种文明、哪一个国家、哪一座城市，只要举办冬季奥运会，冰雪就是其无法绕开的文化符号，在冬奥会彩票的设计中融入冰雪的元素，将本国文化、奥林匹克文化相结合融入奥运彩票的设计，从而形成新的具有我国特色的彩票文化，这能够促进我们广大彩票消费者对奥运彩票的消费，同时也是我们传播冬奥文化的一种方式，我们觉得很自豪。"（访谈记录：奥运学者1，2020年10月18日）

其次，奥运彩票作为奥运文化的有形存在方式对其传播起到了积极的促进作用，购买奥运彩票的彩票消费者也越来越多，这也说明彩票消费者的生活方式和价值观念也随之发生变化，表现之一就是人们从购买体育装备、器材、设备等"有形消费"向观看赛事、购买奥运彩票等无形的"文化消费"转变。

（三）提升差异化服务能力，从"质量服务"至"时空数字服务"

现如今，民众获取信息的渠道非常丰富，彩票管理部门应当紧跟时代科技进步的步伐，更新宣传手段、增进互动环节，推进销售平台进行技术革新，激发民众潜在的

---

[1] B Garcia, J Hugh Son.One hundred years of cultural programming with in the Olympic Games (912-2012):origins, evolution and projections[J].International Journal of Cultural Policy, 2008, 14 (4) :361-376.
[2] 魏然.2020年奥运会背景下日本书化形象传播路径及启示[J].体育文化导刊,2019(5):23-27,33.
[3] 孙葆丽,孙葆洁,徐子齐.夏季奥运会和冬季奥运会与文化互动之比较[J].成都体育学院学报,2019,45(3):1-6,63.
[4] 赵玲.消费的人本意蕴及其价值回归[J].哲学研究,2006(9):54.
[5] 资树荣, 张姣君. 文化消费活动提升了农村地区居民主观幸福感吗? ——基于CGSS数据的实证分析[J]. 消费经济, 2020.1-11[2020-12-25].https://wkxuebao.tongji.edu.cn/CN/abstract/abstract567.shtml.
[6] 王爱丰.南京体育彩票消费者消费行为与动机的研究[J].广州体育学院学报,2004,24(2):26-28.

参与兴趣,并注重提升奥运彩票消费者的购买体验,提升服务质量[①]。通过提升差异化的服务,培养奥运彩票消费者的品牌忠诚度,提高购买效率,满足奥运彩票购买者差异化的消费习惯[②]。

"我在购买奥运彩票时非常注重彩票网点销售者的态度,对于我想要购买的奥运彩票的票种,彩票网点的销售者如果耐心讲解的话,那么我就会对这个服务者有信任,可能不是我最想要的彩票票种,但是由于这个销售耐心周到的讲解和其所花费的时间,我也会购买此票种,并慢慢地建立起来对这种彩票的投入,还会常常来这家网点购买彩票。同时,奥运彩票的销售观念也从简单的买卖方转变为服务方,销售观念转变了也让我们感受到奥运彩票是可信可靠的。"(访谈记录:奥运彩票消费者5,2020年10月17日)

组织研究团队,根据市场调查及理论研究成果开发不同参与方式的奥运彩票票种,根据国际上关注度较高的奥运赛事项目开发相应的彩票类型,以增加可玩性、趣味性。奥运彩票销售网点应借助大数据平台来进行线上销售如自助销售、手机售彩,加强业态融合,在付款方式上可以使用微信、支付宝等线上付款的方式,最大限度地增强彩票消费者购彩的便捷性。将线上与线下销售相结合,如自助投注、电话投注、手机投注、网上投注、用银行卡付款投注等,满足彩票消费者多层次、多样化的购彩需求,提高彩票消费者的购彩积极性[③]。

"发达的互联网行业给我们的生活带来了极大的便捷性,使得我们足不出户就能买到自己心仪的奥运彩票票种,大数据让我们知道当下最受欢迎的奥运彩票票种;根据我们浏览的内容,大数据还会向我们推送我们感兴趣的内容。而自助销售、手机售彩等方式的出现极大地增加了我们购彩的便捷性,坐在家里就可以知道有关奥运彩票的时事与资讯,并购买到中意的奥运彩票票种。而国外有好多人都通过网络购买了。"(访谈记录:奥运彩票消费者4,2020年10月17日)

奥运彩票机构对网点提供的个性化服务也对服务质量的提升也有一定的影响,差异化服务能力的提升有利于奥运彩票销量的提升,并与奥运彩票购买者产生共情。服

---

① 许熠哲,朱海云.体育彩票销售量影响因素的实证研究——基于省级面板数据的实证检验[J].学习与实践,2020(10):63-69.
② 刘圣文.基于扎根理论的中国体育彩票销量影响因素研究——以山东省为例[J].体育与科学,2019,40(3):23-32,60.
③ 李海.上海电脑体育彩票销售网点彩票消费者关系营销策略[J].上海体育学院学报,2008,32(5):19-22.

务的便捷化，例如"数字化服务"能够满足奥运彩票消费者的多元化需求，实现多元化的彩票供给[①]。

（四）构建博彩动机事件反射，从"刺激动机环境"至"潜意识接受环境"

奥运会属于大型体育赛事，它的举办能够带动一系列衍生品的生产、发行与销售，奥运彩票就是其中之一，与常见的体育彩票相比，奥运彩票具有明显不同的特点。同时，奥运彩票与体育赛事联系紧密，彩票消费者的购彩动机存在一定的差异，购买奥运彩票具有一定的偏好性[②]。体育彩票消费者具有较高的消费黏性，购彩动机是消费者内在的一种购彩意愿，而冬奥会举办的背景下，构建与冬奥赛事主题相关的奥运彩票博彩环境，有助于刺激消费者的博彩动机，从而促进奥运彩票销量的提升。按照玩法划分，目前我国体育彩票可分为即开型、竞猜型、高频型和数字乐透型4大类，不同玩法体育彩票在开发时其玩法特征与目标顾客定位均存在一定的独特性[③]。因此，需要从不同角度刺激彩票消费者动机、搭建购彩环境，从而促进奥运彩票销量的提升。

首先，与普通彩票相比，奥运彩票与冬奥主题密切相关，更具"彩票特色"，发行冬奥主题即开型体育彩票，不仅仅实现了"产品创新"，而且促进了"票种丰富"，其优美的票面设计与纪实性特色使得奥运彩票变得极具"纪念意义"。

"我是个喜欢收集彩票的投注者，每次发行了新型的顶呱呱彩票，我都会第一时间购买，而奥运彩票与奥运会密切相关，发行时间很短，值得被纪念，相比于其他普通即开型彩票，其收藏性更大，所以我会购买奥运彩票。我觉得奥运即开票主题鲜明，也好玩，也有特色，我非常期待奥运期间发行的奥运彩票。"（访谈记录：奥运彩票消费者1，2020年10月2日）

其次，部分竞猜型体育彩票消费者对体育赛事较为关注，长期关注竞猜型体育彩票，并以购买竞猜型体育彩票作为联系赛事的重要渠道，因此，冬奥会比赛项目的特殊性比传统足球、篮球彩票更为新颖，具有"多元赛事"的特性，且赛事周期相对较短，发行竞猜型奥运彩票进一步"激发参与"，同时对于消费者也具"刺激欲望"的作用，增强了竞猜型体育彩票消费者对于"赛情分析"的参与感，增加了彩票消费者的"消费投入"，从而使得消费者购买体育彩票变得更具"乐趣意义"。

---

① 马辉,吴殷.内部顾客视角下体育彩票机构服务质量研究[J].上海体育学院学报,2016,40(5):37-41.
② 刘志峰,张婷婷.投资者彩票偏好对股票价格行为的影响研究[J].管理科学学报,2020,23(3):89-99.
③ 中国彩票年鉴(2012)[M].北京:中国财政经济出版社,2013.

"我是个老球迷了，也玩竞猜型体育彩票，平时我为了多关注体育赛事，都会购买几注竞彩，让我看比赛更有意思，奥运彩票好多年没发了，应该是在奥运举办期间发行，我记得玩法种类特别多，对于我来说都很具有吸引力。"（访谈记录：奥运彩票消费者5，2020年10月17日）

"奥运彩票能够分析相关赛事，这点无论对国家队还是彩票消费者而言都十分重要，在奥运会之前，会有很多热身赛、资格赛、锦标赛等各类比赛，熟悉这些比赛的成绩，对于分析各支队伍状态有明显帮助，特别是提前预防冷门赛事的发生更是关键，换句话说，在奥运彩票竞猜中要有冷门的想法，也能帮助我们更好地分析赛事，获取更好的彩票收益。奥运彩票的购买既是奥运参与的一种，也是对奥运价值的认可，奥运会本质上是文化的一种，具有休闲娱乐的功能，我们在整个过程中也收获快乐，放松心情。"（访谈记录：奥运彩票消费者1，2020年10月15日）

最后，部分消费者参与博彩的动机往往是为了赢得大奖和体验刺激与挑战[1]。不同彩票消费者的购彩认知存在一定的差异性，高购彩认知彩票消费者会表现出更显著的购彩行为[2]。经济效用也是彩票消费者购买奥运彩票的重要动机，体育彩票消费者主要希望通过购彩而博取高额奖金[3]。奥运彩票返奖率较高，能够进一步激发高购彩认知竞猜型体育彩票消费者"获得财富"的欲望，同时奥运赛事种类多元，赛事节奏紧张，增强了彩票的"开奖频率"，进一步"刺激欲望"，增加消费者的消费投入，从而促进彩票销量的稳步提升。

"奥运赛事类型的彩票只有在奥运会举办期间发行，赶上奥运彩票发行的机会较为难得，而奥运彩票的开奖频率和返奖率更高，我个人是比较关注彩票返奖率的，奥运彩票的发行更加符合我个人的消费习惯，它可以刺激我中奖的欲望。"（访谈记录：奥运彩票消费者4，2020年10月17日）

"奥运彩票票种丰富、种类齐全、能够满足不同种类彩票消费者的需求，开奖频率高，以北京奥运会为例，在游戏设计上打破常规、单张彩票最多有12次中奖最终机会，而且每一种玩法都有着目前国内彩票的最高返奖率65%，即每销售100元的奥运彩票，体育总局就会把其中的65元投入彩票奖池，而且玩法更加多样化，趣味性也更

---

[1] Lam D.An exploratory study of gambling motivations and their impact on the purchase frequencies of various gambling products[J].Psychology &Marketing,2007,24(9):815-827.
[2] 王树明,叶林娟.体育彩票消费过程中消费者认知偏差的定量研究[J].上海体育学院学报,2011,35(2):20-24.
[3] 王爱丰.南京体育彩票消费者消费行为与动机的研究[J].广州体育学院学报,2004,24(2):26-28.

强，这在一定程度上能够刺激彩票消费者的购买欲望。"（访谈记录：体育彩票管理中心市场部从业人员，2020年10月12日）

由此可见，冬奥会承办契机下，发行奥运彩票能够增强消费者对于体育赛事的关注，从激发消费者购彩动机角度出发，将"刺激动机环境"转变为"潜意识接受环境"，从不同角度刺激彩票消费者动机，既能提升消费者购彩意愿，促进奥运彩票销量的提升，又能够为大型体育赛事的顺利筹办募集资金，从而保障赛事的顺利开展。

综上，在冬季奥运会承办的契机之下，针对冬奥主题设计并发行奥运彩票，基于社会环境、文化氛围、服务能力及博彩动机事件反射四个方面构建出奥运彩票消费决策环境，能够激发消费者消费动机，促进奥运彩票销量提升，推动体育彩票产业可持续发展。同时，发行奥运彩票、优化体育彩票消费者消费决策环境有利于促进奥运赛事与体育彩票产业形成协同效应（图3-9）。一方面，奥运会本身存在相当大的吸引力，加之彩票消费者自身对奥运会的喜好或者国家情怀，促使彩票消费者主动参与购买奥运彩票行为。另一方面，彩票发行方对彩票进行奥运渲染，对票种进行创新，营造能够促使彩票消费者购彩的消费决策环境，提升体育彩票销量。因此，构建并优化奥运彩票消费决策环境，既能够吸引群众对于我国冬奥赛事的关注，保障我国冬奥会资金支持，又能够丰富体育彩票票种，促进体育彩票产业的可持续发展。

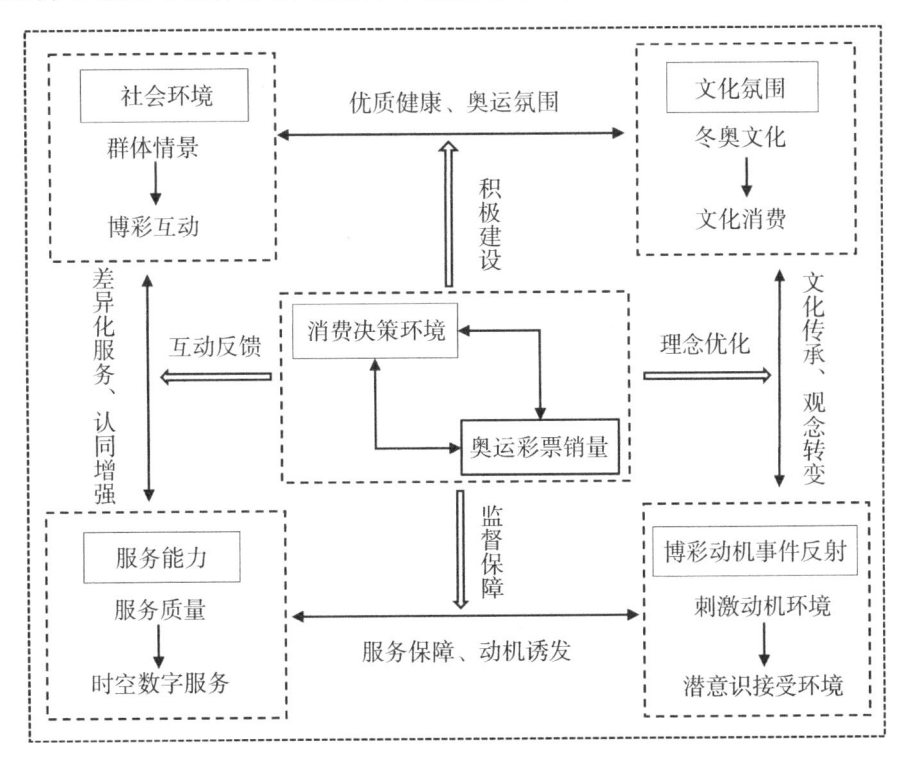

图3-9 奥运彩票消费决策环境逻辑关系图

六、策略反馈

策略反馈是根据消费决策环境构成路径，提出搭设营销社会环境，传播冬奥文化氛围，提升差异化服务能力，构建博彩动机事件反射的反馈说明，并以此形成对奥运彩票销量提高的切实策略。

（一）优化彩票消费者体验与涉入情景，提升环境互动

在奥运彩票的运营和产品设计上，要以科学市场导向为主。第一，促进玩法设计，形成合理的销售程序，加快数字型奥运彩票的开奖频率，提供资金比例更为合理的产品。第二，强化博彩互动，对竞猜型奥运彩票形成网络化消费群体，开发网络交流及博彩互动的社会网络型产品。第三，完善奥运彩票个性化特征，激发渠道产品中持续中奖概率。第四，挖掘市场趋势，调整市场对市面产品的传递速度，以便更好形成奥运彩票中品牌产品。第五，确定识别与差异化产品策略，提升服务环境，对不同服务市场形成不同的聚焦策略，同时要抓住寡头垄断的市场聚焦策略。第六，设定地区的消费群体实施不同的重点产品，建立实现可行的定价策略，提升彩票消费者的关系管理。

（二）传递文化以拉动品牌建设，形成高质量的消费内涵

文化策略是激发品牌形成的一项重要途径，而奥运彩票要提升文化氛围，形成消费内涵，应以品牌设立为内核。第一，构建奥运彩票的品牌文化，形成产品间的品牌家族，并完善奥运彩票中多彩种的子品牌。第二，建立已有产品的品牌价值，提高公信力、受众率、认知度，完善产品体验，强化奥运彩票品牌的创新。第三，推进奥运彩票的文化内涵，拉动文化消费，构建奥运彩票的文化场景，对奥运彩票文化进行市场研究。第四，提出文化分销的概念，通过文化信息营销奥运彩票的产品，实施多地点、多方式的文化信息的分销方式，逐渐形成文化消费中高质量的消费内涵。

（三）调整质量服务，完善服务利润链，实现高质量服务

奥运彩票的差异化服务是突出奥运彩票品牌和特殊产品的一种服务类型，常态化的质量服务不能作为服务质量高级化表现形态。第一，完善奥运彩票消费者与市场的关系，提升产品价值，形成高级化服务定位以在竞争环境中实现优胜。第二，形成价值共创改善奥运彩票顾客期望，形成对奥运彩票软指标与硬指标双重判断标准。第三，提高服务生产率，减少奥运彩票线下率与劳动力支出，实现时空不限的条件及第三方介入服务，从而提高成本效益及服务效率。第四，优化服务绩效，识别奥运彩票可持续化问题，通过效率改善服务能力，通过消费者价值与满意度完善产品类型，通过强化领导力提升产品业务流程。

（四）消费动机反射事件，激发购彩行为

需求与动机紧密相关，提出设定消费动机的反射事件是为了强化奥运彩票消费者自我意识与品牌意识，是通过交易、环境、经验、行为等因素对大脑意识进行反馈的潜意识科学。第一，通过品牌社区概念激发舆情影响群体行为反射消费购彩动机。第二，加强网点服务建设，刺激购彩环境产生，形成彩票消费者满意度。第三，对市场进行预测，调整产品，形成高频率购买行为，掌握奥运彩票消费潜意识并诱发潜意识行为。第四，强调感知事件的反馈，对奥运彩票消费者的消费感知进行刺激，以实现购彩的知觉。

本书证明了消费决策环境的应用方案可以成为提升奥运彩票销售有效手段。正值北京冬奥会筹办之际，改善与优化奥运彩票营销方案极为重要。据此，通过综合型学术访谈录对消费决策环境进行验证研究，发现奥运彩票消费决策环境优化与改善离不开社会环境、文化氛围、服务能力与博彩动机事件反射核心因素。消费决策环境改善对可持续奥运彩票消费行为也具有重要意义，既能为奥运经济贡献力量，又能为奥运事业提供支持。因此，有针对性消费决策环境整合措施，才能提升多元主体参与的奥运彩票，进而实现奥运彩票营销体系优化，并不断激发奥运彩票消费需求与销量提升。后续研究中将进行量化的结构模型思考，通过消费决策环境的影响因素同奥运彩票的发展进行大数据的研究和讨论，以完善实证研究经验与奥运彩票市场优化的再验证。

第六节　体育彩票消费环境的路径探索

一、体育彩票发展的趋势及必要性

据国家体育彩票管理中心显示，2021年全国发行销售彩票3732.85亿元。分机构看，福利彩票机构发行销售彩票1422.55亿元，体育彩票机构发行销售彩票2310.30亿元。分类型看，发行销售乐透数字型彩票1618.92亿元、竞猜型彩票1342.99亿元、即开型彩票544.11亿元，基诺型彩票226.83亿元，乐透数字型、竞猜型、即开型、基诺型彩票销售量分别占彩票销售总量的43.3%、36.0%、14.6%、6.1%；视频型彩票销售0.01亿元。2021年中央财政当年收缴入库彩票公益金520.46亿元，加上2020年度结转收入144.18亿元，共664.64亿元。经全国人大审议批准，2021年中央财政安排彩票公益金支出502.7亿元。考虑收回结余资金、补充预算稳定调节基金等因素，收支相抵，期末余额156.14亿元。按上述分配政策，结合上年结余等情况，分配给全国社会保障基金理事会310.89亿元，用于补充全国社会保障基金；分配给中央专项彩票公益金139.99亿元，用于国务院批准的社会公益事业项目；分配给民政部25.91亿元，用于资助老年人福利、残疾人福利、儿童福利等方面；分配给体育总局25.91亿元，用于落实全民健身国家战略，提升竞技体育综合实力，丰富体育供给，推动群众体育和竞技体育协调发展，加快推进体育强国建设。

二、体育彩票发展的对策

根据研究结果，并结合当前竞猜型体育彩票消费者购彩过程中的现实情况，本书得出以下实践启示。首先，本书通过分析证实社会影响对竞猜型体育彩票消费者社会学习具有显著影响。因此，彩票消费者在购彩过程中应分析其他个体或群体带来的社会影响，厘清获取各种信息之间的关系，综合评判购彩信息的质量，避免产生羊群效应现象。同时，彩票消费者自身应加强对彩票或体育比赛信息的收集分析能力，丰富购买彩票的相关知识，提高自我认知能力，将社会影响带来的不利因素降到最低。其次，研究表明信息不对称、群体压力、权威服从在社会影响与社会学习中具有中介效应。因此，消费者因社会影响产生羊群效应时，不要轻易做出购彩决策，此时应对社会影响、信息不对称、群体压力以及权威服从等不利因素进行综合分析，以强化购彩决策信息的思维与判断能力；同时，应充分认识社会学习的内在含义，明晰购彩过程中的各个环节的因素影响，以免陷入模仿与学习他人行为的非理性购彩误区。再次，研究证明社会学习能够影响彩票消费者的购彩行为。社会学习看似消费者进行自我强化，但在产生羊群效应时，社会学习会影响消费者的理性购彩。因此，无论受到社会影响或产生羊群效应与否，都应提高对购彩信息的认知能力，养成良好的辨别与分析购彩信息的习惯，增强自我调节能力，培养信息加工意识，以达到改善购彩行为的目的。最后，彩票社会责任在社会学习对购彩行为的影响中具有调节效应。彩票社会责任作为除彩票购买者以外的相关利益方该承担的社会责任，彩票的相关利益方应帮助消费者理性购彩，如彩票的规制向彩票消费者提供准确无误的彩票游戏设置、兑奖流程等购彩信息，建立彩票发行、销售、购买的立法体系，保障彩票消费者的购彩行为；彩票的管理方，增强彩票运营流程的监管，防止彩票消费者非理性购彩；彩票的营销方，加强彩票发行销售各个环节的管理，确保彩票游戏依法运营，提供公平合理的购彩行为环境，以保护彩票消费者的利益。

PART 3

体育彩票的消费圈层与人口关系篇

第四章

体育彩票"圈层关系"的三项量化证据

第一节 "圈层关系"概念与消费偏好的说明

近年来,体育彩票消费需求是体育彩票产业高质量发展的重要核心内容。然而,我国体育彩票从消费能力、公信力以及业务流程缺乏革新上都存在一定的发展问题,导致体育彩票消费需求端与供给端的问题频现,国内学者虽围绕消费者机制、社会责任、体育彩票管理等几方面展开研究[1][2][3],但仍缺乏解决体育彩票消费需求方面的根源性手段,体育彩票需求与供给均离不开消费形态发挥的作用。现今面临世界产业形态转换,体育博彩产业的蝶变,体育彩票产业的高质量发展需朝向产业市场的有序循环方向,且在体育彩票产业可持续发展理论研究中时刻进行着实践。体育彩票消费者是体育彩票市场的主体与需求端,促进体育彩票忠实理性消费也将成为可持续化的关键[4]。一些研究在体育彩票消费者行为领域中也发现目前体彩消费最易受到的是群体消费的影响[5][6]。鉴于此,本书认为人群关系的表现形式是建立在社会阶层之上的关系网络,集合了社会阶层、多阶层之间的关系,社会圈层很大程度上会体现群体消费以及偏好性消费等消费行为。同时,本书认为体育彩票的圈层关系也可能是这类人群关系特点,尤其在竞猜型体育彩票中比较突出。例如,表现在球迷关系与球迷的博彩关系上,现阶段研究体育彩票的可持续化发展可从消费或供给角度出发,本书认为体育彩票属于公共产品,也是垄断性产品,具备消费需求与产品供给之间的联系[7]。诚然,发现人群与社会关系问题,挖掘消费行为及动机决策仍然是体育彩票消费偏好研

---

[1] 刘炼,王斌,罗时,等.基于计划行为理论的体育彩民购彩行为研究[J].上海体育学院学报,2014,38(4):42-46,68.
[2] 李海,吴殷.体育彩票机构社会责任对彩民消费行为的影响[J].上海体育学院学报,2015,39(5):22-27,43.
[3] 李凌,张瑞林,张勇.竞猜型体育彩票消费者购彩决策行为影响因素的新探索[J].体育学研究,2021,35(1):68-77.
[4] 白彩梅,王树明,马文飞,等.体育彩票消费中问题博彩的认知偏差研究[J].体育科学,2009,29(10):17-22.
[5] 周珂,周艳丽.体育彩票市场消费者行为的经济学分析[J].北京体育大学学报,2004(5):605-606,652.
[6] 王斌,叶ексей,马红宇,等.体育彩票消费中问题博彩的认知偏差研究述评[J].天津体育学院学报,2013,28(3):193-197.
[7] 马天平,王盼.彩票供求的"二元"对立矛盾:基于"政府—市场"的化解框架[J].甘肃社会科学,2021(3):197-204.

究的关键。

根据理性人与经济人假设,提高消费效率能够促进社会形成合理消费氛围。对于企业可以根据消费者的消费偏好定位发展需求属性和利益相关者的需求层次,通过结合消费需求与产业发展目标,结合市场消费机制进行有效的约束和市场监管实现收益与公司利益相融合,最终将会推动产业高质量发展。众多研究也证明,满足消费者的消费偏好能够影响体彩可持续化发展[1]。消费偏好是消费行为学中重要的理论基础,可以据此满足购买过程中产品消费行为,并且可以通过消费者的"区隔关系"(Compartmentalization),从而激发不同社会圈层的消费关系。此外,反馈策略不可忽视,在一些实证研究中多数研究更加重视科研实证结果理论内容,反而忽视结果的实践性,因此反馈策略是目前体育彩票学术研究的关键。分析反馈策略主要原因在于应该对体育彩票阶段有清晰判断,防备后视偏差(Hindsight Bias)的出现。因而本书将依据圈层关系深入剖析不同圈层体育彩票消费者的消费偏好,发现体彩消费的圈层偏好,并设计适宜发展体彩的"最优策略"(Performance Strategy)机制模式,激发体育彩票消费市场需求,为体育彩票可持续化发展提供理论参考与实践模型的依据。

一、圈层关系的概念推导

圈层概念属于社会学范畴的概念,最早由法国著名社会学家布尔迪厄于20世纪70年代提出,他认为世界由大量具有相对自主性的社会群体所构成,而这些社会群体由具有自身逻辑的客观关系空间构成,从而形成各类社会群体圈层关系[2]。社会中存在圈层,这一点贯穿人类发展的整个过程[3],如众所熟知的文化圈、朋友圈、亲戚圈等便是社会圈层在现实生活中的具体表现[4]。后续研究中,社会圈层的含义不断延伸,逐渐与社会不同领域及不同群体的爱好和需求相融合,形成如文化圈层、行政圈层、网络圈层等相关概念[5][6],它们均主要指由于一个产品或事件所融合在一起的多个社会阶层的圈层。在社会圈层中,圈层关系扮演重要角色,既是支撑社会圈层重要动力,也是联结各个社会成员、促使社会圈层内部紧密相连的内核。梳理消费领域中圈层关系来看,张琳认为文化消费受圈层关系的影响,表现出强大的渗透力与共鸣性,新奇文化消费、情感文化消费和泛化的审美文化消费是文化消费中圈层内容的"出圈"类型,

---

[1] 赵江鸿,刘志强.陕西省不同性别居民休闲体育消费结构比较研究[J].西安体育学院学报,2017,34(6):694-697.
[2] 皮埃尔·布尔迪厄,华康德.实践与反思——反思社会学导引[M].1998年版.李猛,等译.北京:中央编译出版社,1998:134-135.
[3] 刘战伟,李媛媛,刘蒙之.圈层破壁、知识流动与破圈风险——以截屏与录屏为例[J].青年记者,2020(18):18-20.
[4] 王莉.基于文化圈理论的语言圈层问题初探[J].新疆社会科学,2008(6):103-106.
[5] 王文艳.网络圈层如何赋能青年[J].人民论坛,2020(26):120-121.
[6] 陈志勇."圈层化"困境:高校网络思想政治教育的新挑战[J].思想教育研究,2016(5):70-74.

并认为从供给端匹配消费者不同圈层消费特点，能够有效促进文化消费的可持续发展[1]。社会圈层具有社会发展生态、社会知识组织、社会文化现象和社会资本形态的属性表征，受消费者个人消费观念及消费行为习惯的影响，可将消费者划分为不同社会圈层[2]。郑作武研究网络社会圈层时指出，可基于网络语义、网络结构和消费偏好的不同，划分不同圈层，并指出可以通过监控社交信息发布，匹配不同社会圈层注意力，对不同圈层社交信息会有影响[3]。因而，发展不同产业需深谙圈层关系的理论走向，针对不同社会圈层消费者，提供针对性供给与服务，同时发现圈层之间涉及层级之内的相通相融。然而，目前圈层关系尚未在体育消费领域得到证实，鉴于此，本书结合体育彩票社群关系特点，依据社会圈层理论与文献的基础内涵，引申出体育彩票消费社会圈层，并挖掘体育彩票社会圈层关系，讨论体育彩票社会圈层中体育彩票消费机制和消费行为的人群关系。

体育彩票社会圈层是建立在社会阶层之上的关系网络，集合了社会阶层、多阶层之间的交融关系，同一社会圈层消费者保持对于某种特定商品或服务上的共同关注，圈层内消费者社会关系很大程度上会影响群体消费以及偏好性消费等消费行为。结合体育彩票产品属性及相关彩票消费者行为特征，也可以直接发现各个圈层之间存在联系，并可以直接透过体育彩票的博弈内容进行沟通，例如，竞彩中赛前分析就是一项证据。本书将体育彩票消费者社会圈层定义为社会系统中的不同社会阶层的博彩者，围绕体育彩票公共产品，因经济地位、社会角色、消费动机及消费需求的不同以及依靠情感、兴趣、利益等凝聚结合所形成的具有某种特定关系模式及行为方式的群体集合[4][5][6]。根据消费者对于体育彩票属性的关注点及购彩所期望实现的内心价值进行综合考量，将体育彩票消费者社会圈层划分为四个类型，即投资型、娱乐型、体验型、现实型社会圈层。另外，推论体育彩票赔率、赛前分析等属性及体育彩票消费期望实现的归属感、与他人温暖、自我实现等内心价值的分类，可以发现体育彩票社会圈层之间存在联系，本书认为这是体育彩票"圈层关系"的体现，圈层不是单独存在和独立作业的，结合体育彩票公共产品特点及体育彩票消费行为特征不难发现，消费者购彩所表现出的消费形态、消费者偏好也让他们在不同圈层中进行沟通与交换意见。

---

[1] 张琳,杨毅.从"出圈"到"破圈"：Z世代青年群体的圈层文化消费研究[J].理论月刊,2021(5):105-112.
[2] 刘明洋,李薇薇."出圈"何以发生？——基于圈层社会属性的研究[J].新闻与写作,2021(6):5-13.
[3] 郑作武,邵斯绮,高晓沨,等.基于社交圈层和注意力机制的信息热度预测[J].计算机学报,2021,44(5):921-936.
[4] 郑欣,朱沁怡."人以圈居"：青少年网络语言的圈层化传播研究[J].新闻界,2019(7):25-36.
[5] 章征涛,刘勇.重庆主城区社会空间结构分析[J].人文地理,2015,30(2):43-49.
[6] 罗玉亮.社会"圈层"与领导方式的变革[J].领导科学,2015(16):54-56.

二、体育彩票消费的圈层分析

（一）投资型社会圈层

投资分为资本投资、金融投资、证券投资，无论属于哪种投资，它均可称为投资主体将资本投入某个领域中获取利益的经济活动[1]。根据投资的内涵，研究认为体育彩票投资型社会圈层是指部分体育彩票消费者将金钱投入体育彩票以从中获取利益的体育彩票消费者群体。本书将部分体育彩票消费者划分为投资型社会圈层，主要从以下两点考虑：第一，部分体育彩票消费者购买体育彩票主要是为了获取高额的奖金回报，以获得体育彩票收益。如郑宏伟得出中奖率、兑奖的方便程度以及高额奖池金额为体育彩票消费购彩的三个因素，并指出体育彩票消费属于具有风险的投资[2]。第二，体育彩票具有公益性和游戏性，但部分消费者已经超出了体育彩票所具有的属性，将体育彩票以博弈或赌博的视角待之，甚至将体育彩票作为一种投资的手段，期望从购买的体育彩票中获取收益回报[3]。然而，更为严重的是体育彩票消费者长期沉迷于体育彩票，逐渐形成赌博心态与非理性购彩情况。例如，王树明从经济学的角度分析体育彩票消费者的认知偏差，指出部分"彩民"将购买体育彩票作为一种投资手段[4]。此外，体育彩票消费者在购买体育彩票时的目的或偏好存在较大差异，相较于其他体育彩票消费者而言，投资型社会圈层的体育彩票消费者，主要以"中大奖""高额奖金""投资回报率"等为购买体育彩票的偏好。例如，体育彩票中最具有博弈性的是竞猜型体育彩票，赔率、赛前分析是消费者经常关注的内容，目的是获取高额的奖金回报，乐透型等其他类型的消费者也存在将购买彩票作为投资[5]，以从中获取金钱，故投资型社会圈层的消费者亦是如此。可见，投资型社会圈层的体育彩票消费者购彩偏好主要是围绕获取收益而展开的。

（二）娱乐型社会圈层

娱乐型社会圈层指以休闲娱乐和了解知识为目的圈层，满足自身乐趣与享受心理的某一体育彩票消费者群体总称。在不同圈层类型的体育彩票消费者中，娱乐型社会圈层消费者更为普遍，该圈层消费者购彩的主要目的是消遣生活，增加生活色彩，注重购买体育彩票的趣味性，购买体育彩票的动机主要是为了增添生活乐趣，享受购买

---

[1] 乐祥海.我国文化产业投资模式研究[D].长沙：中南大学,2013.
[2] 郑宏伟.徐州市城区体育彩民购彩心理与行为特征分析[J].体育文化导刊,2016(4):127-133.
[3] Ofosu A, Kotey R. Does sports betting affect iInvestment behaviour? Evidence from ghanaian sports betting participants[J]. Ofosu, A., & Kotey, RA (2019). Does Sports Betting Affect Investment Behaviour, 2020(06):42-53..
[4] 白彩梅,王树明,马文飞.基于行为经济学视角下的体育彩票消费者的认知偏差研究[J].南京体育学院学报(社会科学版),2010,24(3):119-123.
[5] 李刚.乐透型彩票购买者心态的定量研究——兼论我国彩票的可投资性[J].体育科学,2007(9):40-48.

体育彩票所带来的感官上的刺激及相关价值。圈层是推动群体性消费发展的重要单元，娱乐型社会圈层消费者在消费偏好方面表现出相似的行为偏好及思想观念，其中休闲娱乐、中奖体验是娱乐型社会圈层体育彩票消费者所关注的主要属性，乐趣与享受刺激是其购买体育彩票所期望获得的内心价值。张亚玲发现，娱乐型消费者主要基于享乐性需求，在消费时通常表现出一定的享乐性目的，在消费时表现出对于某种产品或者服务的娱乐型属性[1]。而在体育彩票研究中，许捷发现体育彩票具有重要的休闲娱乐属性，部分消费者群体注重体育彩票的娱乐属性，对于体育彩票消费所带来的中奖体验与娱乐乐趣较为关注，且认为发展体育彩票业应增加彩票的休闲娱乐成分，吸引以娱乐为目的的体育彩票消费者关注[2]。综上，以娱乐为想法的体彩消费者在产品消费时通常表现出享乐性消费行为偏好，而娱乐型社会圈层消费者在购彩偏好方面具有重要的行为意向特征，该圈层消费者购彩对于消费偏好具有明显的预测作用。

（三）体验型社会圈层

体验型社会圈层体育彩票消费者是指以增加体验彩票为目的，满足自身猎奇心理的体育彩票消费者群体。体验型社会圈层的消费者主要特征是通过购买体育彩票获得体验，满足好奇、克服挑战和决策自主权是其购买体育彩票所期望获得的内心价值。体验型社会圈层的体育彩票消费者对于不同彩票所带来体验具有不同的偏好。该圈层消费者消费形态主要表现为购彩频率低、消费摄入不足、投注金额少。此类消费者在日常生活中更看重对某些东西的体验感，如球迷对竞猜型体育彩票的消费偏好行为，竞猜型体育彩票可以为消费者带来体验价值，并且进一步影响体彩消费者的消费偏好[3]。此外，社会圈层关系很大程度上会影响群体消费以及偏好性消费等消费行为。李凌通过实证发现体育赛事观赏对竞猜型体育彩票具有影响效果[4]，结果发现球迷对于竞猜型体育彩票的购买行为，比较重视竞猜型体育彩票所带来的体验价值，同时，即开型体育彩票的玩法多样、简单操作，即开即兑满足体验型社会圈层消费者对体育彩票的体验需求。在后续研究中又进一步从"羊群效应"视角中发现了体育彩票群体消费行为与体验之间存在较大关系[5]。以此推断，体验型社会圈层的体育彩票消费者对于彩票内容及玩法的重视是其重要的特征。

（四）现实型社会圈层

现实型社会圈层是指以满足自身消费利益为根本指引，相较而言消费行为更具理

---

[1] 张亚玲.网络休闲消费内容偏好对网络休闲态度的影响[J].企业经济,2015,34(10):62-65.
[2] 许捷.我国休闲娱乐型体育彩票业的现状与未来发展研究[J].广州体育学院学报,2020,40(6):50-52.
[3] 李凌,张瑞林,翁银.竞猜型体育彩票博彩依赖、体验价值与购彩意愿的交互影响研究[J].天津体育学院学报,2019,34(6):505-511.
[4] 李凌,张瑞林.体育赛事观赏与竞猜型体彩的影响效果探析——基于二元热情模型的研究视域[J].体育与科学,2017,38(2):99-107.
[5] 李凌,张瑞林,张勇.竞猜型体育彩票消费者购彩决策行为影响因素的新探索[J].体育学研究,2021,35(1):68-77

性的某一消费群体的总称。该圈层是依据圈层关系理论及现实消费行为而划分出的一类重要群体。结合该社会圈层的社会化过程，总结出该社会圈层具备以下特征：第一，理性化。通常而言，该圈层群体与其他类型消费群体相比具备较强的理性特征。其消费认知往往较为客观，消费行为主要依据客观消费认知观念。第二，客观性。该圈层群体消费行为动机是基于现实消费需求考量而发出的，并非冲动心理驱使。该圈层消费者消费行为通常不具备较强的消遣功能，其消费产品往往更具实用性功能。研究在结合现实中消费者的消费动机及消费行为的基础上，将具有上述特征的消费者划归为现实型社会圈层消费者。结合现实型社会圈层的群体特征，该圈层群体购买体育彩票时其购彩行为具备理性特征，其购彩行为往往是在对多样化产品进行比较的前提下发生的，购彩频率偏中等，投资金额不确定，更注重体育彩票消费本身所涵盖的实际意义。与此同时，该社会圈层的体育彩票消费者通常具备较强的职责意识，其购彩动机多为加强自身消费能力，提升体育彩票消费收益，提高自身购买力，积极投入体育彩票的整体消费过程中。

三、消费偏好

消费偏好源于消费学领域，是指消费者对某一消费产品或服务的喜好及可接受程度。消费者的消费偏好与购买行为能够对产品的市场需求产生影响，进而影响企业、制造商等多方利益主体的利益[1]。在此背景下，明晰消费者的消费偏好，并据此提出高指向性、高针对性的发展战略对企业的市场需求具有重要意义。当前，不少学者立足自身研究领域，致力于探析消费者的消费偏好形态。例如，有学者指出消费者会因其对产品的独特印象，情感联结成具有一定结构性的特定社会族群，消费者的特殊情感，如控制情感会影响族群内个体的消费行为及消费关系[2]。同时，有研究指出消费者乐意将消费平台看作一个社交平台，在消费过程中增进其社会交往能力，拓宽其社交网络，驱动消费过程中关系偏好的产生[3]。消费者消费行为的发出很大程度上源于其能从消费过程中获取到某种价值效用，既可表现为经济价值，同时又表征为心理满足等价值[4]。与此同时，消费者消费需求的不断多元化发展，导致其消费偏好不断延展，呈现出多样化特征。如学者原新立足于我国老年消费群体，发现了消费偏好逐渐由实用型消费偏好向享乐型消费偏好转变，女性老年人更偏好娱乐社交型消费，而男性老年

---

[1] 张莹.考虑消费者偏好和政府补贴的闭环供应链定价决策研究[D].邯郸：河北工程大学,2020.
[2] 戚海峰.控制欲望对中国消费者独特消费品偏好影响的实证研究[J].经济问题探索,2010(9):78-86.
[3] Czepial John. A service encounter and service relationships:implications for research[J].Journal of Business Research,1992(20):13-21.
[4] 崔艳武,苏秦,李钊.基于电子商务环境的顾客消费偏好研究[J].软科学,2007(6):19-23.

人则偏好养生健康型消费[①]。不同消费群体呈现出不同的消费偏好特征，刘志强则通过比较研究得出男性消费者的体育消费偏好更倾向于观赏性、彩票和传媒类消费，而女性则更倾向于实物型体育消费[②]。基于不同消费动机、消费意愿、消费环境等，消费者的消费行为往往会呈现出不同消费偏好形态。不同消费者的消费偏好呈现出显著的异质性特征，对不同消费者消费偏好的把握，有助于提出针对性更强的消费战略，推动消费结构的日益升级。通过上述对相关消费偏好研究的细致梳理，发现消费者的消费偏好主要呈现出两方面特征，一方面消费偏好侧重于消费心理满足，另一方面则注重消费价值实现。在此基础上，结合不同社会圈层消费者的体育彩票消费偏好的研究主题，将消费偏好概括为关系偏好、价值偏好、体验偏好、休闲娱乐偏好及财富收益偏好五种类型，探析不同社会圈层消费者的体育彩票消费偏好，以期丰富现有研究内容，助力体育彩票产业健康发展。

通过立足消费行为学、人口学等相关研究，形成体育彩票圈层关系理论，我们研究认为圈层之间存在联系，各个圈层不是单独出现的，该理论填充了社会阶层理论中的关系说明，圈层之间有关系，并可以通过本书的实践对象加以佐证。同时，也可挖掘体育彩票中圈层关系的形态，对丰富圈层理论具有重要的理论意义。对此，本书中第一项研究将证明圈层关系对体育彩票消费偏好的影响效果，第二项研究将假证圈层关系对不同体彩消费偏好的证据，第三项研究将具体讨论不同圈层对不同体彩消费偏好的多因果证据。鉴于此，本书构建体育彩票社会圈层关系概念模型，并验证体育彩票消费偏好的量化证据（图4-1）。

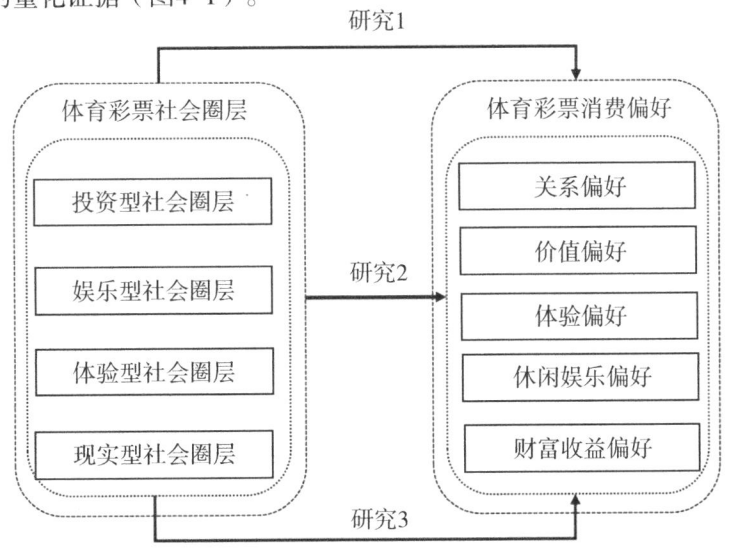

图4-1 基于体育彩票社会圈层关系与消费偏好的多因果概念图

[①] 原新.银发消费趋向享乐型、智能化[J].人民论坛,2021(4):30-32.
[②] 刘志强,李明智,刘长江,等.我国城镇居民体育消费需求结构特征比较研究——基于ELES模型的实证分析[J].西安体育学院学报,2021,38(2):166-173.

第二节 体育彩票圈层关系偏好的量化阶段设计

一、问卷来源与构建

类属于不同体育彩票社会圈层的消费者其体彩消费认知、体彩消费需求、体彩消费行为存在较大差异，因此问卷设计要遵循针对不同体育彩票社会圈层的消费者，具备指向性等原则。在此考量下，本书以李克特5级评分制量表为基础，一方面结合已有量表，另一方面突破原有的焦点访谈方法，采用综合型学术访谈录的访谈方法进行多角度访谈，以深入探析不同体育彩票社会圈层下消费者的消费偏好。其中，综合型学术访谈录是以软式阶梯法这一深度访谈为特征，以不断拓宽访谈视角、访谈技术、访谈内容为目标导向的访谈方法[①]，具科学实证性。通过结合相关量表及综合型学术访谈录设定出针对不同体育彩票社会圈层的体育彩票消费偏好问卷。

具体而言，研究依循综合型学术访谈录的明确研究问题→选取访谈对象→收集访谈资料→资料整理与分析这几大重要步骤环节展开。首先，明确研究从试图挖掘体育彩票不同社会圈层消费者的消费偏好这一核心问题展开。其次，确定访谈对象，即需对不同体育彩票社会圈层消费者进行访谈。对不同社会圈层消费者的测量，则通过设计包括购彩时间、购彩频率、购彩金额、购彩渠道等能够反映出体育彩票消费者所属社会圈层的相关题项，诸如"您每月购买体育彩票金额大致为多少钱？为什么购买这些？""您购买体育彩票的频率是怎样的？"，针对填答者对这一系列问题的回答并结合上文对不同社会圈层界定、各消费圈层消费特征界定来实现。关于体育彩票消费偏好变量的测量，研究借鉴豪威尔（Howell）等学者的体验消费偏好量表设计思路，编制体育彩票消费者消费偏好量表，并基于该量表相关内容编制具体问项，如"您购买体育彩票的动机更偏向于休闲娱乐还是获取收益？""您购买体育彩票时，为什么会受到他人建议影响而改变购彩方向？""您更看重体育彩票的什么内容，例如赔率、幸福感或者归属，为什么如此看重这些内容？"。最后，访谈资料的收集整理。通过对访谈者对系列问题回答的整理分析，概括提炼出消费偏好，包括价值偏好变量、关系偏好变量、体验偏好变量、休闲娱乐偏好变量、财富收益偏好变量，并立足于这五个变量去衡量不同体育彩票社会圈层消费者的消费偏好。由此，借助已有问卷及综合型学术访谈录相结合的访谈方法，极大增强了问卷的可读性及指向性。

---

① 李凌,张瑞林,王晓林.消费决策环境对奥运彩票销量提升的质性研究——基于综合型学术访谈录[J].体育与科学,2021,42(4):104-113.

二、量化调查分析阶段

抽样调查方式包含系统抽样、整群抽样、分成抽样等多种方式，为避免抽样调查误差、提高调查精度，研究者考虑采用的抽样方式需符合调查对象特征，完善抽样调查方案，合理选择抽样方法。考虑到不同体育彩票社会圈层消费者具备不同的消费行为特征及消费心理，研究采用"多主题抽样"调查方式，针对投资型、娱乐型、体验型、现实型四类体育彩票社会圈层消费者，提出相应的抽样组织形式，经G-POWER效果量鉴定，确定不同类型受访者的调查样本容量，从而保证研究结果的有效性和说服力。

预调查问卷于2020年8月在吉林省长春市具备体育彩票销售资质的彩票销售站点，采取立意抽样的方式对体育彩票消费者发放问卷。以简单询问的方式确定不同社会圈层体育彩票消费者，每类圈层消费者合计发放50份问卷，回收问卷46份，剔除无效问卷3份，预问卷的有效回收率为86%，经检验删除题意不清晰、消费者模糊填答的相关题项，并经过2轮的问卷预发放，对调查问卷进行修正，最终形成较为合理的问卷。正式问卷发放中，考虑问卷预发放实际调查情况及不同圈层消费者特点，在2020年10—11月期间选取北京市、上海市、山东省济南市、吉林省长春市4个区域进行调查。首先，娱乐型及体验型消费者采用简单随机抽样与判断抽样方式，通过简单询问的方式确定被调查对象的社会圈层并发放相关问卷，询问的问题主要包括"您一个月购买几次体育彩票？""您通常购买什么类型的体育彩票？""您购买体育彩票的主要目的是什么？"等。其次，由于投资性、现实型体育彩票消费者筛选难度较大，本书采用配额抽样及部分滚雪球抽样的方法进行问卷发放。每种社会圈层消费者各发放400份问卷，排除无效问卷后，娱乐型社会圈层消费者回收378份、体验型社会圈层消费者回收365份、投资型社会圈层消费者回收364份、现实型社会圈层消费者回收372份，有效回收率均在80%以上，G-POWER效果量检定结果显示，各圈层消费者数据符合研究要求，能够有效验证研究问题。

回收数据的处理

1. 因子分析

首先，研究在遵循Kaiser准则的基础上，对量表数据进行了整体KMO检验和Bartlett球形检验，判断题项是否适合进行因子分析。KMO值为0.854，Bartlett检验值=5928.855（P=0.000），表明数据适合进行因子分析。其次，在利用主成分分析法抽取共同因子时，解释总变异量表明因子分析抽取的因子能够解释全体变量的比例。利用最大方差法对样本数据进行共同因子正交旋转处理，每次探索性因子分析过程中需删除负向因子负荷小于0.5的题项，最终得到比较清晰的9因子结构。探索性因子分析得出最终解释总变异量（表4-1），前9个因子的初始特征值均大于1，累计解释总变异量为72.377%，从第10个因子开始，特征值小于1，对累计可解释总变异量的效用很小。以上信息表明提取9个主因子较为适宜。

表4-1 解释总变异量

因子	初始特征值			平方和负荷量萃取			转轴平方和负荷量		
	总计	方差贡献率（%）	累计贡献率（%）	总计	方差贡献率（%）	累计贡献率（%）	总计	方差贡献率（%）	累计贡献率（%）
1	8.039	25.121	25.121	8.039	25.121	25.121	3.027	9.460	9.460
2	2.461	7.692	32.813	2.461	7.692	32.813	2.988	9.336	18.797
3	2.221	6.940	39.753	2.221	6.940	39.753	2.779	8.683	27.480
4	2.207	6.898	46.651	2.207	6.898	46.651	2.757	8.616	36.095
5	2.019	6.309	52.959	2.019	6.309	52.959	2.752	8.602	44.697
6	1.803	5.634	58.593	1.803	5.634	58.593	2.309	7.215	51.912
7	6.260	5.080	63.673	6.260	5.080	63.673	2.199	6.871	58.783
8	6.040	5.012	68.685	6.040	5.012	68.685	2.190	6.844	65.627
9	1.810	3.691	72.377	1.810	3.691	72.377	2.160	6.750	72.377

为使抽取的因子具有清楚区隔，能够反映特定意义，厘清因子之间的关系，需进行因子转轴。对因子符合矩阵采用最大方差法做正交旋转。9个主因子的命名及包含的题项在其所属的主因子层面顺序按照因子负荷由高到低排列，表中所有题项因子负荷均高于0.6，表示量表聚合效度较好。

2. 项目分析

在通过因子分析提取出共性因素后，检验各因素的适切程度与可靠程度，检验所有题项的区分度，删除不良的题项。具体而言，对问卷进行极端组检验，即检验各测量题项的区分度，根据问卷的总分进行排序，取总分最高的27%为高分组、总分最低的27%为低分组，对两组数据进行Levene检验和独立样本T检验，比较高、低两组测试者在各测验题目中存在显著差异。经检验，发现提取出的各个共性因素均存在显著性，说明各因素具有较好的适切性与可靠性。

3. 信效度检验

（1）信度检验

最常用的检验信度的方法是内部一致性检验，即计算变量的Cronbach'α系数。由表4-2可见，Cronbach'α系数和组合信度的值均在0.7以上，表明量表的各维度的内部一致性良好。

表4-2 变量信度分析表

变量	Cronbach' α 系数	CR	AVE
投资型社会圈层	0.886	0.891	0.677
娱乐型社会圈层	0.844	0.846	0.581
体验型社会圈层	0.800	0.827	0.621
现实型社会圈层	0.835	0.838	0.568
关系偏好	0.838	0.839	0.566
价值偏好	0.850	0.859	0.675
体验偏好	0.813	0.813	0.592
休闲娱乐偏好	0.802	0.804	0.577
财富收益偏好	0.877	0.871	0.629
整体Cronbach' α 系数	0.901		

（2）效度检验

目前国内外量化的效度处理普遍使用内容效度和建构效度，对此，本书对量表进行内容效度分析，内容效度分析采用专家评估的方式，对所测验的项目和内容范围检视，根据专家的评估建议，删除题项14、21，并重新编号为31，形成了具有代表性的测验样本。利用验证性因子分析检验变量的建构效度，建构效度分为聚合效度和区分效度，为有效衡量样本数据与CFA模型拟合度，需判断9因子的单阶段拟合指数。模型拟合指数为NFI=0.916，GFI=0.920，AGFI=0.901，IFI=0.985，CFI=0.985，TLI=0.982，所有指数均超过0.9的理想水平。RMSEA的值为0.024，小于0.05，达到理想水平，表示模型拟合度良好；模型拟合度的卡方值自由度比值为2.010，并达到$P<0.05$的显著水平，表示该模型与实际数据拟合程度较好（表4-3）。

表4-3 模型拟合度指标

适配指标	RMSEA	AGFI	NFI	GFI	IFI	CFI	TLI	χ^2/df
标准指数	≤0.05~1	>0.9	>0.9	>0.9	>0.9	>0.9	>0.9	≤3~5
整体模型	0.024	0.901	0.916	0.920	0.985	0.985	0.982	2.010

综合分析表明，单阶段因子测量模型较好的拟合样本数据，该模型拟合优度良好，验证性因子分析结果可靠。并且进一步检验各变量的AVE值，验证量表的聚合效度，所有变量的AVE值均大于0.5，表示该量表聚合效度良好。检验量表区分效度一般是利用AVE值，经检验，AVE值均大于0.5（表4-2），且AVE平方根均高于其所在行和列间的相关系数（表4-3），表明该量表具有较好的区分效度。

4. 共同方法偏差检验

问卷数据来源于不同体育彩票社会圈层的消费者，并且量表具有较好的区分效度，从而在一定程度上说明本书不存在严重的共同方法偏差问题，为进一步验证数据的共同方法偏差问题，本书采用目前学术界最常用的Harman单因素检验，即将问卷所有条目进行未旋转的因子分析，得到第一个主成分解释的变异量为25.121%，因子解释变异量未超过最大值40%，且不超过总变异解释量的一半，不存在单一因子解释所有变量大部分方差的严重共同方法偏差问题。

第三节 体育彩票圈层关系偏好的"三项"证据

研究为精确探究体育彩票社会圈层与体育彩票消费偏好的内在影响机制，具体实证分析步骤如下：首先，进行体育彩票社会圈层、体育彩票消费偏好以及各维度之间的相关分析，明确变量间的相关性；其次，设计研究1，验证体育彩票社会圈层对体育彩票消费偏好的影响关系，并设计研究2进一步检验体育彩票社会圈层对消费偏好各维度的影响作用；最后，设计研究3，检验体育彩票各社会圈层对体育彩票消费偏好各维度之间具体的影响关系。

一、相关分析

本书首先进行变量间的相关性分析，旨在明确各变量间的相关方向与程度。运用斯皮尔曼相关性分析，经检验，体育彩票社会圈层中的投资型社会圈层、娱乐型社会圈层、体验型社会圈层、现实型社会圈层与体育彩票消费偏好中的关系偏好、价值偏好、体验偏好、休闲娱乐偏好、财富收益偏好等均具有显著的正向相关关系，且相关系数处于合理的位置。说明体育彩票社会圈层与体育彩票消费偏好具有一定的联系，可进行后续分析，以精确二者的影响关系（表4-4）。

表4-4 变量的相关系数矩阵

	INV	ENT	EXP	REA	RP	VP	EP	LEP	WIP	SC	CP
INV	0.823										
ENT	0.297**	0.762									
EXP	0.320**	0.285**	0.788								
REA	0.248**	0.156**	0.194**	0.754							
RP	0.745**	0.624**	0.634**	0.632**	0.752						
VP	0.297**	0.266**	0.293**	0.229**	0.408**	0.822					

续表

	INV	ENT	EXP	REA	RP	VP	EP	LEP	WIP	SC	CP
EP	0.246**	0.219**	0.261**	0.246**	0.366**	0.227**	0.769				
LEP	0.324**	0.226**	0.328**	0.202**	0.406**	0.343**	0.261**	0.760			
WIP	0.300**	0.274**	0.228**	0.191**	0.376**	0.421**	0.208**	0.426**	0.763		
SC	0.294**	0.218**	0.254**	0.218**	0.373**	0.269**	0.305**	0.299**	0.265**	—	
CP	0.438**	0.361**	0.411**	0.329**	0.581**	0.667**	0.635**	0.692**	0.682**	0.645**	—

注：*表示P＜0.05，**表示P＜0.01，***表示P＜0.001（下同）。INV代表投资型社会圈层，ENT代表娱乐型社会圈层，EXP代表体验型社会圈层，REA代表现实型社会圈层，RP代表关系偏好，VP代表价值偏好，EP代表体验偏好，LEP代表休闲娱乐偏好，WIP代表财富收益偏好，SC代表体育彩票社会圈层，CP代表体育彩票消费偏好。对角线处为AVE平方根。

二、研究1假证分析

（一）关系路径分析

研究1通过构建潜变量体育彩票社会圈层与潜变量体育彩票消费偏好的SEM路径关系模型（图4-2），检验体育彩票社会圈层与体育彩票消费偏好的影响关系，从而明确体育彩票社会圈层与体育彩票消费偏好的行为特点。

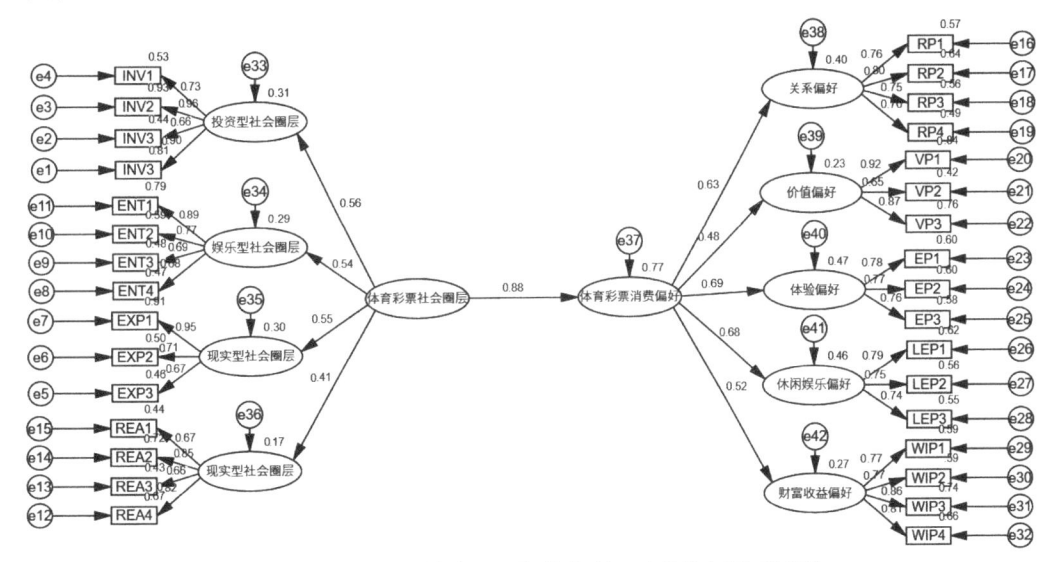

图4-2 体育彩票社会圈层与体育彩票消费偏好关系模型

在构建结构体育彩票社会圈层与体育彩票消费偏好的结构方程模型以后，研究首先通过极大似然法检验研究数据与模型的拟合效果，经检验，RMSEA=0.025、GFI=0.914、NFI=0.909、IFI=0.982、CFI=0.982、TLI=0.980、$\chi^2/df=2.270$，模型拟合度较高，表明结构模型与数据拟合效果较好，可进行路径关系检验。在模型拟合效果较好的基础上，本书检验体育彩票社会圈层与体育彩票消费偏好的影响关系，结果发现二者具有显著的影响关系，其中标准化路径系数为0.877，SE=0.126，CR=5.898，P<0.001。从整体上而言，体育彩票社会圈层对体育彩票消费偏好具有显著的影响，揭示了体育彩票社会圈层对体育彩票偏好的模型效果，表明体育彩票社会圈层越清晰，体育彩票消费者的消费偏好越明显。

（二）讨论

研究结果发现体育彩票社会圈层对体育彩票消费偏好具有显著的影响，表明体育彩票消费者社会圈层具有明显的消费偏好特征，且社会圈层越清晰，消费者的消费偏好越明显，以往研究中也出现类似的观点，李凌在划分不同体育彩票消费人群区隔的基础上，发现竞猜型体育彩票消费者比较倾向于下注后带来的乐趣体验、财富、成就感等[1]。还有研究将购买体育彩票3个月或更长时间的消费者划分为体育彩民这一层次进行调查，发现体育彩民的购彩态度偏向于休闲娱乐、丰富业余生活、经济回报、增加社会交往等方面。显然，体育彩票社会圈层具有显著的消费偏好已经成为体育彩票消费中的一个社会现象。另外，本书结果印证了刘志峰的观点，即投资型的消费者存在较为显著的彩票消费偏好[2]。究其原因，研究认为体育彩票消费者所构成的不同社会圈层具有不同的消费偏好或消费特征，形成了体育彩票社会圈层对体育彩票消费偏好的影响关系联结，同时体育彩票也具有娱乐性、休闲性等多种属性，能够满足不同社会圈层的多元化消费需求。由此可见，体育彩票社会圈层对体育彩票消费偏好的影响具有较好的合理性与科学性。那么，体育彩票社会圈层消费者的不同消费需求会产生不同消费偏好，明确体育彩票社会圈层对不同消费偏好的影响值得学界进一步研究考量，从而更加细致地探索体育彩票消费的偏好行为。

三、研究2假证分析

（一）关系路径分析

为检验体育彩票社会圈层与关系偏好、价值偏好、体验偏好、休闲娱乐偏好、财富收益偏好的路径关系，本书构建图4-3结构方程模型图，将体育彩票社会圈层与体育彩票消费偏好的关系更为具体化，以深入挖掘体育彩票社会圈层与不同体育彩票消费偏好的影响关系。

---

[1] 李凌,王俊人.消费者购买竞猜型体育彩票之影响因素初探[J].体育与科学,2015,36(2):11-18,25.
[2] 刘志峰,张婷婷.投资者彩票偏好对股票价格行为的影响研究[J].管理科学学报,2020,23(3):89-99.

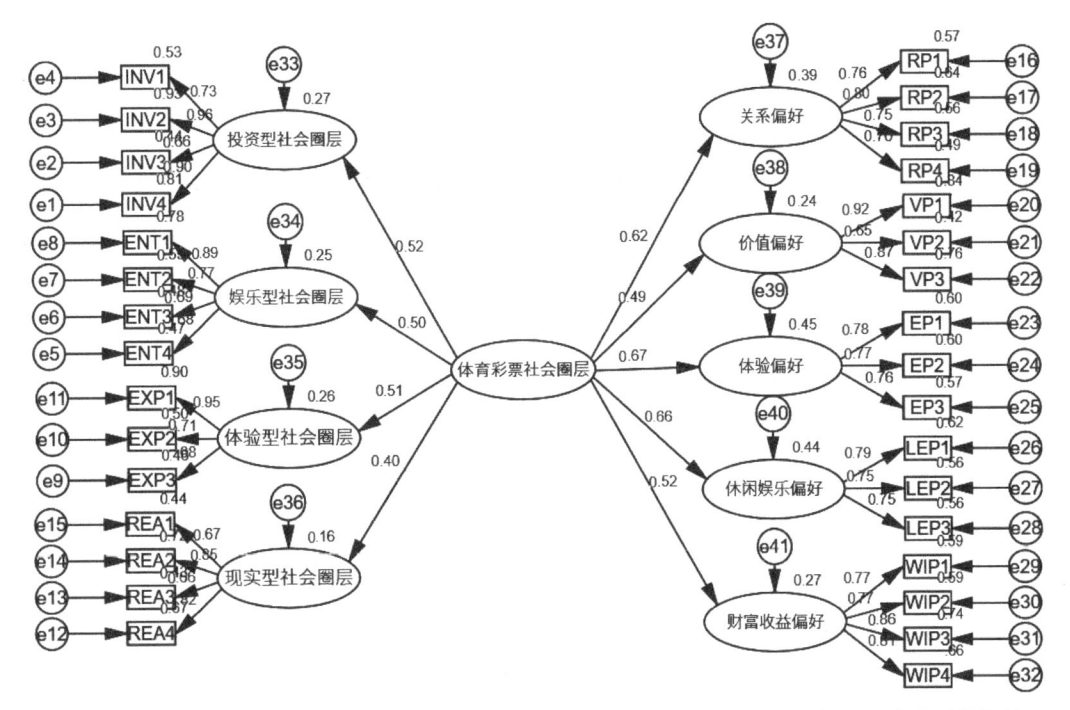

图4-3 体育彩票社会圈层与关系偏好、价值偏好、体验偏好、休闲娱乐偏好、财富收益偏好的关系模型

在构建结构体育彩票社会圈层与体育彩票消费偏好的结构方程模型以后，研究首先检验模型拟合效果，经检验，RMSEA=0.025、GFI=0.913、NFI=0.908、IFI=0.981、CFI=0.981、TLI=0.972、$\chi^2/df=2.340$，表明结构模型与数据拟合效果较好，可以进行路径关系检验。为进一步验证体育彩票社会圈层对体育彩票消费者中关系偏好、价值偏好、休闲娱乐偏好以及财富收益偏好等不同消费偏好应影响效应的差异性，研究将上述SEM分析的具体参数结果进行呈现（表4-5）。

表4-5 路经检验结果

路径			Estimate	S.E.	C.R.	P
体育彩票社会圈层	→	关系偏好	0.622	0.136	6.591	***
体育彩票社会圈层	→	价值偏好	0.490	0.153	6.192	***
体育彩票社会圈层	→	体验偏好	0.668	0.141	6.863	***
体育彩票社会圈层	→	休闲娱乐偏好	0.660	0.137	6.679	***
体育彩票社会圈层	→	财富收益偏好	0.518	0.125	6.102	***

表4-5呈现体育彩票社会圈层对体育彩票消费偏好中关系偏好、价值偏好、体验偏好、休闲娱乐偏好以及财富收益偏好的路径系数，以此构建5条路径。实证结果显示：体育彩票社会圈层对关系偏好的影响效应显著，标准化路径系数为0.622；体育彩票社

会圈层对价值偏好的影响显著，标准化路径系数为0.490；体育彩票社会圈层对体验偏好的影响效应显著，标准化路径系数为0.668；体育彩票社会圈层对休闲娱乐偏好的影响效应显著，标准化路径系数为0.660；体育彩票社会圈层对财富收益偏好的影响效应显著，标准化路径系数为0.518。体育彩票消费者的消费偏好具有差异性，从上述结果分析可知，体育彩票社会圈层对体验偏好的影响最大，其次是关系偏好和休闲娱乐偏好，影响较低的是财富收益偏好和价值偏好。

（二）讨论

研究2实证检验结果显示，体育彩票社会圈层对体育彩票各消费偏好具有显著影响，表明体育彩票消费者具有不同的消费偏好，其中，体验偏好、休闲娱乐偏好和关系偏好是体育彩票消费者的主要消费偏好，进一步说明体育彩票消费者购买彩票是以休闲娱乐为主。这与王斌、方春妮和刘圣文对于体育消费者购彩心理的研究结果相符[1][2][3]，认为体育彩票消费者的购彩心理具有娱乐型、经济性等特点，且体验和休闲娱乐是消费者购买体育彩票的主要原因。研究认为消费者消费特征的多元化转变是致使研究结果出现的重要原因，社会经济发展迅速，体验经济到来，人们的需求随之产生变化，从生理需求逐渐转变为自我实现需求，体育彩票消费者购彩的重要因素是趋于满足体验偏好。臧云辉等研究认为居民购买体育彩票的目的主要是"中大奖"[4]，而本书认为财富收益和价值偏好虽然也是体育彩票消费者的消费偏好，但并不是影响消费者参与购彩的主要因素。体育彩票的"大奖"属于机会事件，更多的体育彩票消费者注重体育彩票的消费体验，反而对于"中大奖"不是非常敏感。据此，在彩票设计销售过程中，应更为注重增加体育彩票特色种类，激发彩票产品互动价值，以此满足体育彩票消费者的消费需求。与此同时，研究结果进一步得出体育彩票社会圈层的界限日益明显，不同的社会圈层关系导致体育彩票消费者消费特征产生差异，体育彩票消费者的消费偏好也展现出各自社会圈层所独有的特征。基于此，本书在得出研究1和研究2结论的基础上进一步探析不同体育彩票社会圈层的消费偏好特征，以期更加细致地分析体育彩票社会圈层关系与体育彩票消费偏好之间的关系，为体育彩票消费进一步研究奠定基础。

---

[1] 王斌,史文文,刘炼.体育彩民的界定及购彩心理与行为特征[J].华中师范大学学报(人文社会科学版),2013,52(2):171-176.
[2] 方春妮,陈颓.中国城镇化发展水平与居民体育彩票消费需求关系的实证研究[J].西安体育学院学报,2019,36(5):562-569.
[3] 刘圣文.基于扎根理论的中国体育彩票销量影响因素研究——以山东省为例[J].体育与科学,2019,40(3):23-32,60.
[4] 臧云辉,宫海丽.沈阳市城市居民体育彩票消费者行为特征及影响因素研究[J].沈阳体育学院学报,2009,28(5):22-25.

四、研究3假证结果分析

（一）关系路径分析

研究采用结构方程模型检验投资型社会圈层、娱乐型社会圈层、体验型社会圈层以及现实型社会圈层与体育彩票消费偏好的关系，并构建出图4-4路径模型图，探析体育彩票各圈层间的关系以及各体育彩票社会圈层消费者的偏好，明确二者存在的路径关系联结，从而更深入挖掘不同体育彩票社会圈层消费者的消费最大化路径。

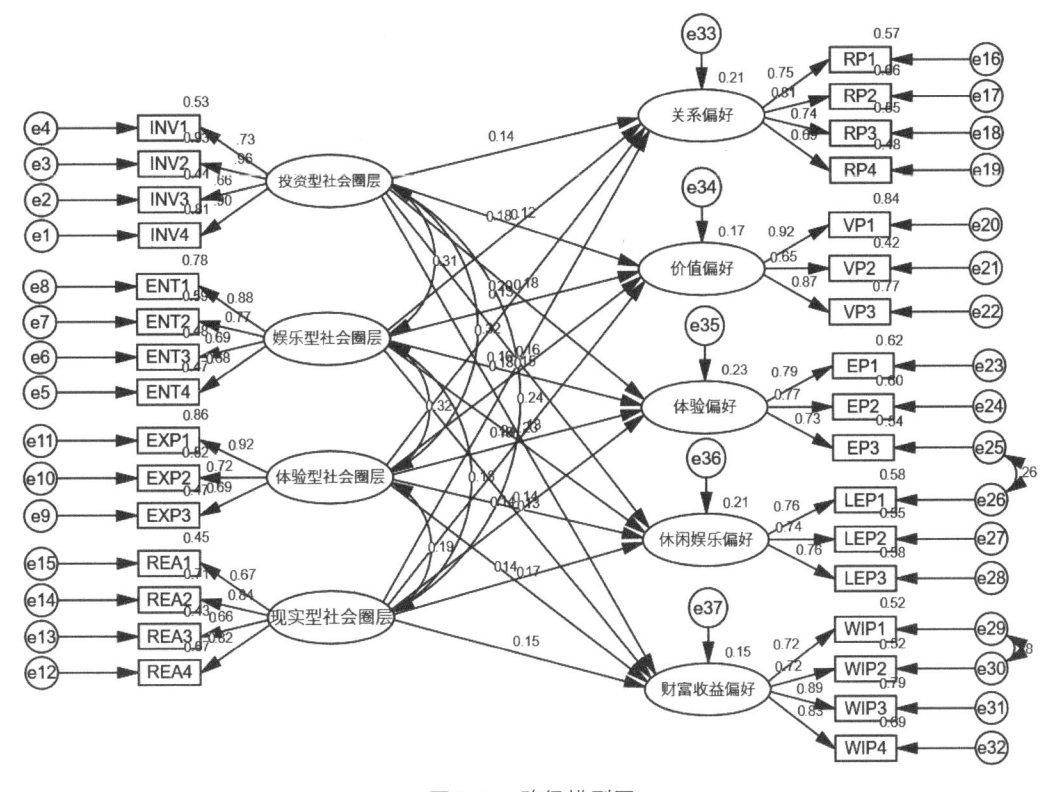

图4-4 路径模型图

在构建结构体育彩票社会圈层与体育彩票消费偏好的结构方程模型以后，研究首先检验模型拟合效果，经两次模型拟合修正以后，模型拟合度较好。即RMSEA=0.033、GFI=0.903、NFI=0.901、IFI=0.970、CFI=0.969、TLI=0.965、χ^2/df=3.950，表明结构模型与数据拟合效果较好，可以进行路径关系检验。在检验体育彩票各社会圈层与不同体育彩票消费偏好的影响关系之前，本书首先验证投资型社会圈层、娱乐型社会圈层、体验型社会圈层、现实型社会圈层之间均存在显著的线性相关关系，表明体育彩票消费者圈层间存在某些共同的认识与想法，促进不同圈层体育彩票消费者交流，构成了体育彩票社会圈层的"圈层关系"，形成体育彩票社会圈层之间的关系联结（表4-6）。

表4-6 圈层关系检验结果

圈层关系			Estimate	S.E.	C.R.	P
投资型社会圈层	→	娱乐型社会圈层	0.314	0.028	4.980	***
投资型社会圈层	→	体验型社会圈层	0.317	0.030	4.982	***
投资型社会圈层	→	现实型社会圈层	0.237	0.040	3.911	***
娱乐型社会圈层	→	体验型社会圈层	0.323	0.020	4.730	***
娱乐型社会圈层	→	现实型社会圈层	0.182	0.025	2.917	0.004
体验型社会圈层	→	现实型社会圈层	0.194	0.027	3.090	0.002

在验证体育彩票社会圈层"圈层关系"的基础上,为直观地描述投资型社会圈层、娱乐型社会圈层、体验型社会圈层和现实型社会圈层体育彩票消费者的消费偏好,研究将上述SEM分析的具体参数结果进行呈现(表4-7)。

表4-7 路经检验结果

路径			Estimate	S.E.	C.R.	P
投资型社会圈层	→	关系偏好	0.143	0.045	2.346	0.019
投资型社会圈层	→	价值偏好	0.125	0.059	2.118	0.034
投资型社会圈层	→	体验偏好	0.176	0.047	2.821	0.005
投资型社会圈层	→	休闲娱乐偏好	0.159	0.043	2.533	0.011
投资型社会圈层	→	财富收益偏好	0.130	0.043	2.131	0.033
娱乐型社会圈层	→	关系偏好	0.182	0.078	2.832	0.005
娱乐型社会圈层	→	价值偏好	0.133	0.101	2.147	0.032
娱乐型社会圈层	→	体验偏好	0.149	0.080	2.299	0.022
娱乐型社会圈层	→	休闲娱乐偏好	0.234	0.076	3.478	***
娱乐型社会圈层	→	财富收益偏好	0.130	0.074	2.052	0.040
体验型社会圈层	→	关系偏好	0.203	0.073	3.122	0.002
体验型社会圈层	→	价值偏好	0.181	0.094	2.930	0.003
体验型社会圈层	→	体验偏好	0.242	0.077	3.619	***
体验型社会圈层	→	休闲娱乐偏好	0.137	0.069	2.098	0.036
体验型社会圈层	→	财富收益偏好	0.168	0.069	2.635	0.008
现实型社会圈层	→	关系偏好	0.161	0.048	2.674	0.008
现实型社会圈层	→	价值偏好	0.185	0.063	3.145	0.002
现实型社会圈层	→	体验偏好	0.142	0.050	2.335	0.020
现实型社会圈层	→	休闲娱乐偏好	0.141	0.047	2.254	0.024
现实型社会圈层	→	财富收益偏好	0.154	0.047	2.540	0.011

表4-7呈现不同体育彩票社会圈层消费者对关系偏好、价值偏好、体验偏好、休闲娱乐偏好以及财富收益偏好的不同影响效果，以此研究构建20条关系路径。实证结果显示：①投资型社会圈层对体育彩票消费偏好不同维度关系路径均显著。其标准化路径系数分别为体验偏好0.176、休闲娱乐偏好0.159、关系偏好0.143、财富收益偏好0.130、价值偏好0.125，其中，投资型社会圈层对体验偏好的影响最高，休闲娱乐偏好次之，而关系偏好、财富收益偏好和价值收益偏好受投资型社会圈层的影响差异甚微。②娱乐型社会圈层对消费偏好不同维度关系路径均显著。其标准化路径系数分别为休闲娱乐偏好0.234、关系偏好0.182、体验偏好0.149、价值偏好0.133、财富收益偏好0.130，其中，娱乐型社会圈层对休闲娱乐偏好的影响最高，其次是关系偏好。③体验型社会圈层对消费偏好不同维度关系路径均显著。其标准化路径系数分别为体验偏好0.242、关系偏好0.203、价值偏好0.181、财富收益偏好0.168、休闲娱乐偏好0.137，其中，体验型社会圈层对体验偏好的影响作用最高，关系偏好和价值偏好的影响次之。④现实型社会圈层对消费偏好不同维度关系路径均显著。其标准化路径系数分别为价值偏好0.185、关系偏好0.161、财富收益偏好0.154、体验偏好0.142、休闲娱乐偏好0.141，其中，影响最高的是关系偏好和价值偏好，其次为现实型社会圈层体育彩票消费者的关系偏好。

（二）讨论

1. 投资型社会圈层的作用路径

研究结果表明，投资型社会圈层与关系偏好、价值偏好、体验偏好、休闲娱乐偏好以及财富收益偏好均具有显著的影响关系，表明体育彩票社会圈层存在多维偏好，同时投资型社会圈层的体育彩票消费者与体验偏好关系最强，其次为价值偏好、休闲娱乐偏好、关系偏好、财富收益偏好。投资型社会圈层的体育彩票消费者在购买体育彩票时会进行决策，他们会考虑投入的资金是否能够取得理想的收益，并伴随强烈的投资决策体验，产生强烈的情感体验。与此同时，该圈层的体育彩票消费者也会体验到购买体育彩票时心理体验，即体育彩票博弈，竞猜型体育彩票表现会比较明显。投资型社会圈层的体育彩票消费者之所以会产生体验偏好，目的是能够使投资达到最大化，产生更大的体育彩票价值与财富收益，这与潘煜等的研究结论一致[①]。此外，投资型社会圈层的体育彩票消费者在投入一定的金钱时，会计算或考虑投入的金钱给予多少回报率，或中奖概率是否能够更大一些，此时消费者关注的是价值，也就是说体育彩票的投入效率，体现出体育彩票投入金钱的实用性。然而，体育彩票具有游戏性特征，部分消费者比较享受下注时思考或博弈过程，当投资型社会圈层的体育彩票消费

---

① 潘煜,徐四华,方卓,等.金融风险决策中的主被动选择偏好研究——从情感体验的视角[J].管理科学学报,2016,19(9):1-17.

者获得回报时，会产生愉悦感，休闲娱乐的特性会被激发出来。总而言之，投资型社会圈层的体育彩票消费者会伴随多维度的消费偏好，期望达到投入体育彩票消费的最佳预期。

2. 娱乐型社会圈层的作用路径

研究结果显示，娱乐型社会圈层消费者对于注重休闲娱乐消费偏好具有显著的正向影响效果，且对于关系偏好、体验偏好及财富收益偏好也具有显著的影响效应。研究结果证实了娱乐型社会圈层消费者对于休闲娱乐消费偏好更为关注，这与张亚玲研究结果相一致[1]。首先，娱乐型社会圈层消费者对于休闲娱乐偏好的影响作用最大，其次为关系偏好与体验偏好，而对于价值偏好与财富收益偏好的影响作用较低，进一步体现了娱乐型社会圈层消费者的消费期望及消费行为特征，即该圈层消费者购彩的主要目的是消遣生活，增加生活色彩、趣味性与享受体验等，同时可以看出娱乐型社会圈层消费者对于关系偏好也较为关注，圈层内消费者共同购彩可以促进同伴关系的提升。其次，不同社会圈层体育彩票消费者具有不同的消费目的与消费期望，在购买体育彩票时也会关注彩票的不同属性，前期研究中，证实部分体育彩票消费者进行体育彩票消费的层级价值图，即下注方便—参与—生活中的乐趣购彩路径，研究结果进一步证实了体育彩票层级价值图作用路径，反映了娱乐型社会圈层消费者娱乐性、归属感等体育彩票消费价值观[2]。最后，娱乐型社会圈层消费者主要基于享乐性需求，从而更为关注彩票的玩法设计等属性，新颖的彩票票面设计以及时尚的彩票玩法更为吸引娱乐型社会圈层消费者去体验，同时，该圈层消费者在消费时通常表现出一定的享乐性目的，在购彩时表现出对于体育彩票娱乐型属性的高度关注，乐趣与享受刺激成为娱乐型社会圈层消费者购买体育彩票所期望获得的内心价值。

3. 体验型社会圈层的作用路径

研究表明，体验型社会圈层体育彩票消费者对消费偏好中的关系偏好、价值偏好、体验偏好、休闲娱乐偏好和财富收益偏好均具有正向影响。具体而言，体验型社会圈层的体育彩票消费者对体验偏好的影响作用最大，关系偏好和价值偏好次之，影响较小的是财富收益偏好和休闲娱乐偏好。究其原因，首先，体验型社会圈层体育彩票消费者是指以增加体验乐趣为目的，满足自身猎奇心理的体育彩票消费者群体，这一圈层消费者的目的是为满足消费者自身对于体育彩票体验需求。其次，对于体验型社会圈层体育彩票消费者来说，体育彩票所带来的经济利益远不如其所带来的社会网络关系重要，刘圣文研究认为很多人购买体育彩票是受到身边人的影响，尤其是经常在一起的人群，如同学、同事、球友等，往往喜欢买同一类型的彩票，所以情感体验

---

[1] 张亚玲.网络休闲消费内容偏好对网络休闲态度的影响[J].企业经济,2015,34(10):62-65.
[2] 李凌,王俊人.消费者购买竞猜型体育彩票之影响因素初探[J].体育与科学,2015,36(2):11-18,25.

在体育彩票消费中非常重要[①]，满足体验型社会圈层体育消费者的情感体验。最后，体育彩票自身所具有的休闲娱乐和财富收益消费特性，同样会受到体验型社会圈层体育彩票消费者的影响，李凌在探究体育彩票消费者感知信赖时提到，购买乐趣和获得财富均是影响体育彩票消费者购买体验和心理动因的重要因素[②]。

4. 现实型社会圈层的作用路径

研究表明，现实型社会圈层消费者与关系偏好、价值偏好、体验偏好、休闲娱乐偏好及财富收益偏好均具有显著的影响关系，表明现实型体育彩票社会圈层消费者存在较多偏好，同时现实型社会圈层的体育彩票消费者与价值偏好影响关系最强，其次为关系偏好、休闲娱乐偏好、关系偏好、财富收益偏好。究其原因，研究认为现实型社会圈层的消费者更具理性。该社会圈层的消费者由于习惯形成其消费行为的发出也更具谨慎性，与此同时，该社会圈层消费者较之其他圈层消费者更关注消费风险[③]。对具备理性特征的现实型社会圈层消费者而言，单次消费金额过多，则会对未来各期消费产生系列连锁影响。体育彩票消费本身就具有一定的风险性，现实型社会圈层消费者在进行购彩消费行为时会首先考虑并评估其能获得的价值收益及其所能承受的风险范围，一旦其损失风险过大时，该社会圈层的消费者将终止其购彩行为，因此该社会圈层消费者更看重价值偏好。与此同时，需要注意的是现实型体育彩票消费者关注的价值偏好并非局限于购买体育彩票所能获取的经济价值，与此同时也涵盖其本身所具有的重要社会价值。体育彩票收益是体育公益事业得以有序开展的重要经济来源，现实型社会圈层消费者更为理性，其社会责任意识普遍较强，而体育彩票本身具有的社会价值吸引着该社会圈层进行体育彩票消费。

第四节 体育彩票"圈层"关系的总结说明

本书依据不同圈层体育彩票消费者消费最优化，提出对投资型、娱乐型等社会圈层关系的体育彩票消费者提升消费策略机制，从而实现改善体育彩票供给，满足体育彩票消费需求，推动体育彩票产业持续良性发展。

---

① 刘圣文,李凌,项鑫.竞猜型体育彩票消费者忠诚度研究:体验价值与观赛热情的交互效应[J].体育与科学,2018,39(3):100-106.
② 李凌,张瑞林,王立燕.感知信赖模型:竞猜型体育彩票再购意愿的质性研究——基于扎根理论研究视角[J].天津体育学院学报,2018,33(3):204-209.
③ 杭斌.理性习惯偏好与居民消费行为[J].统计研究,2011,28(3):23-29.

一、保障彩票规范性实施，构建信息供给渠道及消费偏好机制

对于体育彩票方而言，第一，合理制定体育彩票的开奖时间及中奖赔率，在保证规范性的前提下，保障体育彩票消费者的消费最大化条件；第二，体育彩票方应建立体育彩票信息供给渠道机制，以满足消费者对与购彩信息的需求，为消费者提供最大化的体育彩票消费信息条件；第三，根据不同社会圈层体育彩票消费者，推荐不同的购彩策略，满足不同消费者的投资偏好及需求，降低购买体育彩票时的条件限制，扩大体育彩票消费最大化的范围。从体育彩票消费者角度而言，第一，协调好个人收入与购买体育彩票消费金额比例，确保投入体育彩票的消费资金的利用率，增强通过购买体育彩票获得奖金回报；第二，体育彩票消费者最终购彩目的是获得丰厚奖金，因而购买体育彩票的赛前分析尤为重要，同时消费者也应把握体育彩票开奖的频率及赔率，提升购买体育彩票的精准性，为获得消费最大化奠定基础；第三，不断提高对不同体育彩票类型的了解程度，尝试更为多元化的投资方案与投资搭配，不断寻求心理满足的最佳投资方式，促进体育彩票消费最大化。

二、增加体育彩票特色种类，激发彩票产品互动价值

体育彩票的外观设计及体育彩票知识的普及可以提升消费者的消费偏好，进而有效推进彩票消费最大化，因此，立足体育彩票供给侧，从票种设计、彩票知识推广等方面提出实效性针对策略。第一，开创体育彩票新种类，丰富体育彩票玩法，如即开型体育彩票，通过设置丰富多样的玩法，增加体育彩票的趣味性与体验性，满足不同圈层体育彩票消费者的休闲娱乐需求，且在消费预算中为消费者提供更多消费选择，从精神层面达到消费最大化。第二，部分体育彩票消费者消费偏好较为不稳定，易受到外界信息影响，且对体育彩票种类没有足够了解，体育彩票方可向体育彩票消费者提供购买彩票的相关知识说明或购买体育彩票教学视频，提高消费者对体育彩票及购买流程的知识认知，增强体育彩票的知识性，促进消费者与体育彩票互动，并建立二者之间的联系，帮助消费者了解体育彩票知识。第三，展示体育彩票的公益价值，控制消费者的消费偏好，普及体育彩票背后的公益价值，提升体育彩票消费者的购买意愿。如在体育彩票销售网点设置体育彩票文化或体育彩票公益文化展区，向消费者诠释体育彩票的文化属性，从而达到丰富消费者对体育彩票认知和公益文化价值观引导的双重效果，丰富娱乐型消费者消费体验，从心理层面促进其消费最大化。

三、强化彩种分析渠道，完善责任博彩措施

增加体验乐趣、满足消费者购彩期望，是促进体育彩票消费最大化提升的关键。

基于消费心理学视角，从体育彩票行销机构及彩票消费者个人角度，提出满足消费者购彩期望、激发消费者重复购彩行为、促进体育彩票规模经济效益提升的针对性策略。第一，体育彩票行销部门应牢牢抓住消费者的猎奇购彩心理，采取科学策略方法，扩大竞猜型体育彩票宣传力度，推出赛前分析、前瞻分析、历史对战、投注攻略等相关赛事分析，吸引体育爱好者购买体育彩票；同时，完善即开型体育彩票玩法设计，推出更富有体验乐趣的彩票种类，不断激发其购买体育彩票的消费动机、消费信念及消费信心。不断拓宽体育彩票游戏类型，更新体育彩票玩法，赋予体育彩票全新乐趣，以增强消费者体验。第二，体育彩票销售网点应增强自身服务意识，完善责任博彩制度，向消费者耐心讲解不同类型彩票规则，增加彩票消费者购彩认知，满足消费者的好奇心理，从而建立购彩信任、购彩满意度等情感，进一步激发不同社会圈层消费者消费，进而培养忠诚消费者[①]。第三，从消费者角度而言，提升体育彩票消费者的自我意识，增强体育彩票消费者在购彩决策过程、享受体育彩票价值及消费者购彩后自我评价中的体验，以不断激发其消费效应，确保其功能价值的最大化实现，助力体育彩票消费升级。

四、形成体育彩票口碑舆情机制，提高彩票公信力

激发不同社会圈层体育彩票消费者购彩信心，培养购彩兴趣及忠诚体彩消费者是体育彩票多部门多主体需关注的重点。体育彩票消费者的消费最大化实现会受其彩票价格、体彩消费者预期消费支出、体育彩票消费市场等诸多因素的影响。其中，体育彩票价格是由相关部门依据彩票市场发展定价的具体表现，难以影响。因此，激发体育彩票消费者消费欲望，促使其提升预期消费支出是推动体育彩票消费的重要着力点，而激发其消费欲望可从以下两方面入手。第一，加大体育彩票公益金这一功能价值的宣传力度并建立健全体育彩票舆情机制，提升体育彩票消费者对体育彩票的相关认知，在全社会范围内形成较好的体育彩票口碑，为扩大体育彩票消费群体奠定基础。与此同时，体育彩票的良好口碑，有助于体育彩票消费者形成并不断提高对体育彩票的特色化、多样化发展认知，并激励体育消费者提高自身判断力、鉴别力及购买力，积极转变并不断强化自身购彩决策及行为态度，激发其自身消费最大化实现。第二，从体育彩票公信力角度入手。体育彩票公信力是影响体育彩票消费者增加购彩消费金额、加大预期消费支出、提高购彩频率的重要因素。提升体育彩票公信力是解决体育彩票消费者消费低迷的关键举措。从体育彩票行销机构来说，不断提升体育彩票发行、销售等多部门多环节的可信度，实现不同部门相应职权的转换，将更多的监管

---

① 章征涛,刘勇.重庆主城区社会空间结构分析[J].人文地理,2015,30(2):43-49.

权让渡于社会等第三部门，以期营造科学健康的体育彩票行销氛围。当体育彩票消费者对体育彩票的感知信赖越高时，越有助于增强其消费信心，从而积极投身于体育彩票消费等各环节，驱动体育彩票产业朝着高质量发展方向迈进。

通过三项量化检验，研究发现体育彩票社会圈层越清晰，消费偏好越明显，体育彩票消费倾向于体验、休闲娱乐、关系消费偏好，并且娱乐型社会圈层、投资型社会圈层、体验型社会圈层、现实型社会圈层四个体育彩票社会圈层消费者的消费偏好具体表征为关系偏好、价值偏好、体验偏好、休闲娱乐偏好及财富收益偏好的相关结论。该结论的得出有助于体育彩票经销商针对不同社会圈层的体育彩票消费者制订针对性、指向性最优化策略，从而最大限度满足体育彩票消费者的消费需求，达到体育彩票消费最大化的目的，建立体育彩票消费需求与供给的互动关系，提升体育彩票销量。鉴于此，后续研究可持续挖掘体育彩票消费的"圈层关系"，探索不同体育彩票社会圈层间的关系联结，拓展体育彩票消费研究的领域范围；另外，亦可从不同社会圈层体育彩票消费者的心理认知层面、感知价值层面出发，纵深探析不同社会圈层消费者的体育彩票消费行为，以丰富体育彩票消费基础研究内容，完善体育彩票消费供给与需求的策略机制，推进体育彩票消费的可持续发展。

第五章

人口问题对体育彩票销量"供需两侧"的推断

第一节 城市收缩与体育彩票终端设备的关系分析

城市收缩主要表征为人口流失与人口老龄化问题的日益凸显,其与经济高质量发展之间存在显著联系。人口问题所导致的收缩现象是影响经济发展的关键,从国际经验来看,人口问题是经济发展的微观因素,但在具体产业发展过程中,人口问题能否促进经济增长则是一个重要的理论与现实问题。本书发现以城市收缩与体育彩票发展关系为主题的相关研究在学界尚未被广泛认识,在探讨体育彩票可持续发展理念时,必然要考虑影响体育彩票消费与销量的因素,其中,体育彩票终端设备属于供给侧端口,但其与体育彩票销量的关系一直以来并未得到学界验证[1][2]。诚然,体育彩票的人口问题属于体彩消费需求问题,终端设备属于供给侧因素,如何提升体育彩票销量,其关键仍应回归于供需视角中。

目前,我国体育彩票消费形态通过体育彩票销量指标予以反映。体育彩票销量是反馈体育彩票公益金筹集总量的关键因素,其为我国体育事业可持续发展提供坚实的资金保障[3]。然而,相关数据表明,我国体育彩票销量已连续3年下滑,以2019年为例,我国体育彩票销售额为2308.15亿元,同比减少561亿元,下降19.6%[4]。体育彩票销量连续下滑问题已影响到体育彩票的持续性发展,此信号使得积极扭转体育彩票销量下滑趋势成为目前体育产业领域的现实任务,但是实际发展过程中导致体育彩票销售量下降的因素在当前学界观点不一,部分学者认为2019年我国体育彩票调整相关发行政策与运营策略,政策变化是影响体育彩票销量下降的重要因素;另一部分学者则将焦点转向人口变化现象,通过研究证明体育彩票的消费与人口老龄化之间的关系。

---

[1] 聂丽芳,刘文董.论体育彩票营销渠道危机与控制[J].体育文化导刊,2015(7):113-118.
[2] 刘圣文.体育彩票销量影响因素研究——以山东省为例[J].武汉体育学院学报,2016,50(3):29-34.
[3] 李刚,邓晓,张震,等.中国竞猜型体育彩票公益金分配模式的改进策略[J].上海体育学院学报,2020,44(9):74-86.
[4] 中国政府网.2020年12月份全国彩票销售情况[EB/OL].[2021-01-25].http://www.gov.cn/xinwen/2021/01/25/content_5582361.htm.

就人口老龄化与产业发展的相关问题，目前存在三类文献观点，第一类认为人口老龄化可通过技术进步等方式促进产业结构转型升级[1]；第二类则认为人口老龄化造成的劳动力减少促使经济增长模式转变，引发社会资源重新调配，进而提高经济效益[2]；第三类认为人口老龄化对经济负向影响较大，学者刘（Liu X.Y.）通过对我国1989—2009年的省级面板数据进行系统分析，提出人口老龄化与经济增长呈倒U形关系[3]。学界目前观点主要集中在政策导向和人口问题中，可见解决和清晰体育彩票发展问题的关键在于体育彩票销量的可持续增长，然而增长归因在于"人均性"体彩消费。

鉴于此，本书充分考虑我国的基本国情与社会背景，其现实层面的原因：①第七次全国人口普查数据显示，与2010年相比，全国65岁及以上人口增加了7181万人，增长60.43%，直接说明我国人口老龄化程度进一步加深，可知人口老龄化已成为我国中长期发展的基本国情[4]。②伴随着户籍制度改革和城市化进程持续推进，我国将不可避免地面临城市收缩问题，尤其是在人口老龄化严重、就业和经济增长受到挑战的现实背景下，我国城市收缩问题已成为城市化进程中的结构性现象[5][6]。因此，本书依据"社会学人口理论"与"产品供给理论"，建立城市收缩与体育彩票终端设备关系的中观层面分析，进而通过微观面板数据的手段验证人口老龄化、体育彩票终端设备与体育彩票销量之间的关系。本书所关注的焦点对象是"城市收缩""体育彩票终端供给""人口学"的关系效果，最终依靠研究结果提出关键性策略，为未来体育彩票市场机制条件下提供区域城市体彩发展、体彩终端设备供给及人口老龄化关系的学术参考。

一、案例推论：城市收缩与体育彩票终端设备的关系分析

体育彩票终端设备（Sports lottery terminal equipment，以下简称"体彩STE"）是体育消费需求与供给端的产品终端。由于体育彩票属于实体化运营，因而城市网点空间布局、网点开发与城镇化进程极为相关，城市收缩表现出人口流失与人口老龄化形态，从理论层面影响体育彩票的发展。研究首先讨论"城市收缩"是否影响体彩STE数量，这将是体育彩票消费需求侧和供给侧问题的科学性反馈；其次，体彩STE数量减少

---

[1] Siliverstovs B, Kholodilin K A, Thiessen U. Does aging influence structural change? Evidence from panel data[J]. Economic Systems, 2011, 35(2): 244−260.
[2] 汪伟,刘玉飞,彭冬冬.人口老龄化的产业结构升级效应研究[J].中国工业经济,2015(11):47−61.
[3] Liu X Y. An Inverse "U"-shaped relationship between population ageing and economic growth. China Popul. Resour[J]. Environ.2013, 23(2):98−105.
[4] 国家统计局.第七次全国人口普查主要数据情况[EB/OL].http://www.stats.gov.cn/ztjc/zdtjgz/zgrkpc/dqcrkpc/ggl/202105/t20210519_1817693.html.2021:05−11.
[5] 陈肖飞,郜瑞瑞,韩腾腾,等.人口视角下黄河流域城市收缩的空间格局与影响因素[J].经济地理,2020,40(6):37−46.
[6] 高新雨.城市收缩问题研究进展[J].经济学动态,2021(3):145−158.

的原因是消费需求侧的改变还是人口流失与老龄化转变，诸多因素也值得探索。基于此，本书尝试对区域城市收缩与体彩STE数量的关系进行讨论，探索区域城市收缩人口与体彩STE数量变化之间的关系，选取东北地区、长三角地区、珠三角地区作为案例进行案例推论，其中调查数据共包含84个地级市，三个区域从空间分布上而言，分别位于中国北部、中部、南部；从经济发展方面来说，则分别是经济振兴区域、经济发达区域、经济新兴区域，具备典型的地区代表性。

（一）指标数据来源

我国的城市收缩多以人口流失为标志，参考刘玉博学者的研究，选择城市常住人口作为城市收缩的衡量标准[①]。借助体彩终端设备的POI数据作为体育彩票站数量衡量指标，其中POI数据是互联网电子地图中的点类数据，基本包含名称、地址、坐标、类别四个属性，其能客观真实地反映出体彩STE数量的空间分布及变化状态。因2015年我国取消互联网彩票销售，因此选择2016年体彩STE的POI数据作为起始节点，受限于2020年疫情原因，体育彩票相关数据并不完全，故选择2019年数据作为终止节点。另外，观察城市收缩与体育彩票网点收缩的同步情况，基于城市发展速度与变化，诸多研究均以五年或十年数据进行比较。鉴于此，在城市收缩分析中同样选择2016年作为起始节点，2019年为终止节点。通过各省市统计年鉴获取城市人口数据，通过网络爬虫方式获取体彩STE的POI数据，对东北地区、长三角地区、珠三角地区城市群共84个地级市的变化情况及三个地区体彩STE数量变化展开更进一步的分析。

（二）区域案例的空间格局分析

1. 东北地区城市收缩与体彩STE空间格局

东北地区作为我国重工业基地，是重要的经济振兴区域，其经济形态同我国部分中西部省份形态相似，具备一定的区域代表性。同时东北地区的体育彩票消费能力处于全国下游区域，可能归因于该地区的经济发展形态、人口流失等。整理该地区城市收缩与体彩STE收缩情况见表5-1，发现其城市收缩与体彩STE收缩二者之间存在密切关系。具体而言，东北地区所辖地级城市共35个，其中94.3%的城市出现了收缩现象，2019年常住人口与2016年常住人口相比仅有2个城市没有出现收缩现象，基本出现了较大范围的"全域式收缩"。另外，在城市收缩过程中，体彩STE数量在37.1%的城市中出现了收缩现象，进而研究推断城市收缩影响体彩STE数量的变化，但城市收缩是否影响体育彩票销量状况，则需后续展开进一步检验。

[①] 刘玉博,张学良,吴万宗.中国收缩城市存在生产率悖论吗——基于人口总量和分布的分析[J].经济学动态,2017,4(1):14−27.

表5-1 东北地区地级城市分类及数量情况摘要表

城市类型	收缩城市	非收缩城市	合计	STE收缩	STE非收缩	合计
城市数量	33	2	35	13	22	35
数量占比	94.3%	5.7%	100%	37.1%	62.9%	100%

通过对上表数据检验进行地理系统描绘，将东北地区城市人口增长信息与地理信息匹配。其关系特征：①从人口增长情况而言，发现省会城市的收缩情况要弱于非省会城市，沈阳、长春、哈尔滨的收缩情况要明显好于本省其他城市。归结多方面原因，研究认为主要是东北三省地区的省会城市经济发展整体水平较高、经济形态较完善、人均收入较高等；②从空间格局而言，东北三省地区的城市收缩率高达94.3%，除沈阳与锦州外，全部为收缩型城市，城市常住人口减少情况较为普遍。东北地区收缩型城市呈现出人口外流量高、人口出生率低、人口老龄化严重的整体发展特征[①]。根据全国第六次人口普查结果，东北地区十年中流失人口1101万人，巨大的人口外流加剧了常住人口减少的局面。2019年我国出生人口为1645万人，出生率为10.48%，东北地区的出生率为6%，远低于全国出生率。其人口老龄化是东北地区的突出人口问题，东北地区整体呈现出人口减少、城市收缩的基本特征。

将东北地区城市体彩STE数据信息与地理信息匹配。其关系特征：①从体彩STE数量增长情况来看，体彩STE数量的增长情况大致呈由东部到西部逐渐递减的空间分布特征。处于东北地区东部城市的体彩STE数量增长率远高于西部城市。②从体彩STE数量收缩城市分布来看，体彩STE数量收缩度与城市人口收缩程度具有同向性，城市收缩现象越严重，体彩STE数量收缩越严重。然而非收缩城市的体彩STE数量二者间不具有同向性。其原因可能在于东北地区东部城市经济水平高于西部城市经济发展水平，即使在人口老龄化与人口外流的现实条件下，其体彩STE数量依然呈现增加状态。

2. 长三角城市收缩与体彩STE空间格局

长三角地区作为我国经济发展的中心基地，是老牌经济区域。据调研数据显示仅浙江省单省份地区的互联网域名数量就同东北地区域名数量总和相近，可见其与其他区域间经济形态差异较大。目前长三角地区经济形态已逐渐呈现出智能化、数字化特点，具备区域代表性。同时在体育彩票发展的现实情况下，长三角地区的彩票消费能力处于全国上游水平。长三角地区所辖地级城市共40个，其中有22.5%的城市出现了收缩现象，即2019年常住人口与2016年常住人口相比出现收缩现象，77.5%的城市呈现增长现象；其中体彩STE数量在36.7%的城市中出现了收缩现象，在72.5%的城市中则呈

---

① 刘鉴,杨青山,张郁,等.东北地区县级尺度人口老龄化空间格局演变及类型划分[J].地理科学,2020,40(6):918−927.

现增长现象（表5-2）。

表5-2 长三角地区地级城市分类及数量摘要表

城市类型	收缩城市	非收缩城市	合计	STE收缩	STE非收缩	合计
城市数量	9	31	40	11	29	40
数量占比	22.5%	77.5%	100%	27.5%	72.5%	100%

同上，将长三角地区人口增长信息与地理信息匹配。其关系特征：①从人口增长情况而言，长三角地区的人口增长率大致呈现出从南向北递减特征。②从空间分布格局而言，收缩型城市多聚集于江苏省东部，位于浙江省的地级市多为正增长。江苏省东部城市呈现收缩型特征的原因可归结为人口老龄化与人口外流两方面。一方面，据江苏省第七次人口普查结果显示，江苏省已进入"深度老龄化"发展状态，人口老龄化是城市收缩的表现特征之一。另一方面，江苏省东部地区部分城市临近上海区域，其经济发展样态更好，快捷便利的交通为人口流出提供途径，因而江苏省东部城市呈现出收缩特征。

将长三角地区城市体彩STE数据信息与地理信息匹配。其关系特征：①从体彩STE数量增长情况来看，长三角北部地区体彩STE数量的增长率变化差异较大，增长率较高城市与负增长城市均位于长三角北部地区。②从体彩STE数量收缩城市分布来看，体彩STE数量扩张程度与城市人口扩张程度大致具有同向性，但体彩STE数量收缩程度与城市人口收缩程度不具有同向性。在人口呈现收缩特征的9个城市中，有5个城市的体彩STE数量呈现出非收缩现象，分别是淮安、泰州、南通、镇江、宣城，该部分城市虽呈现收缩状态，常住人口减少，但其城市居民消费能力较强，体育彩票消费需求普遍较高，其体育彩票消费能力较高，体育彩票终端数量设备通常也设置较多。

3. 珠三角城市收缩与体彩STE空间格局

珠三角地区是我国经济发展的新兴区域。据现实调研显示，广东省地区博彩产业开展顺利，积极打造赛马博弈等主要的博彩基地。在第三产业发展中快速且机动，地区性特点明显，港口文化与服务产业具备区域代表性。同时在体育彩票发展的现实情况下，珠三角地区的体育彩票消费能力处于全国中上游水平。如表5-3所示，珠三角地区所辖地级城市共9个，所有地级市2019年常住人口与2016年常住人口相比均为正增长，体彩STE数量在11.1%的城市中出现收缩现象，在88.9%的城市中呈现增长现象。

表5-3 珠三角地区地级城市分类及数量摘要表

城市类型	收缩城市	非收缩城市	合计	STE收缩	STE非收缩	合计
城市数量	0	9	9	1	8	9
数量占比	0%	100%	100%	11.1%	88.9%	100%

同上，将珠三角地区人口增长信息与地理信息匹配。从人口增长情况而言，珠三角地区所有城市均呈现出人口正增长的发展特征；从空间分布而言，人口增长程度呈现出由中心向四周递减规律；从增长比率而言，广东区域为重要流入增长，连接香港的人口形态，在全国各区域中为最优地带。

从体彩STE数量增长情况来看，只有珠海市呈现弱负增长状态，其他地级市均为正增长现象，且增长趋势与人口增长趋势一致。究其原因，研究认为珠海市临近我国博彩业较发达城市澳门，易受澳门博彩业影响，呈现弱负增长状态，唯独呈现出城市非收缩，但体彩STE数量收缩的状态。上述案例表明，体彩STE数量与城市收缩之间存在异质性。具体而言，东北地区表现为西部地区人口收缩与体彩STE数量收缩同向变化，江苏省东部部分地区表现为人口收缩与体彩STE数量收缩同向变化。东北的东部地区与长三角部分地区受经济因素影响，呈现城市收缩，但珠三角地区的体彩STE数量虽整体扩张但唯独珠海市缩减，呈现出城市非收缩但体彩STE数量弱负增长的发展特点。

体彩STE数量呈现收缩型特征的城市，大多也呈现出城市收缩现象，二者具有一定的同向性。人口老龄化、人口外流是城市收缩的主要特征，而体彩STE数量收缩与城市收缩具有一定联系。通过面板数据的回归效果证实体彩STE数量与体育彩票销量之间的关系，将可从逻辑推断角度下有效反映出城市收缩与体彩销量之间的关系，因而转变研究方向，借助量化研究方法，探究其间关系是本书的重要后续内容。

第二节 人口老龄化对体育彩票销量的关系分析

本书通过探索城市收缩与体彩STE数量之间的关系发现，大部分城市的城市收缩均会影响到体彩STE数量的缩减。这一结果主要是通过城市收缩与体彩STE数量的现实流动数据展开的理论性推论，为此将通过实证性验证来反馈数据角度中的人口学问题、体彩STE数量与体育彩票销量之间的关系，进一步丰富研究内容。

一、研究假设

（一）人口老龄化与体育彩票销量的关系

据第七次全国人口普查数据显示，当前我国65岁及以上人口数量为19064万人，表明我国人口老龄化程度进一步加深。人口老龄化程度的加剧，无疑增加了当前及未来人口长期均衡化发展的压力，影响了社会进步与协调发展。与此同时，人口老龄化与经济发展样态之间的关系受到了学者的广泛关注，部分学者认为人口老龄化对经济发展具有严重的负向阻碍作用[1][2][3]，且该观点已成为当前人口老龄化与社会经济发展关系的主流观点。体育彩票消费作为体育产业经济消费形态的重要表现形式之一，与人口老龄化发展之间存在紧密关系。在此前提下，有学者通过省级面板数据，对人口老龄化与体育彩票销量之间的影响关系展开探讨，认为人口老龄化水平与体育彩票销量存在负向影响关系[4]。老龄人口消费能力疲软，体育彩票消费观念落后，老龄消费者购彩频率相对较低，购彩金额普遍低于中青年群体等问题客观存在[5]。伴随老龄化水平的日趋加剧，体育彩票销量将呈现下滑趋势。

综上，提出假设1：人口老龄化越严重，体育彩票销量下降越明显。

（二）体彩STE数量与体育彩票销量关系

体彩STE是体育彩票消费的基础供给终端，销售终端直面体育彩票消费者，是体育彩票管理中心与体育彩票消费者之间的重要链接点。近年来，伴随经济水平及城镇化水平的提高，体彩STE数量呈现逐年上升趋势，促使体育彩票消费市场覆盖度进一步变化，提高了购彩的相对便利性，销售网点建设也得到逐步改进，销售网点的选址、设施、环境、人员培训等方面的明确要求得以提出。同时，销售终端也承担反馈销售数据且保障销售数据安全性的重要任务，提高了体育彩票销售效率[6]，是促进体育彩票销量提升的关键。此外，相关学者研究认为，体彩STE数量与各类体育彩票销售增长率之间呈显著正相关，随体彩STE增长率的增加而增长[7]。销售终端的增长与合理布局增强了体彩消费者兑奖与购彩的便利性，同时也刺激着广大体彩消费者的购彩动机，从而

---

[1] 李中秋,马文武,李梦凡.我国人口老龄化的经济效应——来自省级面板数据的证据[J].人口与发展,2017,23(6):26-35,45.

[2] 刘成坤,赵昕东.人口老龄化对经济增长的影响及溢出效应研究——基于空间杜宾模型[J].经济问题探索,2018(6):21-32.

[3] Lee H H,Shin K.Nonlinear effects of population aging on economic growth[J].Japan and the World Ecnomy,2019:51.

[4] 白宇飞,刘文静,杨武建,等.人口老龄化对体育彩票销量的影响——基于2009—2017年中国省级面板数据的实证分析[J].体育与科学,2020,41(6):20-26.

[5] 邵继萍,刘炼,王斌.老年体育彩民购彩心理与行为特征[J].武汉体育学院学报,2012,46(7):71-75.

[6] 薛敏.网络安全是福利彩票销售的保障分析[J].电子技术与软件工程,2014(12):234.

[7] 刘圣文.体育彩票销量影响因素研究——以山东省为例[J].武汉体育学院学报,2016,50(3):29-34.

扩大体育彩票销售市场，诱发体育彩票销量增加。

综上，提出假设2：体彩STE数量越多，体育彩票销量上升越明显。

二、模型构建

本书所采用的数据为2006—2019年31个省级面板数据，为实现全方位、全地区的实证提供佐证。该数据便于纵向探讨人口老龄化、体彩STE数量如何影响体育彩票销量，有助于增强研究的科学性。与此同时，人口老龄化与体彩STE数量属于两类不同层级变量，彼此之间并不存在内生性问题，因此，构建以下体育彩票销量因果关系检验模型：

$$SportL_{it}=a1+a2OLD1+a3STE+\gamma+\delta+a2CON+u$$

其中，被解释变量$SportL_{it}$表示第i省份第t年的体育彩票销量，核心解释变量$OLD1$为老年人口抚养比，STE为体育彩票投注终端设备数量；$\alpha2$和$\alpha3$为核心解释变量人口老龄化水平和体彩STE，γ为地区固定效应、δ为时间固定效应；CON为一系列控制变量，包括地区生产总值、人均生产总值、城镇居民人均可支配收入、教育水平、城镇化率、性别比等。

三、变量与数据来源

（一）被解释变量

本书的被解释变量为体育彩票销量（LOT）。体育彩票销量是能清晰、客观反映体育彩票消费的直观变量，将其看作本书的被解释变量有助于透过体育彩票销量明晰体育彩票消费发展的现实样态。

（二）核心解释变量

本书的核心解释变量为人口老龄化水平，采用各省(自治区、直辖市)老年人口抚养比（OLD1）进行衡量。与此同时，体育彩票投注终端设备数量（STE）是本书的另一重要核心解释变量，通过体育彩票投注终端设备这一核心解释变量更好地反映与衡量当前体育彩票消费发展情势，为推进体育彩票消费可持续发展提供依据。

（三）控制变量

体育彩票销量发展受多方面因素的共同影响，同时也表征于不同内容要素等方面，为确保研究的科学合理性与明晰不同因素对体育彩票销量的影响，有必要在模型中加入相关控制变量。因此，研究在参考已有文献及体育彩票消费现实发展实际的基础上，选取城镇化水平（URE）、教育水平（EDU）、城镇居民人均可支配收入（INC）、地区生产总值（GDP）、人均生产总值（PGDP）、性别比（SEX）作为本书的控制变量。

(四)数据来源和描述性统计分析

本部分实证分析采用2006—2019年间我国31个省(自治区、直辖市)的面板数据。以2005年为关键节点选取相关数据的主要原因在于,据相关数据显示,2005年我国体育彩票总销量额为302.55亿元,比上年增加了148.36亿元,增加了96.22%,创历史新高,自此进入我国体育彩票事业快速发展阶段。另外,2005年我国65岁及以上老年人口首次突破1亿人,老年型年龄结构进一步形成,对产业与经济形态会产生较大影响,且相关数据显示,我国"四二一"家庭模式逐渐增多,家庭养老负担进一步加重,老年抚养比(60岁及以上老人)上升为18.97%,成为我国老龄化社会进一步加剧的重要标志[①]。基于以上考量,研究以2005年为起始年,选取2006—2019年相关数据展开后续研究。数据主要来源于《中国统计年鉴2006—2019》《中国彩票年鉴2006—2019》。在实证分析的过程中,对体育彩票销量(LOT)、体育彩票投注终端机数量(STE)、老年人口抚养比(OLD1)、65岁以上人口数量(OLD2)、城镇化水平(URE)、教育水平(EDU)、城镇居民人均可支配收入(INC)、地区生产总值(GDP)、人均生产总值(PGDP)、性别比(SEX)等均做取对数处理,各变量的描述性统计结果见表5-4。

表5-4 变量的描述性统计摘要表

	变量	观测值	标准差	均值	最大值	最小值
被解释变量	体育彩票销量(LOT)	434	0.24	2.43	24.07	16.42
核心解释变量	体育彩票投注终端机数量(STE)	434	0.94	7.92	9.68	3.41
	老年人口抚养比(OLD1)	434	0.22	2.54	3.12	1.90
控制变量	65岁以上人口数量(OLD2)	434	0.54	17.33	2.30	11.92
	教育水平(EDU)	434	0.57	2.21	3.88	−0.12
	城镇居民人均可支配收入(INC)	434	0.37	9.76	11.99	8.99
	地区生产总值(GDP)	434	0.10	27.71	29.91	23.95
	人均生产总值(PGDP)	434	0.66	10.40	11.85	8.06
	性别比(SEX)	434	0.04	4.65	5.14	4.55
	城镇化水平(URE)	434	0.277	3.93	4.50	3.09

据表5-4可知,本书主要围绕包括体育彩票销量、体育彩票投注终端机数量等在内的10个变量,以深入探究各变量,如被解释变量、核心解释变量等之间的关系。通过参考相关统计年鉴获取31个省(自治区、直辖市)相关变量的面板数据并进行整理,

---
① 骆勤.人口老龄化与社会保障制度可持续发展[J].财经论丛(浙江财经学院学报),2006(6):29-34.

每一变量的样本量为434,即每一变量均有434个数据能反映其自身发展,将其作为研究观测值,以增强本书的科学性。各省体育彩票销量发展样态、体育彩票投注终端机数量、人口老龄化状态等均存在显著异质性,其标准差分别为0.24、0.94、0.22。此外,考虑到人口老龄化发展的复杂性,仅用老年人口抚养比(OLD1)这一变量进行衡量难免有失偏颇。基于此,在对人口老龄化与体育彩票销量关系进行分析时,将用65岁以上人口数量(OLD2)变量反映人口老龄化水平并进行实证模型分析,以增强研究的信服力。

四、模型相关性分析

此外,为检查本模型的多重共线性问题,利用StataSE-64软件计算方差膨胀因子(VIF)。如表5-5所示,各变量的VIF均小于10,总体VIF值介于1.07~7.66,表明本书不存在多重共线性问题。

表5-5 各变量的方差膨胀因子(VIF)摘要表

变量	OLD1	PGDP	GDP	EDU	INC	STE	SEX	URE
VIF	6.1	7.47	7.66	4.81	4.18	4.74	1.07	4.94

与此同时,相关分析主要检验不同变量之间的相关程度,是回归分析的前提和基础性条件。研究对被解释变量、核心解释变量和控制变量进行相关分析后发现,除性别比(SEX)与其他变量之间不存在显著相关性之外,其余变量之间均存在显著($P<0.01$)的正向相关关系(表5-6),且相关系数均小于0.8,表明各变量之间不存在明显的共线性现象,可进行回归分析。

表5-6 体育彩票销量与各影响因素间的相关性分析表

	LOT	OLD1	OLD2	PGDP	EDU	INC	GDP	SEX	STE
LOT	1.0000								
OLD1	0.4616* 0.0000	1.0000							
OLD2	0.3956* 0.0000	0.4452* 0.0000	1.0000						
PGDP	0.6844* 0.0000	0.2955* 0.0000	0.0165 0.7321	1.0000					
EDU	0.5196* 0.0000	0.2679* 0.0000	−0.0390 0.4175	0.8184* 0.0000	1.0000				
INC	0.6248* 0.0000	0.2915* 0.0000	−0.0524 0.2765	0.8618* 0.0000	0.7218* 0.0000	1.0000			

续表

	LOT	OLD1	OLD2	PGDP	EDU	INC	GDP	SEX	STE
GDP	0.9102* 0.0000	0.5673* 0.0000	0.4827* 0.0000	0.6386* 0.0000	0.4768* 0.0000	0.5844* 0.0000	1.0000		
SEX	0.0370 0.4418	−0.1276* 0.0078	−0.0532 0.2685	0.0441 0.3594	0.0566 0.2390	0.1083 0.0240	0.0574 0.2326	1.0000	
STE	0.8493* 0.0000	0.4695* 0.0000	0.4256* 0.0243	0.4507* 0.0000	0.3268* 0.0009	0.4155* 0.0000	0.8722* 0.0000	0.0432 0.3697	1.0000

注：***、**、*分别表示1%、5%、10%的显著性水平

五、人口老龄化、体彩STE对体育彩票销量的影响效果

基于上述理论框架及模型构建分析变量间的因果关系，通过混合回归和固定效应回归方式，旨在检验人口老龄化与体育彩票销量之间的关系。以体育彩票销量（LOT）为被解释变量，以人口老龄化水平（OLD1）为主要解释变量，采用多种回归模型，检验各解释变量与体育彩票销量的影响关系。

首先，将面板数据视为横截面数据处理，采用混合回归法，逐步检验各解释变量对于体育彩票销量的影响，在OLS回归1中，将老年人口抚养比（OLD1）作为核心解释变量，性别比（SEX）、城镇居民人均可支配收入（INC）、地区生产总值（GDP）及教育水平（EDU）等作为控制变量，进行回归分析。结果显示，老年人口抚养比（OLD1）在5%的水平上显著，且与体育彩票销量呈负向影响。即随着人口老龄化程度的提高，体育彩票销量将逐渐降低，说明老龄化水平每提升1%，全国体育彩票销量将下降0.413%。

其次，OLS回归2在OLS回归1的基础上，增加体育彩票销售终端数量（STE）。回归结果显示，老年人口抚养比（OLD1）与全国体育彩票销量之间仍在1%的水平上存在显著的负向影响关系，影响系数绝对值略有下降，为−0.300。即随着人口老龄化程度的提高，体育彩票销量将逐渐降低，说明老龄化水平每提升1%，全国体育彩票销量将下降0.300%。同时，体彩STE在1%的水平上显著，体彩STE每提升1%，全国体育彩票销量将提升0.435%。此外，地区生产总值（GDP）、人均生产总值（PGDP）与体育彩票销量存在显著的正向影响关系，教育水平（EDU）、城镇化率（URE）、性别比（SEX）与体育彩票销量之间的影响关系不显著。上述逐步回归中，模型拟合优度R2达到0.8749，说明所纳入的解释变量对模型的解释力度较高，能够合理解释对于体育彩票销量变化的影响。另外，考虑到解释变量随时间地区的不同，可能存在估计量问题偏差。因此，对面板数据进行斯曼检验显示，选取个体固定效应模型更为适切，并采用固定效应模型进行进一步回归。

在FE Modle（1）模型中，控制了地区固定效应，结果显示，老年人口抚养比（OLD1）与体育彩票销量之间影响系数为正（0.232），而不存在显著的影响关系，

与前述研究结果存在一定偏差。在FE Modle（2）模型中，控制了时间固定效应，结果显示，老年人口抚养比（OLD1）与体育彩票销量之间存在显著的负向影响关系，且影响系数为-0.683。在FE Modle（3）模型中，同时控制地区固定效应和时间固定效应，结果显示，老年人口抚养比（OLD1）与体育彩票销量之间存在显著的负向影响关系，回归系数为-0.640，与前述回归结果相一致。此外，无论在控制地区效应、时间效应还是同时控制时间效应和地区效应中，体彩STE均在5%的水平上呈显著正向影响（表5-7），体彩STE每提升1%，全国体育彩票销量将提升0.125%。最后，为增强本模型的解释力度及体育彩票销量（LOT）滞后项对体育彩票销量本身存在影响，在FE Modle（4）模型中增加体育彩票销量的滞后项并进行相关回归验证。回归结果显示，老年人口抚养比（OLD1）及体彩STE均与体育彩票销量之间存在显著的影响关系，与前述研究结果相一致，进一步验证了研究结果，佐证了研究假设，即人口老龄化与体育彩票销量之间存在显著的负向影响，体育彩票销售终端数量与体育彩票销量之间存在显著的正向影响。

表5-7 基准回归结果摘要表

变量	OLS1	OLS2	FE Modle(1)	FE Modle(2)	FE Modle(3)	FE（滞后）Modle(4)
老龄人口抚养比（OLD1）	−0.413** (0.134)	−0.300** (0.124)	0.232 (0.305)	−0.683*** (0.110)	−0.640* (0.334)	−0.544* (0.302)
性别比（SEX）	−0.900 (0.559)	−0.764 (0.514)	−0.562 (0.447)	−2.079*** (0.442)	−0.782 (0.475)	−0.109 (0.411)
国内生产总值（GDP）	0.952*** (0.033)	0.572*** (0.052)	0.385*** (0.211)	0.668*** (0.045)	−0.335 (0.222)	−0.318 (0.245)
人均生产总值（PGDP）	0.247*** (0.091)	0.364*** (0.085)	−0.128 (0.210)	−0.075 (0.078)	−0.037 (0.058)	−0.115* (0.065)
城镇居民可支配收入（INC）	0.144 (0.126)	−0.167 (0.116)	−0.338*** (0.107)	0.173 (0.112)	−0.184** (0.080)	0.044 (0.075)
教育水平（EDU）	0.0004* (0.073)	−0.016 (0.067)	0.503*** (0.137)	0.086 (0.057)	0.422*** (0.149)	0.520*** (0.119)
体彩投注终端机数量（STE）		0.435*** (0.049)	0.130** (0.065)	0.386*** (0.042)	0.115** (0.057)	0.126** (0.020)
常数项	−3.702 (2.636)	1.070 (2.436)	−12.443 (4.087)	10.167 (2.250)	16.943** (6.583)	13.159* (6.054)
地区效应	否	否	是	否	是	是
时间效应	否	否	否	是	是	是
观测值	434	434	434	434	434	403
R2	0.8504	0.8749	0.8798	0.8667	0.9068	0.8954
F统计量	404.70 (0.00)	424.80 (0.00)	192.43 (0.00)	383.61 (0.000)	131.84 (0.000)	122.16 (0.000)

注：***、**、*分别表示1%、5%、10%的显著性水平。

从回归结果来看，人口老龄化与体育彩票销量之间存在显著的负向影响关系，假设1得到验证，且体彩STE与体育彩票销量之间存在显著的负向影响关系，假设2得到验证。在实证性推断过程中，可通过统计意义反馈出该逻辑，即体彩STE、人口老龄化是影响体育彩票销量的重要因素，因此在设定策略中可提供新的角度。

六、结果稳健性检验

稳健性检验是考察评价方法和指标是否对评价结果保持比较一致、稳定的解释检验方法，也是保障研究结论可信度的重要步骤之一。结合研究主题，选择补充变量法和变量替换法进行稳健性检验。首先，考虑到可能存在遗漏变量，梳理相关文献，加入城镇化水平（URE）变量作为补充变量进行稳健性检验；其次，选取65岁以上人口（OLD2）替换老龄人口抚养比（OLD1），并考虑体育彩票销量的滞后项，进行基准回归模型的稳健性检验；检验结果见表5-8。

表5-8 稳健性检验表

变量	GMM(7)	GMM(8)
OLD1（老年人口抚养比）	−0.595* (0.343)	
OLD2（65岁以上人口数量）		−0.291* (0.322)
性别比（SEX）	−0.848 (0.518)	−0.063 (0.670)
国内生产总值（GDP）	−0.431 (0.284)	0.535* (0.275)
人均生产总值（PGDP）	−0.009 (0.053)	−0.119 (0.082)
城镇居民可支配收入（INC）	−0.186** (0.081)	−0.052*** (0.133)
教育水平（EDU）	0.436*** (0.150)	0.522*** (0.133)
城镇化率（URE）	0.448 (0.1784)	−0.632 (0.670)
体彩投注终端机数量（STE）	0.114** (0.055)	0.135** (0.062)
常数项	15.998* (6.986)	13.138 (8.032)
地区效应	是	是
时间效应	是	是
观测值	434	403
R2	0.9074	0.8945
F统计量	158.86 (0.000)	129.90 (0.000)

稳健性检验结果显示，补充变量或替换变量，回归结果与上述基准回归结果基本一致，人口老龄化及体育彩票销售终端数量与体育彩票销量之间影响关系及显著性不变，表明回归结果稳健，假设1和2均得到支持。由此说明，人口老龄化与体育彩票销量存在显著的负向影响关系，老龄人口数量增多能够引起体育彩票销量的明显降低；体育彩票销售终端数量与体育彩票销量之间存在显著的正向影响，扩张体彩销售网点数量有利于体育彩票销量的提升。

第三节　人口老龄化背景下体育彩票销量的提升路径

通过选取东北地区、长三角地区、珠三角地区作为典型案例，发现城市收缩与体彩STE之间具有同向性，从实证的验证结果来看，人口老龄化与体育彩票销量之间存在显著的负向影响关系，体育彩票终端机数量与体育彩票销量之间存在显著的正向影响关系。据研究结果显示，首先，城市收缩会影响体育彩票销量可能是既定事实，但是通过理论推导这种影响并不存在；其次，人口老龄化与体彩STE数量变化也会引起体育彩票销量的变化。基于此，本书以老龄化背景为切入点，提出合理化的多项路径及关键策略，以进行方案决策，为体育彩票销量发展提供可行思路。

一、有效配置体育彩票STE结构与场景精细化

经典马克思市场资源配置理论认为社会总资本再生产是实现产业循环有效配置的关键，在垄断产业的市场结构实际中，其发展奥秘在于以市场需求的内需为主导。同样，体育彩票作为垄断产业中的公共性产品也具有这一特点，且产品独特。据东北地区、长三角地区、珠三角地区城市收缩的结果显示，大部分的城市收缩会影响体彩STE收缩，并且会降低体育彩票产业的活力[1]，在中观层其证明了体彩STE缩减的形态影响产业发展，同时在实证中发现体彩STE数量会正向影响体育彩票销量，进而研究认为设置体彩STE的策略时应该注意设置合理的资源有效使用性，在管理学角度中强化资源重新配置，实现高效化、层次化的布局；提升体育彩票终端的供给品牌化和标准统一化，建立有标准的、逐步统一模式的彩票网点；打造竞猜型彩票发展特色网点，努力开发与赛事融合，扩展国内体育赛事竞彩，研发国内赛事与竞猜型体彩的监管模式；推进场景化购彩模式，激发消费决策环境，实现体彩网点的"3.0"版本升级；实施精细化管理的体育彩票网点，对场所精细化的推进，实现品牌化、口碑化、效率化的

---

[1] 邵继萍,刘炼,王斌.老年体育彩民购彩心理与行为特征[J].武汉体育学院学报,2012,46(7):71-75.

体育彩票全方位场景，实现内部结构的转型升级，完善体育彩票管理中心对体彩代销点、网点的监管深度亦更为实际。

二、构建STE有效缓慢增长模式与效率化网点

英国政治家切斯特菲尔德的经典名言，"效率"是做好工作的灵魂。本书实证中发现了体彩STE数量即反馈（网点数量）扩张情况是影响销售量提升的因素。基于此，本书认为，构建一种新的体育彩票发展和扩张模式是解决问题的关键，应建立萎缩与缓慢增长方式的发展策略，萎缩方式是强调目前体彩STE及网点较差的地点，从萎缩到取缔的方式，形成基础效率后缩减该地区的比例，以推进高端化、层次化、品牌化的网点建设；另外，缓慢增长是释放体彩STE，形成营销高级化的水平，实现需求量高于供给产品的速度，实现网点扩张发展的新模式。此外，提出效率化网点建设，在现有体彩STE数量基础上强化供给效率提升，进而保证体育彩票网点的均衡供给。实践证明，锁定互联网交易不能规避"地下私彩"市场，因此，果断实施"线上与线下"有效结合的营销方式，强化官方体育彩票平台购彩主体，依靠数字经济形态是未来必要趋势和方向，保障责任博彩基础策略，引导和刺激消费者购买体育彩票，实现供给效率与质量共同提升。

三、激发老龄人口体彩消费动机模式与提升消费黏性

老龄人口是新兴社会环境中有力的消费人群，在社会学研究中，不同人群的消费特征和消费特点决定了一些产业的发展形态，乃至影响诸多产业的发展趋势，例如一些研究中证明了"健康投资"是影响老龄化社会的关键产业。本书中体育彩票销量被人口学结果进行验证，发现人口老龄化是影响体彩销量变化的关键因素。我国的城市收缩、人口老龄化背景已然显著，如何针对不同人群，尤其是老龄人口消费刺激体育彩票销量也是人口学研究的关键策略，因此激发老龄人口的消费动机，构建消费决策环境，刺激诱发消费动机的老龄化需求是提升的关键，形成体育彩票在老龄人口的认知环境改变，激发趣味性与公益性及文化品质的博彩形式极为关键；大力扶持老年体育赛事与体育彩票的融合活动开展，实现以赛促彩，深耕公益的博彩行为；强化公益路径，激发老龄人口的参与动机，构建老龄人口的捆绑搭售策略，即小投入小回报的实际博彩产品；提升消费黏性，形成灵活机动的老龄人口体彩消费特性，透过公益促进体彩的发展基本策略不变，实现老龄人口民生与兴趣购彩的动机模式。

四、适宜老龄人口的新型体育彩票产品与赛事模拟博彩社群

在人口老龄化背景下，未来不仅要考虑体彩STE在老龄社区的设置，同时要开展老

龄博彩社群的"硬环境"与调整适宜老龄人口体彩产品"软内容"的建设。本书结果说明人口老龄化与体育彩票销量之间存在显著的负向影响关系，在现实发展背景下老龄人口同时也是购买体育彩票的重要群体。因而，明细市场体彩消费者结构特点，在重点关注中青年体彩消费者人群的同时，适度开发老年人的体彩种类[①]；切入体彩产品设计、营销产品、服务、体验等方面的考虑与多元化需求；实现在体育彩票玩法上依据老龄人口的需求进行创新，并诱发老龄人口的从众行为；开发体育彩票产品，引发老龄人口的赛事关注路径；强调公益彩票产品同老龄人口期望需求，构建赛事引领模拟博彩的乐趣社群，实现体育彩票乐趣价值、同伴关系良性发展的优质博彩社群。

  体育彩票销量既是体彩公益金筹集的资金来源，也是体育彩票事业发展的关键所在。伴随城市收缩及人口老龄化问题日益凸显，体育彩票消费市场环境发生转变，同时受体彩政策调整、疫情等多重因素影响，体育彩票产业陷入销量连续三年下滑的发展困境。在此背景下，研究基于社会学人口理论与产品供给理论，发现了城市收缩与体育彩票销量的非双向影响关系，并发现人口老龄化和体育彩票销售网点与彩票销量间分别存在显著的负向与正向影响关系，这不仅为学界与业界提供了新的学术观点与视角，还可推动体育彩票运营机构的战略调整，逐步实现体育彩票销量的稳步回升与增长，最终完善体育彩票市场机制发展。后续研究中，可基于微观视角，采用横断面调查数据，纳入城镇化水平等多个变量，另外，也可对实践路径中的深层次理论进行说明，以期完善路径的深度与实践性。

---

① 刘成坤,赵昕东.人口老龄化对经济增长的影响及溢出效应研究——基于空间杜宾模型[J].经济问题探索,2018(6):21-32.

PART 4

体育彩票可持续发展策略篇

第六章
体育彩票消费者购买意愿提升研究

第一节　竞猜型体育彩票博彩依赖、体验价值与购彩意愿的交互验证

随着2018年世界杯效应的集聚，博彩业的发展迎来了机遇与挑战。体育彩票作为一种休闲娱乐方式与现实生活的游戏性超脱活动呈蓬勃发展趋势，其伴随金钱回报的刺激与满足感，加之博彩活动过度带来严重的病态博彩现象[1]。竞猜型体育彩票是与体育博彩业联系最为紧密的彩种，具有规则复杂、推广难度大等特征，且带有"产品"本质的依附性，通常博彩者在竞猜型体育彩票的购买中忠诚度较佳，且再购行为产生较为显著，但也表现出病理性、非理性的病态博彩样态[2]。国际上将病态博彩定义为具有病态性、成瘾性、强制性特征的博彩依赖行为与状态，具体表现为博彩者对博彩的精神依赖、行为失控和干预较强，病态博彩成为阻滞博彩业持续发展的内在究因[3]。从精神健康视角分析，病态博彩属于精神健康问题，是博彩者潜在病理学特征的表现形式。博彩者难以控制博彩兴趣与博彩行为的紧张状态，表现为强制性、持续性发作的博彩状态，博彩的目的不在于获得经济利益[4]。美国国家问题博彩委员会将病态博彩定义为博彩者的成瘾性行为产生于心理、生理、社会、职业等各个领域的严重破坏与恶性影响[5]。病态博彩会受遗传学、生物学、心理学和环境因素的综合影响，其形成路径源于行为异常、情感脆弱以及反社会的3个子群体[6]。从社会交往视角分析，博彩是一种重要的社会交往活动，通过吸引、分享、享受、依恋等心理阶段变化实现主动需要

---

[1] 刘凯.我国体育彩票发展中的病态博彩行为研究[J].体育文化导刊,2010(10):69-73.
[2] 刘圣文.体育彩票销量影响因素研究——以山东省为例[J].武汉体育学院学报,2016,50(3):29-34.
[3] 李海,陶蕊,刘磊,等.体育彩票问题博彩概念研究述评[J].上海体育学院学报,2010,34(3):23-28.
[4] 王树明,王燕.体育彩票消费中病态博彩行为治疗研究[J].中国康复,2010,25(5):374-377.
[5] Raylu N,Oei TP.Role of culture in gambling and problem gam-bling[J].Clinical Psychology Review,2004（23）:1087-1114.
[6] 李欣华,郑涌.人格与病理性博彩研究述评[J].心理学进展,2008,16(5):740-744.

的满足。博彩者是病态博彩发生的执行主体，从博彩者购彩的微观视角切入探讨病态博彩的发生机制，具有深刻的研究必要性与实际意义。基于博彩者分为问题博彩者、潜在病态博彩者与病态博彩者三种，皆具有慢性、迁延性等"病理学"特征，博彩者的病态博彩行为与上瘾行为存在共通性，受人格、认知与动机等心理因素的影响，具有强烈的控制欲望与偏高的内控水平[①]。目前，与博彩相关的大量研究集中于博彩与病态博彩的表现、特征及成因等宏观视域讨论，未深挖博彩微观层面的博彩者购彩心理与消费行为。基于此，本书以博彩者的微观消费心理为窗口，引入依赖心理理论与消费者行为学理论探讨博彩依赖、体验价值与购彩意愿的影响关系，形成博彩者微观消费层面的博彩依赖、体验价值与购彩意愿的交互影响效果，为实现博彩消费日益跃升构建有效的"博彩依赖、体验价值与购彩意愿"的关联优化治理路径。

一、相关概念界定及研究假设

（一）相关概念界定

1. 博彩依赖

博彩者作为竞猜型体育彩票这种特殊商品的消费群体，将博彩的本质视为一种具有赌博投机色彩的游戏，涉入程度与博彩依赖（Betting Dependence）程度日趋增加成为病态博彩者。病态博彩者具有博彩依赖的心理特征，对博彩具有成瘾性、失控、强制性、依赖性等心理倾向[②]。美国国家病态赌博管理委员会将博彩依赖界定为一种"瘾症"与"病态体征"表现，是病态博彩者产生不可遏制的强烈赌博欲望与强迫性行为。当病态博彩者产生的博彩依赖心理较为严重时，博彩者的心态会由娱乐性心理转为赌博性心理，形成痴迷上瘾、过度投注的持续性、复发性、不可控制的强制性依赖症状与赌博适应不良行为，对个人、家庭以及职业产生不良影响[③]。以上学者皆认为博彩依赖是一种心理病症，是博彩者对竞猜型体育彩票的过度购买与专注投注倾向。基于此，本书认为博彩依赖是病态博彩带来的个体非理性行为。

2. 体验价值

竞猜型体育彩票兼具商品属性和使用价值，是具有特殊性、公益性、计划性、市场性与娱乐性的消费品[④]。博彩者作为竞猜型体育彩票的消费者，在购彩过程中存在"权衡取舍"的消费心理，会根据竞猜型体育彩票的体验价值（Experience Value）结果做出消费判断。随着服务经济后的体验经济的到来，大量消费者的消费能力不断提

---

① 陈海平,郎丹宁,程可.博彩成瘾的若干行为机制[J].首都体育学院报,2013,25(6):484-488.
② 张晓,田国强.浙江省某中学学生网络依赖心理与行为干预研究[J].医学与社会,2012,25(8):80-81.
③ 叶林娟,王树明,白彩梅,等.体育彩票消费中病态博彩研究的理论综述[J].首都体育学院学报,2009,21(4):436-439.
④ 刘晶,闫华.中外体育博彩研究现状分析[J].上海体育学院学报,2010,34(4):44-49.

高，日趋享受体验消费带来的体验价值[①]。体验价值成为消费者行为学研究的核心议题，以下学者从各个视域深入解读了体验价值的内涵与外延。派恩和吉尔摩（Pine and Gilmore）从企业的角度将消费体验分为教育体验、逃避现实的体验、娱乐体验和审美体验[②]；史密特（Schmitt）从心理学角度指出，体验是对某些刺激产生的内在反应，将体验价值划分为感官体验、情感体验、思考体验、行动体验和关联体验五种[③]；马诺和奥尔弗（Mano and Olver）将体验价值分为内在价值与外在价值，或者是实用价值与享乐价值[④]；霍尔布鲁克（Holbrook）将体验价值定义为互动的、相对的、偏好的体验[⑤]；李和奥弗比（Lee and Overby）将体验价值定义为：消费者在经历娱乐、逃避现实、视觉诉求和互动活动过程中所得到的利益总和[⑥]。以上学者皆认为体验价值是基于消费环境下的参与、互动、感知和愉悦等因素，消费体验中所获得的体验价值可给消费者带来内在或外在的利益。本书将体验价值定义为个体通过观察或参与对某些刺激产生回应的差异化感受，是所发生的事件与个人的心理状态之间互动的结果。

3. 购彩意愿

博彩者作为竞猜型体育彩票的消费群体，其购彩意愿（Willingness to Purchasing Lottery）与购彩行为是竞彩业发展的直接影响因素[⑦]。已有研究将购彩意愿定义为体育彩民对博彩活动的热爱程度与购彩倾向，是博彩者参与博彩活动的可能性与涉入程度，购彩意愿能直接反映博彩者的购彩心理特征，并能进一步影响购彩行为[⑧]。购彩意愿受购彩认知、环境因素、经济效用、风险偏好与感知倾向等因素的综合影响，购彩意愿是购彩行为的执行指南[⑨]。博彩者产生的购彩意愿存在异质化，较高的购彩意愿会促动博彩者购彩行为转变为积极、兴奋的状态；较低的购彩意愿则会使博彩者产生低欲望的购彩状态。基于此，本书将购彩意愿定义为影响购彩的内在动力，购彩意愿是基于博彩认知、博彩体验因素综合影响下呈现的购彩心理状态，是博彩依赖与体验价

[①] 郭国庆.体验营销新论[M].北京：中国工商出版社,2008.

[②] B Josehp Pine II, James H Gilmore.The experience economy:work is theatre every business a stage[M].Boston:Havard Business School Press,1999.

[③] Schmitt B H.Experiential marketing:how to get customers to sense,feel,think,act and relate to your company and brands[M].New York:The Press,1999:72-86.

[④] Mano H,Oliver R L.Assessing the dimensionality and structure of the consumption experience:evaluation,feeling and satifaction[J].Journal of Consumer Research,2003(20):451-466.

[⑤] Holbrook M B.Introduction to consumer value:a framework for analysis and research[M].London:Routledge Kegan Paul Press,1999.

[⑥] Lee E J,Overby J W.Creating value for online shoppers:implications for consumer satisfaction[M].Dissatisfaction and Complaining Behavior.2004.

[⑦] 王树明,叶林娟.体育彩票消费过程中消费者认知偏差的定量研究[J].上海体育学院学报，2011,35(2):20-24.

[⑧] 李刚.传播学视觉下中国彩票购买者心理不健康成因及对策的研究[J].体育科学，2011, 31(2):26-35.

[⑨] 王斌,罗时,刘炼,等.体育彩民购彩意向与购彩金额的关系:购彩满意度的调节作用[J].上海体育学院学报,2013,37(6):28-33.

值交互效果的反映。因此，博彩者的购彩意愿是博彩者消费心理与消费行为共同作用的结果。

博彩依赖是病态博彩背景下形成的不良病理状态，是反映博彩心理与引导博彩行为的内在究因。对具有博彩依赖心理的博彩者进行分析，博彩依赖心理受博彩者的认知、情感因素的影响表现出不稳定的态势，依赖程度的高低会影响博彩者的购彩意愿。此外，体验价值因素具有个体差异化特征，不同博彩者的购彩体验价值存在差异，因而体验价值是一个程度性指标，具体表现为高体验价值与低体验价值，体验价值程度的高低会影响博彩者的购彩积极性与购彩意愿。因此，要探讨博彩者的购彩心理与购彩行为之间的影响效果，就应具体分析博彩依赖、体验价值与购彩意愿的交互影响效果，明确博彩依赖与体验价值两个程度性指标的紧密影响关系，旨在进一步厘清竞猜型体育彩票的微观消费内在影响关系。

（二）研究假设

博彩依赖是博彩者参与博彩活动的病态心理与强迫性行为的综合表现，博彩依赖心理是病态博彩形成的根源。研究从李梦龙的运动依赖量表的戒断症状、耐受性、失控、强迫性、排他性等维度中提取中断反应、强迫性、失控、排他性4个因子构成博彩依赖变量[1]。派恩与吉尔摩提出体验价值是消费者的消费价值再产生消费动机的过程[2]，良好的体验价值是消费提升的关键因素，阿尔布雷希特（Albrecht）指出消费者对产品或服务质量的评价基于体验价值，体验价值就是判断消费者决策的关键环节[3]。研究从李启庚的品牌体验价值量表的感官体验价值、娱乐体验价值、情感体验价值、社会体验价值、知识体验价值、服务体验价值、成本体验价值等维度中提取出情感体验价值、娱乐体验价值、服务体验价值、成本体验价值4个因子构成研究的博彩者体验价值量表[4]。体验价值是博彩者基于博彩依赖心理条件下形成的博彩体验结果，博彩者的个体特征决定了体验价值的差异化。借由体验价值研究的诸多结果，体验过程是博彩者博彩活动中探讨的核心，是挖掘博彩者微观消费心理与行为倾向的核心要素。因此，本书认为体验价值是了解博彩者需求与博彩认知变化的窗口，通过体验价值来发掘博彩者的购彩意愿，从供给侧提供适宜的营销方案，实现供需互动的格局。研究主要探讨不同博彩依赖程度下的博彩者的体验价值的变化对购彩意愿的影响效果，因此，从王斌的购彩意向量表中获取购彩认知、环境、经济效益、风险偏好等因子来深入剖析购彩意愿的影响效果[5]，源于购彩意愿的变化是影响博彩者购彩行为执行效果的

---

[1] 李梦龙,马卫平,邓罗平.运动依赖量表的编制与信效度分析[J].天津体育学院学报,2012,27(4):360-364.
[2] Pine, Gilmore.Welcome to the experience economy[J].Harvard Business Review,Boston,1998,76(4):97-105.
[3] Albrecht K.Customer value[M].Executive Excellence.1994：9,14-15.
[4] 李启庚,余明阳.品牌体验价值对品牌资产影响的过程机理[J].系统管理学报,2011,20(6):744-751.
[5] 王斌,史文文,马红宇,等.体育彩民购彩意向影响因素问卷的编制[J].上海体育学院学报,2012,36(1):23-26.

内潜动力。

综合上述研究发现，大量研究集中于博彩依赖、体验价值与购彩意愿的单一层面进行研究，具体探讨病态博彩者的博彩依赖、体验价值与博彩依赖的影响关系的研究鲜有，且缺乏对影响关系的深挖，实质上体验价值是博彩研究的重要变量，可将其引入博彩依赖与购彩意愿影响关系模型探讨中。基于此，本书引入体验价值因素作为博彩依赖与购彩意愿影响关系剖析的调节变量，体验价值对其关系具有调节作用。为讨论博彩者的博彩依赖、体验价值与购彩意愿的内在影响关系（图6-1），本书根据如下问题进行展开：①博彩者的博彩依赖是否会正向影响购彩意愿？②博彩者的体验价值是否会正向影响购彩意愿？③博彩者的博彩依赖与体验价值对购彩意愿是否存在交互效果？本书首先讨论博彩者博彩依赖行为同购彩意愿之间的关系，旨在发现博彩依赖的中断反应、强迫性、失控、排他性等特征对购彩意愿的影响效果。其次，探讨情感体验价值、娱乐体验价值、服务体验价值、成本体验价值等要素与购彩意愿之间的关系。最后，探讨博彩依赖、体验价值与购彩意愿之间的交互效果，基于此，研究提出以下假设：

H1：博彩者博彩依赖行为会正向影响购彩意愿。

H1$_a$：中断反应会正向影响购彩意愿。

H1$_b$：强迫性会正向影响购彩意愿。

H1$_c$：失控会正向影响购彩意愿。

H1$_d$：排他性会正向影响购彩意愿。

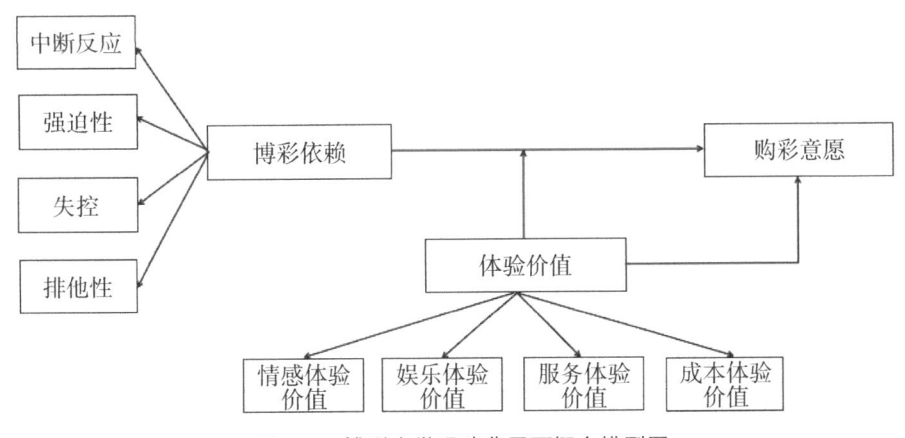

图6-1 博彩者微观消费层面概念模型图

本书讨论博彩者体验价值同购彩意愿之间的关系，旨在发现体验价值对购彩意愿的影响效果。体验价值具有情感体验价值、娱乐体验价值、服务体验价值、成本体验价值等特征的评价关系，以体验价值的各维度为自变量，以购彩意愿为因变量进行回归分析。进行如下假设：

H2：博彩者体验价值会正向影响购彩意愿。

H2$_a$：情感体验价值会正向影响购彩意愿。

H2$_b$：娱乐体验价值会正向影响购彩意愿。

H2$_c$：服务体验价值会正向影响购彩意愿。

H2$_d$：成本体验价值会正向影响购彩意愿。

博彩者的博彩依赖与体验价值对购彩意愿产生影响。具有博彩依赖的博彩者，感受不同程度的体验价值时，产生不同的购彩意愿。当博彩依赖强烈时，体验价值越高，会促使博彩者的购彩意愿越强，此时博彩者偏向成瘾状态；当博彩依赖较弱时，博彩者的购彩情况是多元化的，此时体验价值对购彩意愿的影响也是多元的。因此，本书进行以下假设：

H3：博彩者博彩依赖与体验价值对购彩意愿存在交互效果。

H3$_a$：博彩者博彩依赖弱时，如果体验价值越强，购彩意愿会越强；如果体验价值越弱，购彩意愿会越弱。

H3$_b$：博彩者博彩依赖强时，如果体验价值越强，购彩意愿会越强；如果体验价值越弱，购彩意愿会越弱。

二、研究设计

（一）研究对象与研究方法

本书以竞猜型体育彩票消费者为调查对象，以博彩者的博彩依赖、体验价值与购彩意愿的影响关系为研究对象。研究首先采用文献资料法，获取研究所需量表内容与相关文献基础，在整理国内外文献后形成所需的理论基础和研究量表，为实现微观博彩行为层面的讨论提供了理论基础与实践指导。本书经整理并依据博彩依赖量表、体验价值量表与购彩意愿量表确定量表方向，并进行深度剖析。其次，研究采取立意抽样方式对具有博彩依赖特征的竞猜型体育彩票消费群体进行调查以获取所需数据，并进行假设检验及交互分析，最终发现并讨论竞猜型体育彩票博彩依赖、体验价值、购彩意愿之间的关键影响效果。

（二）问卷设计

本书问卷主要包括博彩者人口统计变量以及博彩依赖、体验价值、购彩意愿3个变量的问卷设计。在量表设计方面，博彩者博彩依赖量表的设计主要参考了李梦龙等人编制的运动依赖量表[①]，提取其中的中断反应、强迫性、失控、排他性4个因子，修正后设计14题，例如：如果中断博彩，我会感觉生活索然无味等问项；体验价值量表的

---

① 李梦龙,马卫平,邓罗平.运动依赖量表的编制与信效度分析[J].天津体育学院学报,2012,27(4):360-364.

设计主要参考了李启庚等人编制的体验价值量表[①]，包括情感体验价值、娱乐体验价值、服务体验价值、成本体验价值4个因子，经修正后设计14题，例如：滑雪运动能让我心情放松及愉悦、滑雪运动可以带来刺激的感受等问项；购彩意愿量表的设计主要参考了王斌等人编制的口碑传播量表[②]，修正后设计7题，例如：我每天都会持续性购买竞猜型体育彩票等问项。各维度量表均采用李克特5点尺度量表，从"非常不同意"（1分）到"非常同意"（5分）。

本书为了确保量表的题项间可靠性和适用性，首先研究采用了深度访谈法对具有相关研究背景的专家进行了一对一的访谈，其次运用德尔菲法问卷评估技术，在符合专家遴选标准的基础上访谈了消费者行为学领域的2名教授、体育心理学领域的2名教授及体育彩票研究领域的1名教授等5名专家。综合上述所形成问卷量表内容再进行评估，经重新检视和修改题项后，再次邀请专家对各维度量表题项的适当性和科学性进行评定，综合专家意见进一步修正问卷量表。最终，经修改与整理后形成完整的调查问卷量表，共计问项26题。问卷量表经三轮发放与回收，第一轮对彩票管理中心内的消费者预发放50份问卷，有效问卷为46份，回收率达92%，发放目的在于是否能清晰研究所形成的问卷，经检验后删除消费者不明晰博彩依赖维度的第2题；第二轮再发放75份问卷，有效填答问卷为68份，回收率达90%，发放目的在于问卷结构让竞猜型体育彩票消费者是否可以较好了解，问卷逻辑层次是否清晰，经检验后删除消费者模糊填答体验价值的第26题，问卷经整理后最终形成完整的调查问卷量表。正式的问卷于2018年3—4月选取山东、北京、上海、福州、广州、长春等地的体育彩票的运营网点，共计正式发放410份，有效回收问卷为395份，有效回收率为96%。T检验表明，无效问卷和有效问卷之间的差异无统计学意义，对此可以忽略调查的无应答偏差。同时，对量表所形成的样本数据量再经G-power效果量检定后发现，本书获取的样本数据量符合效果量要求和研究所需。

（三）项目分析与因子分析

项目分析主要采取同质性检验法和极端组检验法分别进行[③]。首先，计算预测过程中受试者问卷的总分，并按照总分的高低进行排序，从中找出前27%的高分组和后27%的低分组；依据罗伯特等人的观点[④]，选取内部一致性α系数、校正题项与总分相关、因子载荷量等指标评估量表的可靠程度。经检验后发现，博彩依赖量表中第1题和体验价值量表中第22题项的因子载荷量小于0.45，且删除这两个题项后的内部一致性α系数

[①] 李启庚,余明阳.品牌体验价值对品牌资产影响的过程机理[J].系统管理学报,2011,20(6):744-751.
[②] 王斌,史文文,马红宇,等.体育彩民购彩意向影响因素问卷的编制[J].上海体育学院学报,2012,36(1):23-26.
[③] 郑和明,张林.城市居民参与型体育消费需求因素系统结构机理研究——基于上海市的实证分析[J].天津体育学院学报,2017,32(1):81-86.
[④] 罗伯特·F.德威利斯.量表编制:理论与应用[M].重庆:重庆大学出版社,2016.

均大于原量表的内部一致性α系数，故删除以上2个题项，最终，问卷余下22个题项。

本书在遵循Kaiser准则基础上选取特征值大于1的因素，首先进行了适配性量数KMO值检验，结果显示：KMO=0.874，Bartlett球体检验值为2515.504，$P=0.000<0.05$，符合KMO>0.6的基本标准，说明数据适合进行因子分析。本书再采用主成分分析法进行探索性因子分析，并采用最大方差正交旋转法萃取公因子，保留特征值大于1，因子载荷大于0.5的项目，说明了题项与公因子的相关性较高，具有较好的单维性。通过两次探索性因子分析迭代，先删除题项14题，再删除题项24题，最终问卷余下20题。根据各因子所包含的项目内容和特征，依次命名博彩依赖、体验价值、购彩意愿3个公因子。研究显示以上3个因子总共解释了69.869的总方差。题项的累计贡献率大于60%，说明量表具有较高的建构效度并符合因子分析。

（四）信效度检验

1. 信度检验

研究先采用Cronbach's α信度检验量表的内部稳定性与可靠性，通过对量表的题项进行整理，再运用SPSS22.0统计软件对研究量表进行信度检验，结果显示，量表的Cronbach's α信度系数值分别为：博彩依赖维度的α系数为0.853、体验价值维度的α系数为0.846、购彩意愿维度的α系数为0.883，诚然，以上各维度的信度系数值均大于0.7，该结果证明研究量表的信度系数较佳。为进一步检验量表的内部一致性，计算出CR值和AVE值，结果显示均符合CR>0.6，AVE>0.5的标准，说明量表信度较好（表6-1）。

表6-1 变量信度分析表

维度	题项	Cronbach's α	CR（组合信度）	AVE（平均方差萃取值）
博彩依赖	Q1~10	0.853	0.7349	0.5437
体验价值	Q11~20	0.846	0.7326	0.5609
购彩意愿	Q21~24	0.883	0.8821	0.6793

2. 效度检验

（1）内容效度

本书提取博彩依赖量表、体验价值量表、购彩意向愿表的因子形成研究的问卷，内容效度检验过程即专家对问卷内容的完整性、题项与内容的适切性、题项结构、反向题等进行评估。依据研究选取的5位专家对内容效度进行评定，专家评估结果如下：将量表中博彩依赖维度、体验价值维度、购彩意愿维度这3个维度共计整理删除了9题，再经预发放问卷及因子分析后问卷共余下具有代表性的20题，问卷具有良好的内容效度。

（2）结构效度

结构效度主要包含聚合效度和区别效度，是当前实证研究中学者关注的重点。为验证结构效度，进行CFA验证性因子分析，结果显示：$x^2/df=6.93$，RMR=0.037，CFI=0.966，IFI=0.965，NFI=0.920，NNFI=0.947，GFI=0.949，RMSEA=0.047（P=0.003），且达到P＜0.05显著水平（表6-2），模型拟合良好，具有良好的聚合效度与区别效度，因此，本书量表的结构效度良好。

表6-2 博彩者消费行为影响因素拟合度指标表

适配指标	RMR	RMSEA	NFI	GFI	IFI	CFI	AGFI	NNFI(TLI)	x^2/df
标准指数	≤0.05	≤0.05～1	＞0.9	＞0.9	＞0.9	＞0.9	＞0.9	＞0.9	≤3～5
拟合指数	0.037	0.047	0.920	0.949	0.965	0.966	0.905	0.947	6.93

三、结果与分析

（一）博彩者博彩依赖模型分析

1. 博彩依赖与购彩意愿的相关分析

对博彩者博彩依赖行为各层面与购彩意愿的相关性进行检验（表6-3），矩阵中5个预测变量间均呈现显著正相关，购彩意愿与中断反应的相关系数为0.513；强迫性与购彩意愿的相关系数为0.622；强迫性与中断反应的相关系数为0.544；失控与购彩意愿的相关系数为0.504；失控与中断反应的相关系数为0.724；失控与强迫性的相关系数为0.574；排他性与购彩意愿的相关系数为0.513；排他性与中断反应的相关系数为0.627；排他性与强迫性的相关系数为0.603；排他性与失控的相关系数为0.510，所有相关系数均在P＜0.001的水平上相关。其中，"中断反应"与"失控"的相关系数为0.724，达到了高度相关，可能存在共线性，其余预测变量的相关系数均在0.5～0.7，呈现中度相关。5个预测变量与效标变量"购彩意愿"之间均在P＜0.001的水平上显著相关，相关系数在0.504～0.724，均呈现中度相关。

表6-3 博彩者博彩依赖行为各层面与购彩意愿多元相关矩阵

变量	购彩意愿	中断反应	强迫性	失控	排他性
购彩意愿	1				
中断反应	0.513***	1			
强迫性	0.622***	0.544***	1		
失控	0.504***	0.724***	0.574***	1	
排他性	0.513***	0.627***	0.603***	0.510***	1

注：***代表P＜0.001。

2. 博彩依赖与购彩意愿的回归分析

对博彩者的博彩依赖行为的各层面与购彩意愿进行回归分析，从中探讨博彩依赖行为的各个层面对购彩意愿的影响程度。对模型进行共线性诊断（表6-4），TOL值分别为0.841、0.922、0.835、0.827；VIF值分别为0.627、0.473、0.665、0.286，说明变量间不存在多元共线性问题。4个回归模型的F值分别为148.948（P<0.001）、123.523（P<0.001）、86.913（P<0.001）、36.112（P<0.001），均达到显著水平，说明4个自变量的回归系数均≠0。中断反应、强迫性、失控、排他性的β值分别为0.377、0.160、0.119、0.130，均为正数，因此，各变量与购彩意愿呈正相关。综上，中断反应、强迫性、失控、排他性会正向影响购彩意愿，假设$H1_a$、$H1_b$、$H1_c$、$H1_d$成立。

表6-4 博彩者博彩依赖各层面与购彩意愿的逐步多元回归摘要表

投入变项顺序		R	R^2	$\triangle R^2$	F值	B	β	共线性统计 TOL	VIF
	截距					−0.818			
1	中断反应	0.570	0.325	0.322	148.948	0.891***	0.377	0.841	0.627
2	强迫性	0.667	0.444	0.441	123.523	0.356***	0.160	0.922	0.473
3	失控	0.677	0.458	0.453	86.913	0.373***	0.119	0.835	0.665
4	排他性	0.857	0.634	0.632	36.112	0.111***	0.130	0.827	0.286

注：***代表P<0.001。

（二）博彩者体验价值模型分析

1. 体验价值与购彩意愿的相关分析

对博彩者博彩依赖行为各层面与购彩意愿的相关性进行检验（表6-5），"购彩意愿"与"情感体验价值"的相关系数为0.645；"娱乐体验价值"与"购彩意愿"的相关系数为0.636；"娱乐体验价值"与"情感体验价值"的相关系数为0.567；"服务体验价值"与"购彩意愿"的相关系数为0.505；"服务体验价值"与"情感体验价值"的相关系数为0.623；"服务体验价值"与"娱乐体验价值"的相关系数为0.593；"成本体验价值"与"购彩意愿"的相关系数为0.436；"成本体验价值"与"情感体验价值"的相关系数为0.704；"成本体验价值"与"娱乐体验价值"的相关系数为0.703；"成本体验价值"与"服务体验价值"的相关系数为0.491，以上均达到了中度相关，各预测变量的相关系数均在0.436~0.704，可能存在共线性。4个预测变量与效标变量"购彩意愿"之间均在P<0.001的水平上显著相关。

表6-5 博彩者体验价值各层面与购彩意愿的多元相关矩阵

变量	购彩意愿	情感体验价值	娱乐体验价值	服务体验价值	成本体验价值
购彩意愿	1				
情感体验价值	0.645***	1			
娱乐体验价值	0.636***	0.567***	1		
服务体验价值	0.505***	0.623***	0.593***	1	
成本体验价值	0.436***	0.704***	0.703***	0.491***	1

注：***代表$P<0.001$。

2. 体验价值与购彩意愿的回归分析

对博彩者体验价值的各层面与购彩意愿进行回归分析，从中探讨体验价值的各层面对购彩意愿的影响程度。对模型进行共线性诊断（表6-6），TOL值分别为0.899、0.895、0.847、0.696；VIF值分别为0.692、0.533、0.471、0.324，说明变量间不存在多元共线性问题。4个回归模型的F值分别为285.676（$P<0.001$）、103.141（$P<0.001$）、64.846（$P<0.001$）、26.126（$P<0.05$），均达到显著水平，说明4个自变量的回归系数均≠0。情感体验价值、娱乐体验价值、服务体验价值、成本体验价值的β值分别为0.195、0.224、0.238、0.297，以上指标均为正数，因此，体验价值的各个层面与购彩意愿呈正相关。综上，情感体验价值、娱乐体验价值、服务体验价值、成本体验价值会正向影响购彩意愿，假设$H2_a$、$H2_b$、$H2_c$、$H2_d$成立。

表6-6 博彩者体验价值各层面与购彩意愿的逐步多元回归摘要表

	投入变项顺序	R	R^2	$\triangle R^2$	F值	B	β	TOL	VIF
	截距					−0.156			
1	情感体验价值	0.546	0.656	0.654	285.676	0.558***	0.195	0.899	0.692
2	娱乐体验价值	0.586	0.543	0.541	103.141	0.370***	0.224	0.895	0.533
3	服务体验价值	0.598	0.572	0.570	64.846	0.331***	0.238	0.847	0.471
4	成本体验价值	0.606	0.676	0.674	26.126	0.240***	0.297	0.696	0.324

注：***代表$P<0.001$。

（三）博彩依赖、体验价值与购彩意愿的交互效果分析

采用2×2独立样本二因子变异数分析，2（博彩依赖强和弱两组）×2（体验价值强和弱两组），以博彩依赖与体验价值的平均数进行分组。以平均值3为划分标准分为强弱两组，分别编为1、2。在博彩依赖分组中，将平均数低于3的分为弱依赖组，平均数在3及3以上的分为强依赖组；在体验价值分组中，将平均数低于3的分为弱体验组，

平均数在3及3以上的分为强体验组。研究将交互项变量博彩依赖的平均值与体验价值的平均值交乘置入变量中进行分析，以探讨博彩依赖与体验价值在购彩意愿上的互动效果。结果见表6-7，弱体验价值与博彩依赖在P＜0.001水平上显著，F=4.221；强体验价值与运动依赖在P＜0.001水平上显著，F=95.218；体验价值×博彩依赖中F=25.122，P＜0.01，交互作用显著，假设H3成立。

表6-7 博彩者体验价值、博彩依赖与购彩意愿关系摘要表

体验价值	博彩依赖	平均值	标准偏差	F	P
弱	弱	3.3644	0.31259	4.221	0.000
	强	3.4996	0.48180		
强	弱	3.0679	0.21266	95.218	0.000
	强	3.6460	0.61066		
体验价值×博彩依赖				25.122	0.000

注：***代表P＜0.001。

图6-2研究结果表明，博彩依赖与体验价值的交互作用对购彩意愿存在影响。博彩依赖与体验价值的交互和强依赖与高购彩意愿的集合点，且博彩依赖、体验价值与购彩意愿的交互过程会发生如下4种结果：低博彩依赖条件下，博彩者体验价值较低，购彩意愿也低；低博彩依赖条件下，博彩者的体验价值较高，因此，购彩意愿较强，假设H3$_a$成立。研究认为产生该结果的究因是当博彩者对竞猜型体育彩票的依赖度低，表明博彩者的参与兴趣较低，对竞猜型体育彩票产品的消费期望不佳，因此，在此种情况下博彩者的体验价值的高低会与消费期望形成反差，会直接影响博彩者的购彩意愿。而高博彩依赖条件下，体验价值较低，博彩者的购彩意愿较弱；若体验价值提高，购彩意愿也会增强，假设H3$_b$成立。研究认为产生该结果的原因在于博彩者对竞猜型体育彩票的依赖性越强，表明博彩者的期望越大，进而体验价值会受期望与消费情感的影响而放大，因此，博彩者在购彩中体验价值越高，则购彩意愿越强。综上所述，博彩者的博彩依赖程度与体验价值的交互作用是影响购彩意愿的重要因素，诚然，博彩依赖度高的博彩者的购彩意愿大于博彩依赖度低的博彩者，且体验价值越高，博彩者的购彩意愿越强。实质上，博彩者的博彩依赖与体验价值的交互效果中，博彩依赖在购彩意愿影响中发挥一定作用，但体验价值成为影响购彩意愿的关键因素，在购彩意愿的调节中发挥主导作用，因此，竞猜型体育彩票的购彩意愿提升应以强化体验价值为核心，以满足博彩者多元化、多层次消费需求为重点。

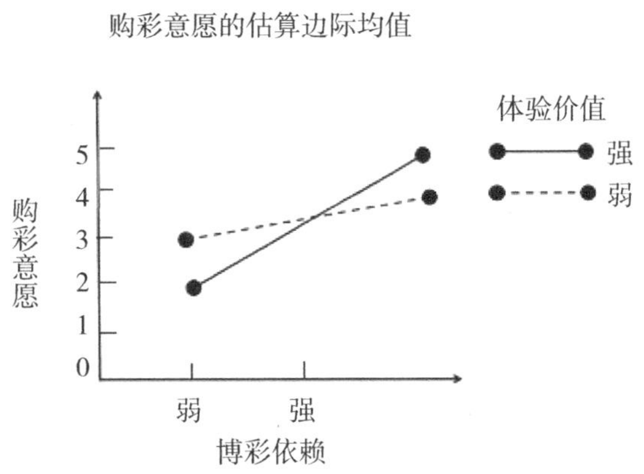

购彩意愿的估算边际均值

图6-2 博彩者博彩依赖行为与体验价值对参与意愿的交互图

四、研究讨论

（一）博彩依赖与购彩意愿的关系

竞猜型体育彩票博彩者的博彩依赖具体表现为中断反应、强迫性、失控与排他性等成瘾状态，与人体的生理、神经、心理、社会机制等因素密切相关[①]。博彩依赖是博彩者在对博彩活动的渴望心理作用下产生的过度与持续性涉入的强迫性博彩行为[②]。具有博彩依赖倾向的人根据依赖程度高低分为初级型依赖与中级型依赖，随着依赖程度的加深，博彩者的购彩意愿也随之提升。为分析博彩者的博彩依赖行为与购彩意愿的内在关系，据博彩依赖与购彩意愿的相关分析与回归分析的结果显示，博彩依赖的中断反应、强迫性、失控、排他性等指标会正向影响购彩意愿，具体表现为中断反应、强迫性、失控、排他性越强，购彩意愿越高，反之，中断反应、强迫性、失控、排他性减弱，博彩者的购彩意愿也会减弱。博彩者的博彩依赖与购彩意愿的关系是博彩业发展中亟须探讨的问题主线，为博彩业的运营与发展提供了营销管理思路与具体的转型路径。在营销管理方面，博彩的运营方要重视博彩者的心理特征与价值取向，针对其特质制定营销方案。此外，在博彩运营方面提供多元化、多层次的服务，以满足博彩者的多元化需求，实现博彩供给与博彩者的需求有效互动。同时，博彩业的微观治理中应不断强化博彩者的中断反应与强迫性，从而达到强化购彩意愿的目标，而强化其失控行为环节也极其重要，是实现购彩意愿提升的关键。

（二）体验价值与购彩意愿的关系

博彩者的博彩体验价值是其在博彩活动中个性展示、感官刺激、情感升华等需求转化的过程，是博彩者价值诉求的具体体现，主要包括情感体验价值、娱乐体验价

---

① HAUSENBLAS H A SYMONS DS.Exercise dependence a systematic review[J].Phychology of Sport & Exercise,2002,3:89-123.

② BLAYDON MJ LINDER KJ.Eating disorders and exercise dependence in triathletes[J].Eating Disorders,2002,10:49-60.

值、服务体验价值、成本体验价值[1]。随着体验消费的盛行，博彩者的体验价值日趋成为购彩意愿的决定性因素[2]。因此，为探讨博彩者体验价值与购彩意愿的关系，将体验价值中的情感体验价值、娱乐体验价值、服务体验价值、成本体验价值与购彩意愿进行相关分析与回归分析，结果显示，体验价值各维度会正向影响购彩意愿，且价值层面越高，则购彩意愿越高。体验价值是博彩者参与竞猜型体育彩票活动后的内心价值表现，当体验价值较低时，竞猜型体育彩票无法满足博彩者的内心需求，博彩者会参与到私彩赌博中，进而促进了病态博彩现象的加重；而当体验价值较高时，博彩者会参与到竞猜型体育彩票购彩中，博彩者受竞猜型体育彩票奖金、玩法等因素的影响会产生较高的忠诚度。因此，博彩行业应实施严格的营销管理，强化供给的质量与效率，重视博彩者的上述4个体验价值回应。博彩者在博彩活动中应强化情感体验与精神体验，以情感抒发为导向，纠正对竞猜型体育彩票购买的价值观；博彩者通过重视娱乐体验价值，实现身心释放，转变对博彩的金钱观念与价值诉求；博彩者应重视服务体验价值，强化供给主体对竞猜型体育彩票实施规范的运作流程与优质的服务质量，促进博彩者体验价值的提高与需求的回应，构建多元化服务体系；博彩者强化成本体验价值，以获取时间与金钱的回报，促进博彩者再购行为持续性产生，以推动竞猜型体育彩票业的消费不断升级。博彩者产生良好的价值体验，是其博彩活动涉入程度持续增加与忠诚度提升的动力。因此，博彩者的体验价值对购彩意愿产生强烈的影响效果。

（三）博彩依赖、体验价值与购彩意愿的交互效果分析

通过博彩依赖、体验价值与购彩意愿的交互效果分析，发现博彩依赖、体验价值与购彩意愿之间存在紧密的微观互动作用机制效果，且不同程度下的博彩依赖与体验价值对购彩意愿具有差异化影响效果。该作用机制效果的产生根源于竞猜型体育彩票博彩者博彩依赖与体验价值的交互效果产生的购彩意愿与博彩者的个人价值诉求、经济效益、社会环境、购彩认知、风险偏好等要素关联，也与博彩业供给方的供给服务水平有关。因此，研究博彩依赖与体验价值的交互效应是为了探讨在不同依赖程度与体验价值条件下的博彩者购彩意愿的具体效果，因此，研究发现随着博彩依赖与体验价值程度的提高，购彩意愿也随之增强。且体验价值在博彩依赖与购彩意愿的影响关系上产生调节效应，在低体验价值条件下，具有博彩依赖度高或低程度的博彩者都会产生较低的购彩意愿；在高体验价值条件下，博彩依赖度高或低程度的博彩者皆产生高购彩意愿，诚然，博彩依赖、体验价值均较高时，购彩意愿越高，具有高依赖性的博彩者的体验价值越高，则购彩意愿越强，对竞猜型体育彩票的时间与金钱的投入增

---

[1] 张凤超,尤树洋.体验价值结构维度理论模型评介[J].外国经济与管理,2009,31(8):46-52.
[2] Kumar,Piyush.The competitive impact of service process improvement:examining customers' waiting experiences in retail market[J].Journal of Retailing,2005,81(3):171-180.

加。体验价值作为调节变量,在博彩依赖与购彩意愿影响关系中发挥调节作用,体验价值越高,则购彩意愿越强。因此,在博彩业的经营与发展中应强化博彩者的购彩意愿,源于博彩者的购彩意愿是博彩业消费促进与提升的重要动力,而博彩依赖和体验价值的交互作用是博彩者购彩行为执行的内在动因。因此,博彩行业应从博彩者的博彩依赖和体验价值微观消费层面切入,以实现竞猜型体育彩票博彩业的有效供给与博彩者需求回应为导向,以博彩者购彩意愿与博彩参与度提升为动力,构建博彩业与博彩者供需互动的良好格局。

五、结论与展望

(一)研究结论

本书从竞猜型体育彩票博彩者的微观消费心理与消费行为视角切入,引入依赖心理理论、消费者行为学理论,以博彩者的博彩依赖、体验价值与购彩意愿的互动关系为研究对象,经相关分析、逐步回归分析与交互效应等方式探讨微观消费视域下的博彩者的购彩心理与购彩意愿的路径。因此,研究基于回归分析发现博彩者的博彩依赖、体验价值与购彩意愿间存在紧密的交互效应,通过体验价值的调节作用形成博彩依赖对购彩意愿的影响效果,博彩者于高体验价值下的购彩意愿较强;低体验价值下的购彩意愿较弱。博彩依赖是博彩者的一种病态心理特征,对博彩活动的依赖性过强,具有失控、强迫行为等外在表现。博彩者的体验价值具有异化特征,对博彩依赖较强的博彩者而言,强化体验价值是提升其购彩意愿的关键。诚然,博彩依赖是购彩意愿的核心动力,体验价值是购彩意愿的行动导向,而购彩意愿是博彩依赖与体验价值交互作用下的评价结果与直接表现,是促进博彩者参与博彩活动的行动导向。因此,从微观消费视域探讨博彩者的购彩心理与购彩意愿的关系,应从博彩依赖心理、体验价值与购彩意向等各要素推进,深挖"博彩依赖、体验价值与购彩意愿"的交互影响效果,促进竞猜型体育彩票博彩者的购彩意愿不断提升,使博彩者不断扩张的博彩需求能得到有效满足,促进博彩者积极参与博彩活动,最终,实现博彩行业消费不断升级与优化。

(二)展望

为实现竞猜型体育彩票博彩者的微观消费心理与消费行为关系的有效互动,本书引入消费者行为学理论与依赖心理理论进行剖析博彩者的消费心理与消费行为之间的影响关系,研究以博彩依赖、体验价值与购彩意愿为窗口,研究发现微观视域下的博彩者的博彩依赖心理、体验价值与购彩意愿之间存在交互影响关系,体验价值作为调节变量在博彩依赖与购彩意愿关系中产生显著的调节作用。本书通过回归分析与交互效应发现博彩者的购彩意愿是购彩行为产生的内在根源,提升购彩意愿是促进博彩者参与购彩的重要动力,因此,遵循"博彩依赖、体验价值与购彩意愿"的转型逻辑,以实现博彩者的消费心理与消费行为有效互动。基于此,本书提出后续的研究展望,主要从微观消费视域下的博彩者的消费心理与消费行为的互动格局切入,进行病态购彩的心理行为与病态购彩的阻滞策略的研究,为竞猜型体育彩票可持续性发展提供实践基础。

第二节　感知信赖模型:竞猜型体育彩票再购意愿的质性挖掘

竞猜型体育彩票研究是近年来研究热点,也是体育产业发展的关键链条。本书运用扎根理论研究方法,探析竞猜型体育彩票再购意愿影响因素。以面对面访谈得来的原始资料进行提炼归纳,研究在理论抽样的典型案例环节中,提炼出信赖关系、感知刺激、社交需求、购买体验和心理动因5个主范畴,并在此基础上建立了竞猜型体育彩票再购意愿的理论模型即消费感知信赖模型。研究结果也进一步验证了模型构建的关系,为体育彩票消费行为理论提供更新的理论与研究观点。

一、引言

2014年10月国务院颁布了《关于加快发展体育产业促进体育消费的若干意见》(国发〔2014〕46号文件),文件明确提出要加大投入力度并安排一定比例体育彩票公益金等财政资金,通过政府购买服务等多种方式,积极支持体育事业、产业的发展。同时,强调完善健身消费政策,引导经营主体提供公益性群众体育健身服务,这是体育彩票消费新增长的重要机遇,同时,也是体育彩票产业的新发展、新促进[1]。2016年国家体育总局发布了《体育发展"十三五"规划》,提出坚持国家彩票的方向,牢牢把握安全运营的生命线,强调加快建立健全与体育彩票管理相匹配的运营机制,加强公益金的使用管理绩效评价,不断提升体育彩票的社会形象[2]。规划强调体育彩票在体育产业中的地位日渐凸显,重视体育彩票发展,是拉动体育消费的重要举措。当前,随着《体育发展"十三五"规划》《体育产业发展"十三五"规划》《体育彩票发展"十三五"规划》等几项重要规划的相继颁布,提出市场需求的回应,也

---

[1] 中华人民共和国中央人民政府.国务院出台"国务院关于加快发展体育产业促进体育消费的若干意见"[EB/OL]. http://www.gov.cn/zhengce/content/2014-10/20/content_9152.html.

[2] 中华人民共和国国务院发布的关于"体育彩票发展'十三五'规划"[EB/OL]. (2016-05-05). http://www.sport.gov.cn/n315/n330/c723032/content.html.

符合竞猜型体育彩票产品自身的发展趋势。同时，加强品牌体系建设，提升责任彩票形象，为体育彩票未来发展提供了新的契机。基于此，体育彩票受到良好客观条件的影响，国内的竞猜型体育彩票也迎来了春天，为进一步促进体育彩票消费增长注入了新的动力[1]。2017年全国体育彩票工作会议于北京召开，强调要积极落实国家发展战略布局和理念要求，主动适应经济社会发展新常态，强化国家公益彩票的基本属性，以"创新、协调、责任"三大发展理念引领体育彩票新发展，这为带动竞猜型体育彩票发展提供了强大支撑[2]。目前，我国竞猜型体育彩票发展起步较晚，但由于竞彩具有独特的魅力深受广大球迷青睐，从近几年的彩票销售额来看，销售份额逐年增加，其中，2011年我国体育彩票销量突破937亿元，而2012年后，我国体育彩票的销量和市场份额出现负增长态势，2014年全国体育彩票销售规模达3823.78亿元，2016年全年销售额为1664亿元，2017年全年销售1881亿元，较上年增长13%，市场份额提升到48%，综合当前问题与趋势，体育彩票可谓是在曲折中艰难发展，营销问题亦是频现。

竞猜型彩票是最具备体育内涵的体育彩票[3]，与其他体育彩票相比，其独特之处是将彩票与赛事相结合，兼具趣味性、竞争性、刺激性等特点，也是彩票消费者通过"球迷情感、竞猜体验、竞猜交流"等认知过程融入购彩的具体表现。而目前，竞猜型彩票消费者购彩感知行为理论的构建尚处于探索性阶段[4]，且运用扎根理论研究彩票消费者购彩感知行为理论基础较为薄弱，而扎根理论是一种建构理论，强调从资料中提升理论，是一个从事实到实质理论不断演进的过程[5]。基于此，本书基于扎根理论研究方法以竞猜型体育彩票对消费者再购意愿的影响视角进行研究，运用半结构式访谈方式获取影响消费者再购意愿的相关原始资料，通过提炼过程发现影响消费者再购意愿的相关概念化、范畴、主范畴、核心范畴，形成扎根理论的"开放性译码—主轴译码—选择性译码"的系统研究流程，旨在挖掘影响彩票消费者再购意愿的心理价值、感知价值及消费行为等核心因素，为竞猜型体育彩票的消费及体育彩票营销路径提供相应的理论与实践意义。

二、相关理论回顾与评述

本书的主题源于竞猜型体育彩票消费行为纵向研究课题。此纵向研究开展之初，

---

[1] 国家体育总局. 体育彩票发展"十三五"规划[EB/OL]. http://www.cqlottery.gov.cn/html/2016-08/16/content_38125413.html.
[2] 国家体育总局. 2017年全国体育彩票工作会议[EB/OL]. http://www.sport.gov.cn/n316/n337/c588696/content.html.
[3] 李海. 新编体育博彩概论[M]. 上海：复旦大学出版社，2013.
[4] 王斌，郭冬冬，刘炼，等. 基于扎根理论的竞猜型彩民购彩感知价值概念模型研究[J]. 天津体育学院学报，2015，30(4)：292-297.
[5] 陈向明. 扎根理论的思路和方法[J]. 教育研究与经验，1999(4):58-63.

首先探讨消费者购买竞猜型体育彩票的影响因素，以方法目的链为研究工具对竞猜型体育彩票购买决策因素进行分析，发现竞猜型体育彩票的产品价值链与购彩路径。初探的研究从方法和工具角度上进行了创新，构建了购买竞猜型体育彩票定义量表及路径结构图。其次，研究发展至实证分析后，主要验证了方法目的链为研究工具角度下结构模型影响路径效果，研究结果验证了三个结构方程模型，发现量化研究结果与质性研究结果的差异，同时也验证了在量化条件下竞猜型体育彩票消费决策的结构路径。前述研究为本书提供了重要的理论价值和学术参考，进而通过文献梳理，研究认为在消费决策理论微观视角下，本书亦可进行深度的纵向分析。借由消费决策购后行为理论深入探讨竞猜型体育彩票消费者的再购意愿，发现消费者购买竞猜型体育彩票的核心因素，从而形成竞猜型体育彩票消费行为研究的新视角。

体育彩票营销环节的相关研究主要集中在三个方面，宏观层面的研究主要讨论体育彩票销售综合指数模型的构建与评价、决定因素与趋势发展及彩票博弈理论的研究视角；中观层面探讨了销量影响因素、彩票发展机制、彩票投资性的营销措施等内容；微观层面主要探讨了彩票消费者心理行为、购买决策行为、体育彩票顾客消费的价值以及博彩心理特征认知等几项内容。综合前述研究可知，在不同研究视角和不同研究方法中，体育彩票营销环节与消费环节的实质重要内容是消费者"购买彩票数量"以及"购买彩票方式"。马西森和格罗特（Matheson and Grote）认为购买彩票数量的多少与消费者本身具有关联，而随着消费者的收入与消费者的人口特征结构差异也会导致彩票购买的数量增加或减少[1]。李海认为体育彩票销售网点布局会影响消费人群的选择，而且商业越发达，区域彩民购彩的行为也就越明显[2]。李刚认为购买彩票的数量或者方式取决于彩民的心理特征，彩民的心理健康程度是影响彩票购买的主要影响因素[3]。彭道海在关系营销有关顾客关系类型研究中发现决定消费者（彩民）购买数量多少与顾客忠诚度是彩票消费者的关键环节[4]。王斌认为体育彩票消费中，消费者的认知偏差会决定消费者的购买行为，同时会对彩票营销环节产生影响[5]。上述微观研究都证实了消费者购买体育彩票的消费行为，并且发现了彩票消费者心理特征因素、区域营销因素、关系营销特征及消费者感知等影响因素。由此看来，彩票消费行为会决定彩票营销策略的选择，同时也是销售量变化的主要原因。进而本书运用扎根理论研究

---

[1] Grote,Matheson.The impact of state lotteries and casinos on state bankruptcy filings[J]. Victor A. Growth & Change Mar, 2014, 45 (1):121-135.
[2] 李海,吴殷,马辉.上海市体育彩票销售网络最优规划研究[J].体育科学,2008(11):47-53.
[3] 李刚.数字型彩票购买者心理健康程度在国际和中国省际比较及其影响因素的定量研究[J]. 体育科学,2009,29(10):9-16,60.
[4] 彭道海.体育彩票业关系营销中顾客关系的层次及顾客价值的测度[J].北京体育大学学报,2012,35(5):8-11.
[5] 王斌,郭冬冬,刘炼,等.基于扎根理论的竞猜型彩民购彩感知价值概念模型研究[J].天津体育学院学报, 2015, 30(4):292-297.

法并讨论竞猜型体育彩票再购意愿的核心价值，借此来发现消费者持续涉入彩票的心理与感知价值过程。

扎根理论研究是受到符号互动理论和定量分析发展而来的，是当前质性研究的重要组成内容，由格拉塞和斯特劳斯（Glaser and Strauss）在1967年创立，研究方法主要根植于资料，研究者在研究开始之初，是要依据资料到形成理论的过程研究，陈向明认为扎根理论是一种研究路径，是系统资料的整理与分析，实现检验理论的过程[①]。目前扎根理论的研究主要集中在"教育学、管理学、微观经济学"领域。而在体育学的相关研究主要集中在"体育政策、体育教育教学、运动训练、体育营销"领域，目前体育彩票质性研究讨论主要是"消费感知价值、消费行为决策与消费模型"的研究[②]。因此，从研究领域和研究方向上来看，体育彩票的相关研究仍属缺失，本书又在纵向研究思路下开展具体讨论，目的和立意明确。对完善扎根理论研究、丰富体育彩票消费行为理论具有重要价值。借此，本书旨在从竞猜型体育彩票消费者的访谈资料中发现消费环节的"范畴"至"核心范畴"过程，探析竞猜型体育彩票消费的再购意愿核心因素，并形成新的研究理论。

三、研究设计

（一）研究方法

鉴于目前体育彩票消费者再购意愿的相关理论缺乏，对现实中竞猜型体育彩票消费者再购意愿不能给出有效解释，因此，本书运用扎根理论方法进行归纳式分析。扎根理论是一种质性研究，强调从资料中提升理论，通过资料的深入分析，不断地进行浓缩，逐步形成理论框架。扎根理论研究目的在于从理论层面上描述现象的本质和意义，从而建立一个适合于资料的理论。与量化实证研究不同的是，研究者在进入田野调查之前并不提出理论假设，而是直接从调查资料中进行经验概括，提炼出反映社会现象的概念，进而构建范畴以及范畴之间的关联，最终上升为理论[③]。通过开放性编码、主轴编码和选择性译码三个步骤对收集来的资料进行分析，逐级凝练概念和范畴，辨别范畴间的因果联系，最终以核心范畴和故事线来连接各范畴以构建理论[④]。这种自下而上的扎根研究范式非常适合本书研究的需要。本书正是透过扎根理论对收集来的资料逐级提炼来发现竞猜型体育彩票消费者再购意愿的理论模型。

---

① 陈向明.扎根理论的思路和方法[J].教育研究与经验,1999(4):58-63.
② 李凌,王俊人.消费者购买竞猜型体育彩票之影响因素初探[J].体育与科学,2015,36(2):11-18,25.
③ 王斌,郭冬冬,刘炼,等.基于扎根理论的竞猜型彩民购彩感知价值概念模型研究[J].天津体育学院学报,2015,30(4):292-297.
④ 李志刚.扎根理论方法在科学研究中的运用分析[J].东方论坛,2007(4):90-94.

（二）案例选取

质化研究的抽样不能像量化研究那样选取能代表人口并推论到人口母群体的样本，而是要以能深度、广泛和多层面反映研究现象的资料为样本[①]，据此，本书在案例选择上尤其注重案例样本提供资料内容的理论贡献性和信息丰富性。访问了10位重复购买竞猜型体育彩票的消费者，受访者基本信息见表6-8，选取的访谈对象具备一定的购彩经历，在访谈过程中语言表述能力较强，传达出较大的信息量。

表6-8 受访者基本信息

编号	性别	年龄	受教育程度	职业	购彩年限
1	男	49	本科	中学教师	9
2	男	46	本科	个体经营	11
3	男	31	硕士	企业经理	3
4	男	37	本科	自由职业	6
5	男	56	大专	工人	15
6	男	27	本科	通信客服	2
7	男	41	本科	企业职员	8
8	女	53	大专	个体经营	5
9	女	28	本科	网店经营	3
10	女	35	本科	小学教师	3

（三）资料收集

采用非正式访谈方式与竞猜型体育彩票消费者进行面对面交谈，收集第一手资料。受访者自由发挥，不受约束，访谈录音。每位访谈者的访谈时间约30分钟。为确保资料的信度，在访谈之后两天内将访谈录音整理成文字，以免间隔时间过久对访谈内容的理解出现偏差，最终形成逐字稿，约3万字。

（四）资料处理

借助Nvivo11.0软件深入分析资料，该软件是由QSR公司研发设计的一款计算机辅助质性研究分析软件，最大优势在于其强大的编码功能。通过创建项目，直接导入文本，创建节点。可以完成编码、查询、建立逻辑关系和建立概念图等工作，研究者可将更多的时间用在分析资料和发现信息上，能有效提高质性研究工作的效率。

[①] 周文辉.知识服务、价值共创与创新绩效——基于扎根理论的多案例研究[J].科学学研究,2015,33(4):567-573,626.

四、竞猜型体育彩票再购意愿数据分析

(一)开放性编码分析

开放性编码是扎根理论研究的一级编码过程,是资料分析的首要步骤,研究将对资料进行梳理,赋予概念化名词,再进行范畴化的组合过程,资料第一步的关键目的在于研究可以更好地发现概念的含义与类属关系,形成范畴化的属性和维度的内容[1]。资料分析初级阶段是将扎根理论的访谈资料进行整合分析,本书也依据纵向研究的前期基础进行了分析和整合,为本书提供理论基础。在逐步提炼环节,界定资料分析的过程中发现概念和属性维度,本书在提炼过程中保持范畴的一致化原则,同时还挖掘新的范畴词,以期为理论提供更多的线索[2]。研究在实施开放性编码过程中要不断对研究的访谈资料进行反馈,以发现访谈中是否存在范畴界定的不足。主要包括数据与研究的关系讨论、数据所属范畴类属、数据所属范畴的具体特征维度、形成使资料与分析持续互动的过程[3]。

本书运用手工编码、软件辅助的方式整理数据访谈资料,再对资料进行概念化分析,归纳出准确的概念形成范畴[4]。换言之,本书的开放性编码过程大致分为两个阶段,即首先将原始材料进行整理以逐句提炼出概念,其次对所得到的概念进行聚类以便在概念化的基础上继续提炼出范畴来统领这些概念[5]。值得注意的是,开放性编码过程中最后提炼出的范畴也是一种概念,只不过是比概念层次更加抽象、更加具有包容性。在实际编码过程中,经过仔细、反复的对比分析,最终提炼得到105个概念和30个范畴,为后续思考和深入分析奠定基础。其中105个概念包括与经营者交流密切、经营者服务态度好、彩票销售站氛围好、长期关注、购买习惯、时间精力的投入、热爱体育、彩票销售站正规等概念;30个范畴包含友好关系、情感涉入、品牌信任、热衷球队、关注赛事、支持球队、广告营销、搜寻信息、信息认同、他人中奖、内心期待、刺激购买、参照群体、行动效仿、行动趋同、寻求归属、信息分享、扩大社交、购买经历、侥幸心理、鼓励下注、购买便捷、下注简单、购买乐趣、自我实现、赛前分析、提高胜率、与他人幸福、获得财富、对比赔率。考虑到篇幅问题,只选取部分开放式编码提炼过程进行举例说明(表6-9)。

---

[1] 李志刚,许晨鹤,乐国林.基于扎根理论方法的孵化型裂变创业探索性研究——以海尔集团孵化雷神公司为例[J].管理学报,2016,13(7):972-979.
[2] 卡麦兹·K.建构扎根理论:质性研究实践指南[M].边国英,译.重庆:重庆大学出版社,2009.
[3] 费小冬.扎根理论研究方法论:要素、研究程序和评判标准[J].公共行政评论,2008(3):23-43.
[4] Service R W .Review of Basics of qualitative research: Techniques and procedures for developing grounded theory (3rd ed.)[J].Organizational Research Methods, 2009, 12(3):614-617.
[5] 陈向明.质的研究方法与社会科学研究[M].北京:教育科学出版社,2000.

表6-9 竞猜型体育彩票消费决策开放性编码概念化分析

开放性编码原始资料	概念化	范畴
我经常看比赛,基本每场比赛都看,经过长期的观赛就有了比较喜欢的球队。	A1喜爱球队	A热衷球队
球队表现优异,他们的精神吸引了我。	A2球队魅力	
受周边朋友中奖消息的影响,自己想哪天我也能像他们一样中大奖,哈哈。	B1中奖欲望增强	B他人中奖
经常会有朋友跟我说他们中奖的消息,我当时听了也很激动,也会为他们感到开心。	B2喜悦传递	
买彩票时能够跟许多购买彩票的朋友谈谈各自喜爱的球队,交流交流买彩票的经验,可以增加生活情趣和朋友间的友谊。	C1增进友谊	C扩大社交
和彩票销售站的一些彩民有共同的话题、爱好,能聊到一块去,聊起天来很轻松、有默契,人和人之间也从陌生到熟悉。	C2加强交流	
彩票销售站就在家门口,吃完饭溜达着就到了,顺便就买两注,很方便。	D1购买距离近	D购买便捷
我有稳定的收入来源,自己想买就能买,买彩票对我的生活没有什么影响。	D2可支配收入充裕	
我们每次购买之前都会考虑赔率的问题,也会讨论一下是否会有中奖的机会,就是三五个朋友商量一下再买。	E1计算赔率	E提高胜率
经常关注体育新闻报道,了解有关自己喜欢球队的消息,时刻关注球队、球员动态,我很熟悉我买的这支球队的情况。	E2关注球队报道	
在买彩票前,我会根据赔率和我对球队的了解来分配下注金额,为了能有更大的中奖概率。	E3分配下注金额	

如内容:"我们每次购买之前都会考虑赔率的问题,也会讨论一下是否会有中奖的机会,就是三五个朋友商量一下再买。"通过开放性编码原始资料呈现的具体内容中,从概念化的角度具体体现概念的内涵,提炼出"E1计算赔率"这一概念;"经常关注体育新闻报道,了解有关自己喜欢球队的消息,时刻关注球队、球员动态,我很熟悉我买的这支球队的情况。"通过开放性编码原始资料呈现的具体内容,从概念化的角度具体体现概念的内涵,提炼出"E2关注球队报道"这一概念。"在买彩票前,我会根据赔率和我对球队的了解来分配下注金额,为了能有更大的中奖概率。"通过开放性编码原始资料呈现的具体内容中,从概念化的角度具体体现概念的内涵,提炼出"E3分配下注金额"这一概念。这些概念从一定程度上直接能够反映如何影响竞猜型体育彩票消费者再购意愿;再通过聚类过程,将E1、E2、E3再次精练、理解,得到范畴"E提高胜率"。就"计算赔率""关注球队报道"与"分配下注金额"这3个范畴而言,使得原本要分析和研究庞杂原始资料,而现在却简化为考察这3个范畴间的各种关系和联结。从105个概念的概念化过程得出概念的实质内涵,这一过程是最基础也是最重要的阶段,同时是范畴化的必由之路。

（二）主轴译码分析

主轴译码是扎根理论的第二个过程，是资料分析由范畴到主范畴的过程，此阶段按照故事线的流程进行推论，本书采用简要典型过程，按照"因果条件—行动/互动策略—结果"的推论过程。发现范畴之间联系，并形成主范畴的具体内容。本书在进行主轴译码时，依据范畴类属之间的因果关系、情景关系、相似关系、类型关系和结构关系等，经过对30个范畴的反复分析，最终归纳提炼出了信赖关系、感知刺激、社交需求、购买体验和心理动因这5个主范畴（表6-10）。

表6-10 竞猜型体育彩票消费决策主轴译码过程及其结果

支持范畴			主范畴
因果条件	行动/互动策略	结果	
友好关系	情感涉入	品牌信任	信赖关系
热衷球队	关注赛事	支持球队	
广告营销	搜寻信息	信息认同	感知刺激
他人中奖	内心期待	刺激购买	
参照群体	行为效仿	行动趋同	社交需求
寻求归属	信息分享	扩大社交	
购买经历	侥幸心理	鼓励下注	购买体验
购买便捷	下注简单	购买乐趣	
自我实现	赛前分析	提高胜率	心理动因
与他人幸福	获得财富	对比赔率	

本书在上述范畴和简要典型的故事线中，通过对30个范畴进行故事线的提炼循环过程，最终确定了5个主范畴本质内涵的诠释，从而揭示其提炼过程。

1. 信赖关系

彩票销售站优质的环境以及服务态度会提升消费者的满意度，随着满意度的上升，消费者能与彩票销售站建立起良好的消费关系，最终对彩票销售站形成信任。人们在购买竞猜型体育彩票时，会更倾向于购买自己信任和热衷的球队。彩票的购买也会促使消费者更加关注该赛事，从而使消费者更加支持自己热衷的球队，建立起信赖关系。

2. 感知刺激

他人购买竞猜型体育彩票的中奖情况以及竞猜型体育彩票相关的一些信息通过广告宣传的媒介营销手段，会给消费者带来感官上的刺激，形成自我期待中奖的心理，从而促使消费者搜寻与购买彩票相关的信息，对相关信息认同后，最终实现消费决策，完成购买环节。

3. 社交需求

消费者在购买商品时会出现"跟从现象"，家人或者好友的推荐往往能促使消费者消费，也就是消费者的口碑效应。除此之外，消费者的每一次消费都离不开消费互动，这些良好的交流互动能有效地促进产品的消费。彩票消费者在实施购买竞猜型体育彩票后，会集聚形成一个消费群体，在这一群体中，人们通过分享信息以及参照他人的购买彩票情况进行再次购买，目标最终可使消费群体逐渐扩大。

4. 购买体验

消费者的购买经历影响着消费者的再购行为，无论彩票的中奖程度，其彩票消费者都会期待能够中奖，同时也会抱着幸运降临的侥幸心理促使其"再次下注"。便捷的购买途径以及购买方式都会提升消费者的购买意愿，另外，彩票销售站地理位置便利，更有助于散布于社区、街道等区位因素，可以更好地实现下注通道畅通简单，赛事进行中也可下注，强化购彩者购买流程便捷的体验。

5. 心理动因

随着消费水平的提高，人们对各个方面的需求也在逐步提高。从马斯洛需求层次理论来看，人们已经不再满足于低层次的需求。彩票消费者在购买彩票时，希望能够通过中奖获得奖金来提升家庭的幸福感，从而实现自我实现。基于这些原因，消费者为了中奖，在购买竞猜型体育彩票之前会对赛事进行分析，研究结果同前述研究的结果相吻合，在中奖之后会促使其更加深入地分析胜率和赔率，形成再次购买行为[①]。

（三）选择性译码分析

选择性译码就是在开放性编码、主轴编码的基础上，通过对案例资料、概念、范畴尤其是主范畴的不断比较分析来挖掘出最终的核心范畴，研究发现可以用"消费感知信赖"这个核心范畴来统领所有的案例资料，选择性译码的过程如图6-3。

核心范畴"消费感知信赖"是消费行为学研究中很重要的一个环节，它是继消费感知、感知价值、感知行为之后又一消费行为因素，本书是总体讨论竞猜型体育彩票消费再购意愿的研究，应用扎根理论也可以通过质性过程资料发现再购意愿的核心影响因素，本书研究过程中经过了理论未饱和又再次丰富资料到实现理论饱和的过程，在推论核心范畴消费感知信赖的过程中经过了专家访谈、研究者思辨及资料的重复查阅，最终研究形成了"消费感知信赖"核心范畴。消费感知信赖是消费者通过感知刺激、信赖关系、心理动因等因素所形成的再购意愿核心因素，其中，感知刺激是形成消费者刺激购买与营销导向的关键因素，是反映消费者再次购买的关键环节；信赖关

---

① 李志刚,许晨鹤,乐国林.基于扎根理论方法的孵化型裂变创业探索性研究——以海尔集团孵化雷神公司为例[J].管理学报,2016,13(7):972-979.

系是竞猜型体育彩票购买的特征,可以更好地反映消费者为何要进行竞猜型体育彩票的购买。消费感知信赖是发现感知刺激、社交需求、购买体验、信赖关系、心理动因的主范畴故事线的结点。同时,消费感知信赖是本书推论而出的消费者内心价值,是消费购买行为的组成理论,这对研究竞猜型体育彩票的再购意愿及营销策略具有实际价值。借由研究结果的推论,消费感知信赖不仅完善了消费行为学理论,也填补了再购意愿的影响因素变量,构成竞猜型体育彩票再购意愿的核心因素。

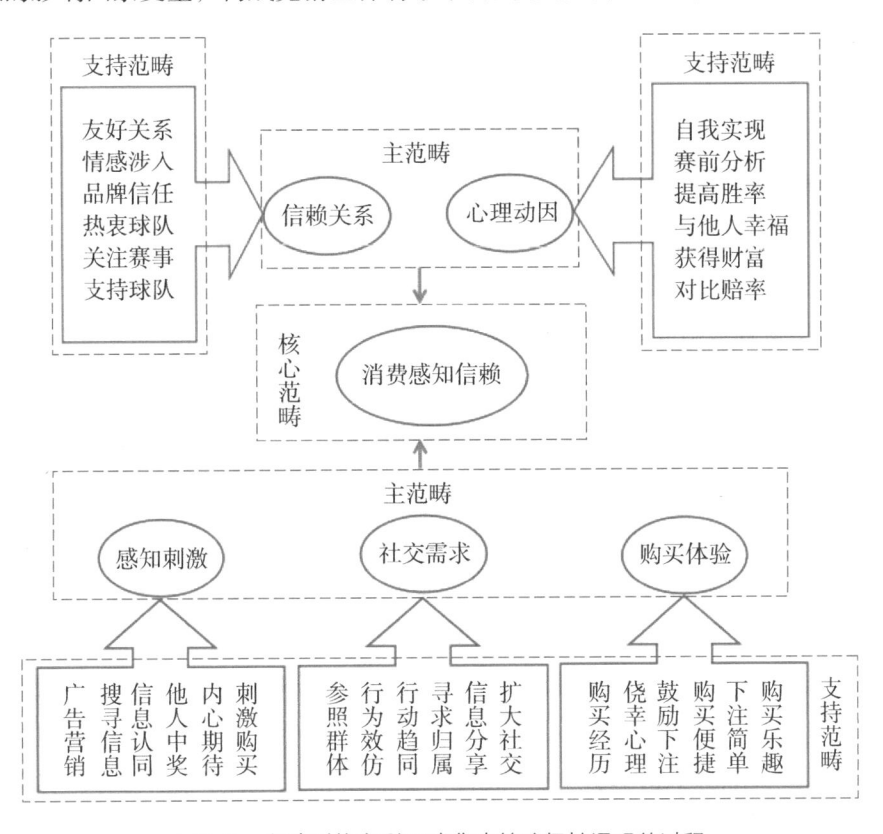

图6-3 竞猜型体育彩票消费决策选择性译码的过程

五、消费感知信赖理论模型及其主要特征

(一)理论模型构建

通过对信赖关系、感知刺激、社交需求、购买体验和心理动因5个主范畴的进一步分析,在厘清这些主范畴之间逻辑关系的基础上,本书构建了理论模型(图6-4)。由图6-4可知,感知刺激在消费感知信赖过程中发挥着重要的推动作用,这种作用主要体现在它对消费者在接受刺激后的心理、社会需求以及产生购买行为后的体验;要产生购买行为还需要消费者内心希望提高胜率、获得财富等心理动因;需要消费者因为效仿参照群体等因素产生购买行为;在有过购买体验后消费者体会到了购买乐趣等因素,进而对竞猜型体育彩票形成了一个信赖关系,实现再次购彩。

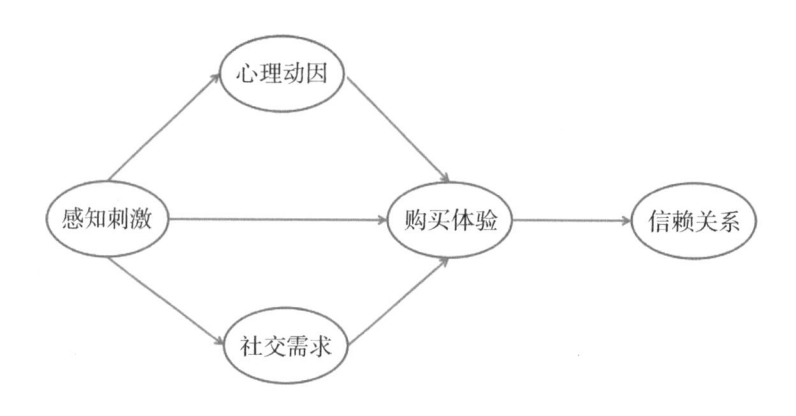

图6-4 消费感知信赖的理论模型

(二) 模型特征的识别比较

与消费者购买竞猜型体育彩票路径影响因素价值链分析、路径分析的结果进行对比，消费感知信赖是对其两种结果的整合，是统领影响因素的核心观点，这有效促进竞猜型体彩消费者营销方案和战略措施。

1. 消费感知信赖模型与知觉价值图比较

在消费者购买竞猜型体育彩票影响因素研究环节中，运用"方法目的链"工具提出了竞猜型体育彩票消费者知觉价值图，并找到核心路径是赛前分析属性反映乐趣、正确下注、社交、支持球队的结果到刺激价值的感知；关键路径是赔率属性反映财富、正确下注的结果到与他人幸福价值的感知，也就是研究中推论主范畴（社交需求）；次之路径是赛前分析属性反映财富的结果到生活中的乐趣感知，研究中推论主范畴（购买体验）[1]。借此研究发现前述研究证明了感知刺激、社交需求、购买体验的主范畴观点，都属于本书推论模型的一个隶属部分，另外，从研究理论模型上发现，感知刺激属于"消费感知信赖"理论的首要关键环节，但是并非消费者购买竞猜型体育彩票的最终决策环节。

2. 消费感知信赖模型与路径验证结果比较

在消费购买竞猜型体育彩票偏好路径实证研究环节中，运用"结构方程模型（SEM）"进行路径验证，并找到核心路径是赔率属性反映正确下注的结果到刺激价值的感知；次之关键路径最终价值是"成就感"，也就是文中呈现的"心理动因"主范畴。同上述分析来看，证明了模型的4个主范畴[2]，本书最终推论为5个主范畴并构成理论模型。借此本书认为"消费感知信赖"模型可以作为消费者购买竞猜型体育彩票消费决策的核心范畴并继续探索。

---

[1] 李凌,张瑞林,王俊人,等.消费者购买竞猜型体彩偏好路径的实证分析[J].体育与科学,2016,37(2):89-99.
[2] 李凌,王俊人.消费者购买竞猜型体育彩票之影响因素初探[J].体育与科学,2015,36(2):11-18,25.

第三节　体育彩票消费者购买意愿的提升策略

本书运用扎根理论方法对竞猜型体育彩票再购意愿进行探析,力求从资料中归纳总结出对竞猜型体育彩票再购意愿适用的理论,针对消费者购买竞猜型体育彩票这一社会现象系统地收集和分析原始资料,从原始资料中发现、发展和检验这一理论,从而能够更加细致、准确地反映消费者在重复购买竞猜型体育彩票时所产生的心理价值与诉求,为竞猜型体育彩票的营销在理论意义上提供一定的借鉴依据。通过对收集到的原始资料进行逐句逐行分析以及开放性编码,初步归纳提炼出与经营者交流密切、经营者服务态度好、彩票销售站氛围好、长期关注、购买习惯、时间精力的投入、热爱体育、彩票销售站正规等105个概念和友好关系、情感涉入、品牌信任等30个范畴。基于目前我国竞猜型体育彩票的研究方法与研究理论,本书以纵向分析的研究思路,深入探讨竞猜型体育彩票消费者的再购意愿,从而形成竞猜型体育彩票消费行为研究的新视角,从而探讨到底是什么原因或者什么样的动机促使消费者再次购买竞猜型体育彩票。根据众多的概念、范畴,提炼出信赖关系、感知刺激、社交需求、购买体验和心理动因5个主范畴,构建出涵括以上5个要素的消费感知信赖理论模型,该模型在一定程度上体现了竞猜型体育彩票再购意愿的生成机理。

当然,本书是探索性研究,是为发现竞猜型体育彩票再购意愿核心因素,虽然已经通过多篇文章证明了相关理论的关键要素,但本书期望后续研究发现更多要素及构建比目前更加完善的模型,还有待通过其他研究方法进行不断修订和完善。后续研究可以通过运用其他质化或量化研究方法,进行竞猜型体育彩票的纵深研究,从而不断推动竞猜型体育彩票的研究进展。

第七章
体育彩票公信力提升研究

体育彩票公信力是体育彩票发行、销售及产业运营过程中所具备的且能被消费者所认同和信任的影响能力，同时也是政府在体育彩票政策、法规、制度运行过程中的价值体现，反映的是社会对其运作与管理规范程度的评价[1][2][3]。彩票公信力基于公众对体育彩票制度、法规及政府管理的信任，是我国体育彩票发展的生命，公信力受损将严重破坏体育彩票产业的稳定发展。然而，由于延时开奖、兑奖不透明、公益金使用不当等久为社会所诟病的问题未能得到根本消除，导致我国体育彩票深陷信任危机。体育彩票信任危机源于体育彩票消费者对透明化、公开化等问题的疑虑及对体育彩票销售、延迟开奖、大奖领取等环节的错位认知。2019年2月，财政部与国家体育总局联合颁布关于调整高频快开及竞猜彩票游戏规则相关政策，成为探索体育彩票发展放缓的重要供给端归因。研究在追溯消费者行为与口碑关系时发现，体育彩票网络舆情状态折射出的体育彩票公信力受损与下降也是当前体育彩票产业发展势头减弱的重要微观因素。细数"西安体彩宝马案""吉林全国私彩第一案"等相关事件，彩票负面新闻多次将体育彩票推入信任危机与负向舆情导向中，致使我国体育彩票公信力建设与体育彩票公益形象塑造严重受损。因此，如何提升与重塑体育彩票公信力和公信形象，消除其信任危机，成为推进我国体育彩票高质量发展过程中亟待解决的重要问题。

目前学界对体育彩票公信力与其内容建设之间的关系众说纷纭[4]。如部分研究从体育彩票公信力的影响因素角度切入，挖掘出体育彩票公信力补救机制，并建议完善体育彩票诚信监督体系[5]。然而，在互联网和自媒体时代，网络舆情的飞速传播折射出体育彩票公信力的发展样态，也给体育彩票公信力的提升带来诸多挑战，即说明体育彩票公信力修复和提升研究比前述影响机理研究更为紧迫。一方面，体育彩票公信力反

---

[1] 吴林隐，王斌，江立华. 影响我国竞猜型体育彩票开设的初始机制———个"理想类型"的提炼与分析 [J]. 武汉体育学院学报，2017，51（8）：42-49.
[2] 牛进平. 我国体育彩票社会公信力研究 [J]. 西安体育学院学报，2012，29（2）：150-152,172.
[3] 袁文芝. 黑龙江省体育彩票公信力现状及对策研究 [D]. 哈尔滨：哈尔滨工业大学，2015.
[4] 赵方晔，薛孝恩. 对我国发行中超竞猜体育彩票的可行性研究 [J]. 体育研究与教育，2013，28(3)：25-29,58.
[5] 王长斌. 美国构建彩票公信力的措施及其借鉴 [J]. 政法论丛，2014（4）：82-88.

映了体育彩票兑现民众利益的能力及社会对体育彩票的信任程度,也是体育彩票在发行销售、法规制度运行中的价值体现[①]。另一方面,体育彩票公信力修复不仅关系到我国公益事业和体育事业的发展前景,也关乎我国社会诚信体系的建设。实践证明,提升体育彩票公信力有助于增强消费者的体育彩票购买动机,提高彩票消费者的购彩意愿,推动体育彩票可持续发展。

基于此,本书首先借助Python网络工具获取微博平台上相关体育彩票公信力热点事件的网络评论文本,并采用文本情感分析方法剖析体育彩票公信力的消极舆情导向,以反映当前消费者消极情感中所折射出的体育彩票公信力下降事实。其次,公信力建设需要多元主体的广泛参与[②],故体育彩票公信力的修复与提升离不开政府、体育彩票管理中心、消费者等利益主体的协同发力,在此基础上,借助演化博弈相关方法,构建三方博弈模型,并给予仿真验证,以挖掘助力体育彩票公信力建设与提升的最优策略。最后,综合博弈模型反馈结果,提出体育彩票公信力提升的现实策略,旨在为我国体育彩票公信力建设与公信形象塑造提供可参考的依据。

第一节 现实发展:体育彩票评论的文本分析

伴随体育彩票产业的快速发展进程,体育彩票公信力是否有所下降,又何以体现等问题逐渐凸显,具备极强的研究价值。何以发现体育彩票公信力下降的现实状况可从多角度多方面入手。梳理相关文献,发现体育彩票消费者本身的参与、反馈等更加微观的要素是反映体育彩票公信力现实情况的重要依据。在此过程中,体育彩票消费者的反馈与口碑是有效反馈体育彩票消费者是否愿意进行体育彩票消费及再购的重要内容。消费者态度不仅影响消费者的行为与消费决策[③],同时也影响着体育彩票产业的可持续发展[④]。鉴于此,本书立足消费者层面,应用文本情感分析逻辑对消费者的情感态度、舆情案例进行方法论剖析,旨在运用实例反映出体育彩票公信力下降的现实状况,发现社会对体育彩票公信形象的认知评价。

---

① 王旭,李凌. 竞猜型体育彩票消费者认知对重购行为的实证研究——基于情感的中介效应 [J]. 山东体育学院学报,2021,37(1):29-37.
② 张勤,李静. 论互联网背景下的政府公信力建设 [J]. 中国行政管理,2015(8):19-22.
③ 张瑞林,李凌,贾文帅. 冰雪体育广告对消费行为的影响研究:基于态度的调节效应 [J]. 武汉体育学院学报,2020,54(5):12-19.
④ 李凌,张瑞林,张勇. 竞猜型体育彩票消费者购彩决策行为影响因素的新探索 [J]. 体育学研究,2021,35(1):68-77.

一、样本选取

文本情感分析法（又称意见挖掘）[①]，是指借助并利用自然语言处理技术、数据挖掘算法等技术手段对带有情感色彩的文本进行处理、分析、归纳、推理的系统性过程[②]，其是建立在案例分析法基础上的延伸应用方法。随着互联网等智能信息技术的普及，相关线上活动发展得以被有效带动，推动在线评论数量的增加，促使该方法得到学界的广泛认同与应用[③]。在线评论通常具有较强的情感色彩，通过对其情感特征分析有助于明晰社会对某一事件的看法，深入挖掘事件背后所折射出的现实问题。本书采用语义词典情感分析，即借助情感词典所提供"词"的情感倾向性，从而进行不同粒度下的文本情感分析[④]，对所收集到的评论文本展开更进一步的分析。

样本案例，尤其是网络样本案例，其选取目标是旨在获取具有高关注度，且符合研究主题等特征的相关案例，其能客观反映出某一话题或事件的整体发酵形态。本书选取案例是为了发现体育彩票公信力下降的客观事实，其选取的依据在于，其一，符合体育彩票这一研究对象；其二，具备时效意义上的发酵性；其三，样本数量有效且足以支撑起整体的分析过程。微博作为社会传播的重要平台及渠道，其具有快速性、发酵性等客观特点，通过对相关热点事件发声，据此清晰判断民众与社会对某一事件的基本看法。基于上述选取原则，本书为明晰目前社会对体育彩票公信形象的整体评价，在微博中检索与体育彩票相关的热点话题及事件，试图选取具有时效性、样本有效性及代表性的相关话题，以便更好服务研究主题。在实际的案例检索过程中发现诸多案例均能反映出体育彩票公信力下降的客观事实，但同时依据上述选取标准，研究选取的样本案例为正观视频官方微博转发的"彩票中奖发朋友圈炫耀奖金被冒领"这一事件，通过此案例可清晰发现体育彩票已成为社会相关热点话题。该话题由正观视频官微于2021年6月22日上午10时43分转发，截至6月23日7时35分，仅一天时间，该官方微博下共获取评论2089条，点赞数量高达5.5万次，评论人数众多，具备本书筛选网络数据的代表性，同时，通过此案例可发现公信力下降的基本事实及情况，因此，选取这一案例话题具备一定的研究意义及价值。

本书借助Python软件工具对该微博下的相关一级评论文本信息进行获取，具体时间为2021年7月10日8时，具体信息包括评论用户名、评论ID、评论时间、评论文本。由于微博评论权限受到客观编辑，无法获取到全部评论，共获取相关数据1065条，借

---

① Chen L, Guan Z, He J, et al. A survey on sentiment classification [J]. Journal of Computer Research and Development, 2017, 54（6）: 1150-1170.
② 赵妍妍, 秦兵, 刘挺. 文本情感分析 [J]. 软件学报, 2010, 21（8）: 1834-1848.
③ 李晨, 朱世伟, 魏墨济, 等. 基于词典与规则的新闻文本情感倾向性分析 [J]. 山东科学, 2017, 30(1): 115-121.
④ 王科, 夏睿. 情感词典自动构建方法综述 [J]. 自动化学报, 2016, 42（4）: 495-511.

助软件及人工相结合的方式对评论数据进行清洗，修改替换评论中的错别字、剔除评论中仅转发微博的相关评论，以及"@#【】//"特殊字符和标点符号。数据清洗结束后，共获取有效评论925条，占获取总评论的86.85%，有效评论数符合案例反馈样本的要求。从质性大数据的角度出发，该样本量符合实际情况，且数据来源稳定可靠。此外，研究分析有关彩票发展热点事件相关评论仅是为发现目前社会对体育彩票公信形象的整体评价，虽然部分评论未能严格区分体育彩票和福利彩票，但从研究的整体意义上而言，本次获取的评论所针对事件是体育彩票相关事件。从研究局限及研究伦理可控性的角度上来看，本书所获取到的评论符合研究对象的相关评论内容。据此，研究认为所获取的网民评论皆为对体育彩票形象的认知和评价。

二、文本情感词频分析

词频分析法是通过对反映文本核心内容的关键词出现频次进行统计及分析的统计方法[1]。案例评论的相关文本内容能将网民对某一热点事件的看法态度较为真实呈现。该方法通过对评论文本中出现次数较多的文本进行提炼归纳，能够实现数据的可理解性。本书使用词频分析有助于明晰当前民众对体育彩票产业发展本身的真实看法及认知。借助分词软件工具，对本书中的925条评论文本进行分析，共出现1796个实词词语，其可视化分布如图7-1所示。

图7-1 微博评论文本的高频词云

词云通过自动分析方法，借助概率统计和分析从而对评论文本中出现频率较高的词语在字体、大小、颜色等方面进行突出显示[2]。如图7-1所示，"冒领""内

---

[1] 张洁，王红. 基于词频分析和可视化共词网络图的国内外移动学习研究热点对比分析[J]. 现代远距离教育，2014（2）：76-83.

[2] 李栋，李爽，范宇鹏. 基于线上评论的区域消费环境放心度与空间特征研究[J]. 统计与信息论坛，2021，36（4）：118-128.

鬼""造假"等词语出现频率相对较高，表现出民众对彩票认知的负向情感。据此，更进一步归纳总结出微博评论文本出现频次较高的词语（表7-1）。

表7-1 微博评论文本词频前十矩阵表

词语	频次	词语	频次
彩票	277	内鬼	49
冒领	70	伪造	28
体彩	64	诈骗	25
中奖	64	造假	18
兑奖	59	傻子	16

如表7-1所示，在全部微博评论文本中，出现频次较多的是对彩票被冒领这一事件、彩票产业发展本身认知及彩票产业信任度等描述性词语。网友对当前体育彩票产业的发展并不看好，尤其是不利于体育彩票产业本身发展的相关热点事件更是加剧了民众对于体育彩票的不信任程度。与此同时，在本案例中造假、伪造、诈骗等词语多次出现在相关评论中，其折射出体育彩票的公信力问题已然呈现，其严重威胁体育彩票产业的进一步发展。在此基础上，为进一步明晰网民对体育彩票的态度看法，对该案例评论文本的词性展开后续系统分析。

三、案例话题的文本情感分析

文本情感分析借助相应软件工具，遵循一定算法规律，对文本本身所带有的情感特征进行分析，推进对文本本身所涵盖的情感特色得以正确有效地把握。本书使用Python的第三方库SnowNLP对该案例评论展开情感分析。调用SnowNLP中的sentiment语法，对文本情感进行评分，得到的情感分值取值在[0,1]之间，当其分值大于0.5时可判定其情感较为积极；当分值小于0.5时，则为消极情感。最终通过调用Matplotlib生成情感分值分布柱状图，从而实现情感分数的可视化，进一步明确社会对体育彩票被冒领事件、体育彩票现实发展的看法及态度（图7-2）。

如图7-2所示，柱状图形相对集中于整体图形的左边，即集中于具有消极特征的评论区域。在925条相关评论中，消极的评论数量远大于积极评论数量。彩民对于体育彩票被冒领这一事件的看法总体呈现出消极的负向情感特征。为进一步对消极情感进行分析，总结概括出具有代表性的消极情感微博文本见表7-2。

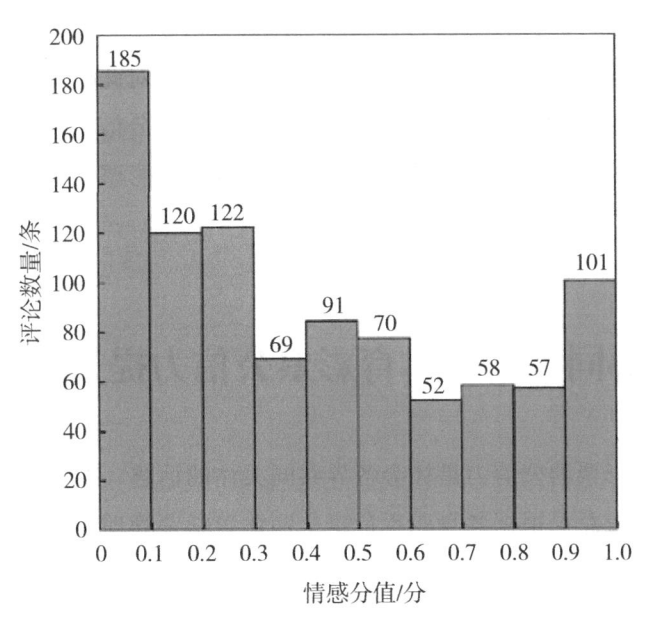

图7-2 情感分值分布柱状图

表7-2 代表性负向情感微博评论文本

情感分值	评论文本
0.00003	彩票太假，要实时开我就买。中间还统计半天，太假。
0.00021	以前的彩票编织一个不劳而获的故事骗一群想不劳而获的人，养活一群真正不劳而获的人。现在出升级版了，多了一句，却被不劳而获的冒领了。
0.00028	不会再上当了，全是内部操作
0.25217	体彩不安全，买彩票有码，知道码都可以领取。
0.03625	6000元都被冒领，我们的彩票太吝啬了，以前大奖不给就算了，现在这还作假。

如表7-2所示，在对具备消极情感的评论进行归纳概括的基础上，发现消极情感中突出折射出对体育彩票产业本身的信任问题。对体育彩票事业及其各环节间的信任力不高成为当前体育彩票产业发展亟须解决的重要问题。体育彩票公信力不高致使体育彩票消费者失去购彩信任，影响消费者的"感知信赖"，加大公共信任风险发生率。信任危机涟漪不断扩散，从而影响政府相关部门公共形象的塑造，各方陷入信任危机的恶性循环中，不利于体育彩票产业健康有序的消费决策环境构建。

综上所述，现阶段社会民众对体育彩票管理中心及相关政府部门的信任度不高已成为客观事实。对体育彩票管理中心的质疑主要集中于长期以来体育彩票管理中心对体育彩票运作、管理过程中相关信息、流程的不公开、不透明。对政府部门的信任问题则集中于政府监管力度与政府部门间利益交叉所产生的贪污腐败、"暗箱操作"、公益金使用去向不清晰等问题的诟病，从而导致社会民众对体育彩票本身的信任度不高，甚至完全不信任。因此，上述内容发现了体育彩票公信力存在下降的客观事实，为此，如何纾解公信力下降这一现实问题，研究认为需针对此挖掘出更有效的相关策略。鉴于此，发现引入博弈论相关理论及方法可有效提升公信力的最优策略，在此基础上，将多主体协同及博弈论的相关思路相结合探寻体育彩票公信力得以提升的策略最优解。

第二节　协同策略：体育彩票公信力提升的博弈模型

如何提升体育彩票的公信力是社会各界共同关注的话题。根据《彩票管理条例实施细则》，国家体育总局根据各身职责负责全国体育彩票管理工作，财政部门负责全国彩票的监督管理工作。针对体育彩票而言，其发行机构（体育彩票管理中心）按照统一发行、统一管理、统一标准的原则，负责全国体育彩票发行和组织销售工作。可见，体育彩票的运作管理过程需国家体育总局、财政部、体育彩票管理中心等相关政府部门的协同发力。同时，体育彩票作为一种特殊产品，需要消费者的大力支持与关注。可见，体育彩票的利益主体既包括国家体育总局等政府部门，同时也包括广大消费群体，说明在体育彩票公信力建设过程中，需要政府、体育彩票管理中心等多元主体的有效协同与互相补位。不同主体间由于利益状况的不同，致使其互动呈现出不同的竞合博弈状态。因此，为进一步明晰其博弈发展状态，研究立足于多主体行为视角，运用演化博弈方法对体育彩票公信力建设过程中体育彩票管理中心、相关监管部门及消费者等多主体行为进行博弈模型建构与仿真，在保障各主体最大化利益获取与协同发展的同时助力体育彩票公信力的建设与提升。

一、基本假设

公信力下降成为当前体育彩票可持续发展的羁绊。针对该问题，本书构建了关于多方主体参与建设体育彩票公信力的演化博弈模型，即各利益主体在遵循有限理性的条件下，研究各主体在互相制约情况下对提升体育彩票公信力的行为策略，本书提出以下假设：

策略假设1：选择政府部门、体育彩票管理中心和体育彩票消费者作为博弈主体，分别记为G、M、L。其中，研究所述的政府部门是指政府相关财政部门，不包括体育彩票管理中心，主要负责全国彩票的监督管理工作。而体育彩票管理中心则负责体育彩票的发行及组织销售等工作。政府部门对体育彩票的发行、开奖流程及相关信息发布等整个销售流程或环节进行监管，严格监管的概率为g；将监管不到位或不监管视为宽松监管，其概率为1-g。体育彩票公信力是指其运行的社会信誉度，但体育彩票深陷信任危机，同时消费者对体育彩票认知能力不足等原因均造成了消费者对体育彩票的感知信赖程度产生差异[①]，消费者对体育彩票的高信赖度概率为p；其对体育彩票的不信赖或信赖程度较低视为低信赖程度，其概率为1-p。此外，根据文本评论的相关内容，体育彩票公信力降低普遍表现为体育彩票管理中心对体育彩票开奖流程的透明度不足、奖金流向及公益金使用等财政信息不对称等形式，因此，研究将体育彩票管理中心的信息公共考虑为其主要的行为策略，设其进行信息透明公开的概率为m，则其信息公开透明度不足的概率为1-m。其中，g，p，m$\in$[0,1]。拓展至整个社会群体，每个概率可表示为该博弈主体占整个群体选择策略的比例。各利益主体均为风险中性，以追求自身最大利益为目标。

策略假设2：体育彩票管理中心面向。体育彩票管理中心将公益金使用情况、开奖颁奖流程及销售额的资金流向等信息进行公开会逐步塑造体育彩票公信形象并提升其销量，设其以透明公开方式管理的收益为W_1；体育彩票管理中心进行信息公开需依赖媒体及其他各种营销手段，需投入更多的人员与资金，设体育彩票管理中心进行完全信息公开的成本为S_1。体育彩票管理中心以低透明的方式进行体育彩票运作管理时，因节约人财物力成本而产生的各项收益为W_2，相比于透明度较高的体育彩票发行方式，低透明的信息公开产生的各类成本为S_2；但低透明的方式会给体育彩票管理中心带来诸如社会诟病问题，体育彩票消费者不信赖导致公信力下降进而使销量降低，设其损失为A_1。体育彩票管理中心的信息隐藏、不公开等低透明运作方式将受到政府部门的监管，在政府监管机制的运作下将会受到一定惩罚，设其受到的惩罚额为T_1；体育彩票管理中心以高透明的方式进行体育彩票的运作管理，会得到体育彩票消费者的高度信赖，其额外收益为S_3。

策略假设3：体育彩票消费者面向。消费者对体育彩票的信赖源于其自身通过外界获得的各种信息，整合辨别后形成对体育彩票的高信赖度，设其获取外界信息和辨别所消耗的时间精力等有形与无形成本为H。当消费者进行理性辨别时，其获取正确信息的概率将大幅提升，带来的收益为C_1；当消费者理性辨别后未能得到充足信息，体育彩票管理中心的信息公开为不透明，其带来的损失为C_2。

策略假设4：政府面向。在体育彩票发行与销售过程中，政府应对其销售流程、信息公布等环节进行监管。然而，目前监管力度不足、监管渠道不通等问题依然存在，严重阻滞了体育彩票监管机制的效用发挥。设政府通过善治等行政手段加强监督，形成严格监管局面时需承担的人力、财政等成本为G_1，由此带来的政府形象提升、

[①] 李凌，张瑞林，王立燕. 感知信赖模型:竞猜型体育彩票再购意愿的质性研究——基于扎根理论研究视角 [J]. 天津体育学院学报，2018，33（3）：204-209.

避免陷入"塔西佗陷阱"的正面效应即收益为E_1。相反，若政府部门采取较为宽松的监管机制，仍需支付一定的成本，记为G_2。在此情况下，其所节约的人力、财政等成本将流转为相应的成本收益记为E_2，但此时也将面临政府公信力下降导致的严重损失，记为F。

策略假设5：脱离体育彩票管理部门的第三方监管机构。内外部监督体系的设立有助于规范体育彩票产业发展过程的违法行为，提升体育彩票产业发展。引入以媒体、协会等构成的第三方监管机构对体育彩票违法行为进行惩罚约束，推进体育彩票产业的整个流程接受第三方机构监督，从而提升体育彩票产业的整体公信力。因此，设第三方监管机构积极发挥本身职能、进行监管的概率为β，在发现体育彩票管理中心存在信息公开不透明等问题时，通过体育彩票法规进行惩罚约束，其惩罚记为T_2。在第三方监管机构的约束下，体育彩票管理中心主体行为得到改善，从阳光开奖到信息发布，每一个流程、每一个环节均遵循"公开、公平、公正"的原则，为消费者和政府规避损失，由此给消费者和政府带来的正面效应分别为C_3和E_3。

经设立策略选择中的五个面向假设，构建提升体育彩票公信力的演化博弈支付矩阵（表7-3）。

表7-3 体育彩票重塑公信力的演化博弈支付矩阵

策略选择		政府G			
		严格监管g		宽松监管1-g	
		消费者高信赖度p	消费者低信赖度1-p	消费者高信赖度p	消费者低信赖度1-p
彩票管理中心M	透明m	$W_1-S_1+S_3$ E_1-G_1 C_1-H	W_1-S_1 E_1-G_1 0	$W_1-S_1+S_3$ E_2-G_2-F C_1-H	W_1-S_1 E_2-G_2-F 0
	不透明1-m	$W_2-S_2-A_1-T_1-\beta T_2$ $E_1+\beta E_3-G_1$ βC_3-H-C_2	$W_1-S_1-T_1-\beta T_2$ $E_1+\beta E_3-G_1$ βC_3-C_2	$W_2-S_2-A_1-\beta T_2$ $E_2+\beta E_3-G_2-F$ βC_3-H-C_2	$W_2-S_2-\beta T_2$ $E_2+\beta E_3-G_2-F$ βC_3-C_2

二、演化稳定策略分析

（一）体育彩票管理中心稳定策略分析

根据支付矩阵可知体育彩票管理中心进行信息透明公开的期望收益为Fe_1，进行信息公开不透明的期望收益为Fe_2，其平均期望收益为$\overline{Fe_1}$，则有：

$$Fe_1=pg(W_1-S_1+S_3)+g(1-p)(W_1-S_1)+p(1-g)(W_1-S_1+S_3)+(1-p)(1-g)(W_1-S_1) \tag{7-1}$$

$$Fe_2=pg(W_2-S_2-A_1-T_1-\beta T_2)+g(1-p)(W_2-S_2-T_1-\beta T_2)+p(1-g)(W_2-S_2-A_1-\beta T_2)+$$
$$(1-p)(1-g)(W_2-S_2-\beta T_2) \tag{7-2}$$

根据式7-1和式7-2可知，体育彩票管理中心的平均期望收益为：

$$\overline{Fe_1}=mFe_1+(1-m)Fe_2 \tag{7-3}$$

通过上面的分析，可以得到体育彩票管理中心的复制动态方程为：

$$F(m)=\frac{dm}{dt}=m(Fe_1-\overline{Fe_1})=m(1-m)(pS_3+W_1-W_2+\beta T_2+pA_1) \tag{7-4}$$

（二）政府稳定策略分析

根据支付矩阵可知政府进行严格监管的期望收益为Fe_3，进行宽松监管的期望收益为Fe_4，其平均期望收益为$\overline{Fe_2}$，则有：

$$Fe_3=mp(E_1-G_1)+m(1-p)(E_1-G_1)+p(1-m)(E_1+\beta E_3-G_1)+(1-p)(1-m)(E_1+\beta E_3-G_1) \tag{7-5}$$

$$Fe_4=mp(E_2-G_2-F)+m(1-p)(E_2-G_2-F)+p(1-m)(E_2+\beta E_3-G_2-F)+ \\ (1-p)(1-m)(E_2+\beta E_3-G_2-F) \tag{7-6}$$

根据式7-1和式7-2可知，政府的平均期望收益为：

$$\overline{Fe_2}=gFe_3+(1-g)Fe_4 \tag{7-7}$$

通过上面的分析，可以得到政府的复制动态方程为：

$$F(g)=\frac{dg}{dt}=g(Fe_3-\overline{Fe_2})=g(1-g)(E_1-G_1-E_2+G_2+F) \tag{7-8}$$

（三）体育彩票消费者稳定策略分析

根据支付矩阵可知体育彩票消费者高信赖度的期望收益为Fe_5，低信赖度的期望收益为Fe_6，其平均期望收益为$\overline{Fe_3}$，则有：

$$Fe_5=gm(C_1-H)+(1-g)m(C_1-H)+g(1-m)(\beta C_3-H-C_2)+(1-g)(1-m)(\beta C_3-H-C_2) \tag{7-9}$$

$$Fe_6=g(1-m)(\beta C_3-C_2)+(1-m)(1-g)(\beta C_3-C_2) \tag{7-10}$$

根据式7-9和式7-10可知，体育彩票消费者的平均期望收益为：

$$\overline{Fe_3}=pFe_5+(1-p)Fe_6 \tag{7-11}$$

通过上面的分析，可以得到体育彩票消费者的复制动态方程为：

$$F(p)=\frac{dp}{dt}=p(Fe_5-\overline{Fe_3})=p(1-p)(mC_1-H) \tag{7-12}$$

三、演化博弈均衡分析

演化均衡点求解与分析

由上又可知，式7-4、式7-8和式7-12分别代表体育彩票管理中心、政府和体育彩票消费者的复制动态方程，根据Friedman提出的方式和方法对三个式子进行求导[①]。

---

① Friedman D. Evolutionary games in economics [J]. Econometrica, 1991, 59（3）：637-666.

$$\frac{\partial F(m)}{\partial m}=(1-2m)(pS_3+W_1-W_2+\beta T_2+pA_1) \tag{7-13}$$

$$\frac{\partial F(g)}{\partial g}=(1-2g)(E_1-G_1-E_2+G_2+F) \tag{7-14}$$

$$\frac{\partial F(p)}{\partial p}=(1-2p)(mC_1-H) \tag{7-15}$$

对式7-13、式7-14和式7-15进行雅克比矩阵构建，得出的雅克比矩阵构建如下所示：

$$\begin{matrix} \frac{\partial F(m)}{\partial m} & \frac{\partial F(m)}{\partial g} & \frac{\partial F(m)}{\partial p} \\ \frac{\partial F(g)}{\partial m} & \frac{\partial F(g)}{\partial g} & \frac{\partial F(g)}{\partial p} \\ \frac{\partial F(p)}{\partial m} & \frac{\partial F(p)}{\partial g} & \frac{\partial F(p)}{\partial p} \end{matrix}$$

根据式7-4、式7-8和式7-12，令$F(m)=F(g)=F(p)=0$，可以得到局部均衡点为E_1（0,0,0），E_2（0,0,1），E_3（0,1,0），E_4（0,1,1），E_5（1,0,0），E_6（1,0,1），E_7（1,1,0），E_8（1,1,1），进而获得特征值和平衡点（表7-4）。

表7-4 三方主体演化博弈的稳定性分析

平衡点	特征值 λ_1	特征值 λ_2	特征值 λ_3	实部符号	稳定性结论
E_1（0,0,0）	$W_1-W_2+\beta T_2$	$E_1-G_1-E_2+G_2+F$	$-H$	+, -, +	不稳定
E_2（0,0,1）	$S_3+A_1+W_1-W_2+\beta T_2$	$E_1-G_1-E_2+G_2+F$	H	+, -, -	不稳点
E_3（0,1,0）	$W_1-W_2+\beta T_2$	$-E_1+G_1+E_2-G_2-F$	$-H$	+, +, +	鞍点
E_4（0,1,1）	$S_3+A_1+W_1-W_2+\beta T_2$	$-E_1+G_1+E_2-G_2-F$	H	+, +, -	不稳定
E_5（1,0,0）	$-W_1+W_2-\beta T_2$	$E_1-G_1-E_2+G_2+F$	C_1-H	-, -, +	不稳定
E_6（1,0,1）	$-S_3-A_1-W_1+W_2-\beta T_2$	$E_1-G_1-E_2+G_2+F$	$H-C_1$	-, -, -	ESS
E_7（1,1,0）	$-W_1+W_2-\beta T_2$	$-E_1+G_1+E_2-G_2-F$	C_1-H	-, +, +	不稳定
E_8（1,1,1）	$-S_3-A_1-W_1+W_2-\beta T_2$	$-E_1+G_1+E_2-G_2-F$	$H-C_1$	-, +, -	不稳定

基于表7-4的特征值分析，假设并探究四种不同情形下三方主体的博弈状态。

情形1： 当$A_1+\beta T_2>S_3+W_1-W_2$时，即体育彩票管理中心受到第三方惩罚和低透明带来的损失超过高透明的额外收益和透明管理获得的收益，以及政府不进行监管策略的收益大于进行监管策略的收益时，体育彩票消费者进行策略的收益大于不进行策略的收益，此时E_2（0,0,1）为演化稳定点，此时三方的策略为体育彩票管理中心不透明，政府宽松监管，体育彩票消费者高信赖。此类情况基于体育彩票消费者高度信赖的基础上，但是在现实中体育彩票消费者会随着体育彩票管理中心的不透明管理、政府的宽松监管而逐渐转变为低信赖，应避免此类情况的发生。

情形2：当$H>C_1$时，即体育彩票消费者获取外界信息的成本大于获取成本带来的收益时，此时E_5（1,0,0）为演化稳定点，此时三方的策略为体育彩票管理中心进行透明公开管理，政府宽松监管，体育彩票消费者低信赖。此类情况对于体育彩票消费者的决策较为重要，这需要体育彩票管理中心达到一种极高的自主能力，也应避免此类情况的发生。

情形3：当$G_2+E_1+F>G_1+E_2$时，即政府严格监管的成本和节约的成本收益小于宽松监管的成本和正面收益和惩罚时，此时E_8（1,1,1）为演化稳定点，此时三方的策略都表现出较好的情况。此类情况的出现需要政府做出主导行为，提出严格监管的同时，着眼于未来行业的发展，然而此类情况对于体育彩票管理中心的积极性具有影响。

情形4：当$W_2-W_1<S_3+A_1+\beta T_2$且$E_1-E_2<G_1+G_2-F$时，即体育彩票管理中心进行高透明的公开信息，政府采取宽松监管政策，体育彩票消费者高信赖时，此时E_6（1,0,1）为演化稳定点。此类情况的出现需要体育彩票消费者和体育彩票管理中心之间建立一种联系，需要体育彩票管理中心提高自主性，提高宣传，此类情况呈现出较好的发展前景。

综上，除了情形1之外，另外三种演化稳定点都需要体育彩票管理中心进行高透明的信息公开。可见，体育彩票管理中心的信息公开对体育彩票消费者的信任影响较大。在政府严格监管和宽松监管中，只有情形3中选择了严格监管，而其余三种演化稳定点仅需要政府进行宽松监管即可，说明政府的监管对于另外两方的影响较小，所以需要第三方监管机构。对于体育彩票消费者而言，只有情形2不需要高信赖，其余三种情形都需要体育彩票消费者的高信赖，说明体育彩票消费者对于演化稳定有重要影响，体育彩票行业的发展需要体育彩票消费者信任，提高对体育彩票管理中心的信赖程度，进而促进行业持续健康发展。

第三节 演化趋势：体育彩票公信力博弈模型的仿真分析

为验证体育彩票公信力提升过程中，政府、体育彩票管理中心、体育彩票消费者之间所形成的博弈互动关系，引入Matlab软件工具，通过设置并改变相应参数，明晰在不同情况下三方主体行为策略的变化对体育彩票公信力的影响态势。在参考2019年中国彩票年鉴及咨询专家建议的基础上，结合演化博弈方法对参数数据的相关要求，对其进行赋值，具体为W_1=28，W_2=10，A_1=5，S_3=5，H=4，C_1=12，G_1=1，E_1=5，G_2=4，E_2=7，F=5，T_2=8，A=0.4。

一、参与主体初始意愿对系统演化的影响

各方参与主体初始意愿的变化，影响其他主体行为策略的变化，为明晰体育彩票公信力提升过程中各主体初始意愿变化状态对其他主体参与意愿的影响，通过改变相关初始参与意愿参数，并进行仿真（图7-3）。

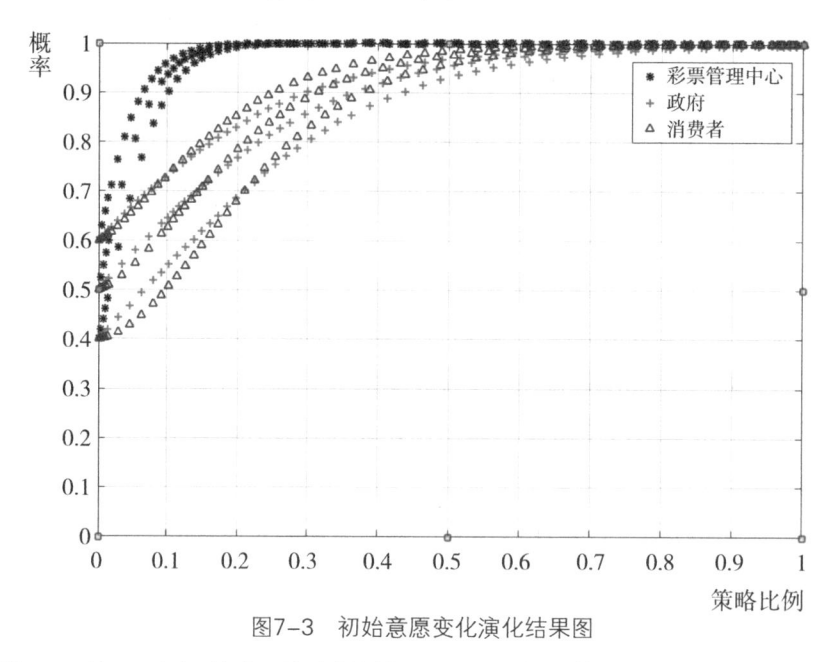

图7-3 初始意愿变化演化结果图

由图7-3可知，在初始意愿相同的情况下，三方主体之间的参与意愿稳定于点E_8（1,1,1）处，即体育彩票管理中心各项流程透明、政府严格监管、体育彩票消费者持较高信赖度的策略为最优稳定策略。在此策略选择下，三方主体将获得最大效益。究其原因，在体育彩票公信力建设过程中，离不开政府、体育彩票管理中心、体育彩票消费者三方主体的协同发力。为推进体育彩票健康良性发展，体育彩票管理中心需认识到其应尽义务，通过公开体育彩票销售流程、体育彩票公益金使用明细等方式以获取体育彩票消费者的信任，扩大消费群体。政府部门需充分发挥其自身职责，在监管体育彩票运作、管理等过程中积极扮演监管者角色，宏观把控体育彩票的发行与销售的每一个环节。透明度较高的体育彩票销售流程，提升了体育彩票信息公开的透明度，增强了体育彩票消费者的信心，吸引更多的消费者投入并参与到体育彩票消费过程中。这一仿真结果与上述情形3相契合，故在推进体育彩票公信力建设过程中，需注重三方主体自身功能职责的有效发挥。

二、政府严格监管成本对系统演化的影响

在体育彩票运作管理过程中，离不开以政府为主体的严格监管。为明确政府严格监管成本变化对体育彩票公信力建设过程中体育彩票管理中心及消费者等选择策略的影响态势，改变政府严格监管成本G_1参数并对其进行仿真（图7-4）。

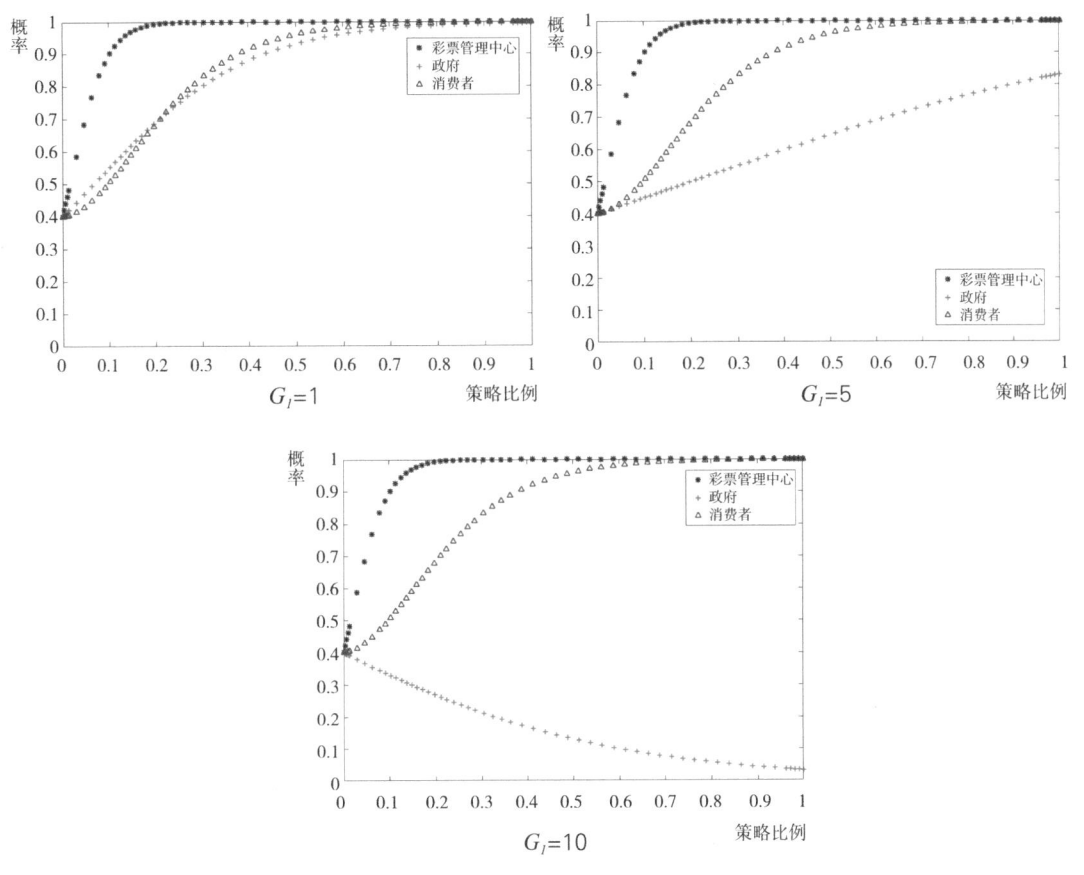

图7-4　政府严格监管成本变化演化结果图

由图7-4可知，政府部门严格监管成本的变化会影响到政府、体育彩票管理中心、体育彩票消费者三方主体的策略演化趋势与状态，其中较为明显的变化是政府主体的策略选择变化。随着政府严格监管成本的不断增加，政府自身行政负担加大，其行为策略将由最初的严格监管趋向于宽松监管态势，三方的稳定策略逐渐由之前的E_8（1,1,1）转移至E_6（1,0,1）稳定点。研究认为，当政府严格监管成本超出其承受能力范围时，为减轻财政压力及相关财政负担，政府不得不做出减轻监管力度等决策，以维持政府其他职能的正常发挥。然而，在政府监管力度不断减轻的过程中，体育彩票管理中心及消费者的行为策略则一直稳定于透明及高信赖度状态。可见，虽然政府监管力度不断减轻，但在前期政府营造的严格监管状态下，体育彩票管理中心及消费者

的行为态度受到较大影响,且该影响较为持续,短时间内其策略选择不会因政府监管力度减轻而发生太大波动。

三、第三方机构监管成本对系统演化的影响

为明确第三方机构监管对政府、体育彩票管理中心及消费者选择策略的影响态势,改变第三方机构监管概率β、T_2等一系列参数值,并对其进行仿真(图7-5)。

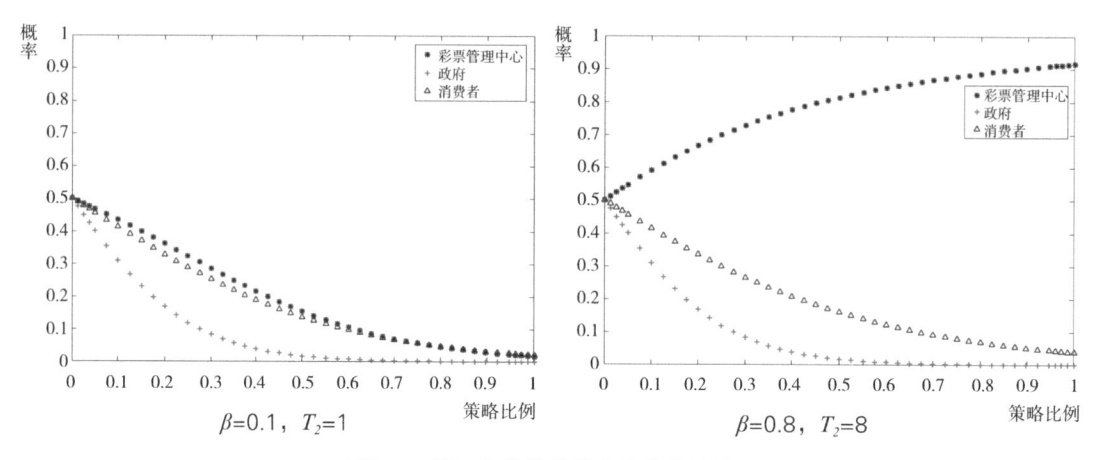

图7-5 第三方机构监管变化演化结果图

由图7-5可知,第三方机构监管的变化会影响政府、体育彩票管理中心、消费者三方主体的策略演化趋势与状态。随着第三方机构监管概率由低向高转变,三方主体的演化策略逐渐由稳定点E_1(0,0,0)转移至点E_6(1,0,1)。研究认为,当第三方机构对体育彩票运作管理等环节监管的概率较小时,为体育彩票管理中心采取低透明策略提供了机会,体育彩票管理中心相关行为受不到应有约束,滋生低透明等行为发生。同时,该条件下第三方机构也无法分担政府部门的监管负担,说明政府部门的监管成本在不断上升,过重的监管负担导致政府部门会逐渐趋向于宽松监管甚至不监管的情况。可见,在此情况下,以上主体行为模糊了消费者对体育彩票相关信息的认知,导致消费者对体育彩票信任度的日益下降,进而选择了低信赖的策略方式。该状况下,不利于体育彩票公信力的建设与提升,故该状况是体育彩票相关利益主体应避免的情形,从侧面也再次说明第三方监管机构在体育彩票运作管理等环节中具有重要的作用。

相反,当第三方机构对体育彩票运作管理等环节监管的概率较大时,其对体育彩票管理中心的相关行为及时监管且监管到位,有效阻断了体育彩票管理中心不正当行为的发生。在此情况下,体育彩票管理中心会不断约束自身行为,以积极透明的方式投身于体育彩票的日常管理活动中。同时,该条件下第三方机构不仅有效分担了政府部门的监管压力,也分担了政府部门的监管职责,提升了政府行政效率,故政府部门

会在该条件下逐渐趋向于选择宽松监管策略。此外，随着第三方机构监管力度的不断加大，体育彩票管理中心透明化、公正化程度提升，消费者对体育彩票的认知得以转变，并以积极的态度参与到体育彩票的消费环节，可以有效提升体育彩票销量。

综上所述，政府部门、体育彩票管理中心、消费者的行为选择受到各主体初始参与意愿、政府严格监管成本、第三方机构监管概率等相关参数变化的影响。据此研究从主体协同视角提出了体育彩票公信力提升的有效策略，促使各主体协同效用得以全面发挥[1]，共同促进体育彩票产业的公信形象建设。

第四节　体育彩票公信力提升策略

一、政府策略：以彩票立法为基础，加强体育彩票的精细化管理

体育彩票由政府机构垄断发行，在市场化运营过程中政府机制疲软问题日益凸显，严重影响了体育彩票的运营效率及体育彩票消费者的信息反馈，从而诱发了体育彩票公信力下降等问题。当前我国彩票事业得到长足发展，无论是福利彩票还是体育彩票，其销量都得以显著提升[2]。纵观我国彩票立法历程，从《彩票发行与销售管理暂行规定》到《彩票管理条例》，彩票法制逐步精细化，体育彩票通过立法确立了市场法律关系，明确了管理机构和运营主体职权。首先，实现监督权与管理权分离。作为管理者的体育行政部门也具有监督权，导致部门间的利益集聚现象不可避免。体育彩票管理中心既垄断经营，又行使管理职权，导致彩票监督缺位现象长期存在。因此，在彩票立法过程中应分离彩票相关管理部门的监督权，推动透明管理制度建设，强化市场监督管理，做好体育彩票公信力提升的保障工作。其次，在立法保障的基础上强化体育彩票的精细化管理工作。在彩票立法制度设计时要充分关注管办不分离和滥用职权以获取利益等现象的发生，通过立法的精细化管理对体育彩票的发行、经营销售，各方利益主体的税收及资金流向等问题做出明确规制，将彩票立法的强制性与当前体育彩票的高质量发展有机结合。最后，保障彩票立法监管的实效性，参考域外彩票管理监督经验，破除经营与监管合一现象，推行细致严密且具有针对性的法律及监管制度，审计工作制度化，确保发行、销售管理和法律体系相协调，促进体育彩票产业高质量发展。

---

[1] 李理，黄亚玲.治理视域下体育社团社会责任的概念溯源及体系构建[J].北京体育大学学报，2018（2）：25-32.
[2] 民政部官网.2018年民政事业发展统计公报[EB/OL].（2019-08-15）[2021-03-10]. http://www.mca.gov.cn/article/sj/tjgb/.

二、体育彩票管理中心策略：以信息透明为保障，试点推行实名制购彩

我国体育彩票事业起步较晚，其发展过程中还存在诸如运行机制不规范、法律法规制度不健全等相关问题[①]。完善体育彩票信息制度，可借鉴美国、英国等博彩业较发达国家的体育彩票管销经验，高度重视体育彩票信息的透明度。信息透明是提升体育彩票公信力的关键举措，开奖过程监督、中奖人信息公布及公益金使用明细公开是提升我国体育彩票公信力的有效途径。推动体育彩票产业可持续发展，需保障体育彩票的公正性，建立有效的彩票开奖过程监督体系。在尊重体育彩票消费者个人意愿的前提下，适度公开中奖人的相关信息。完善体育彩票公益金使用制度，及时公开体育彩票公益金使用情况及其明细，从根本上打消消费者对于体育彩票各环节的不信任。此外，国家体育总局体育彩票管理中心可出台相关政策法规，顺应数字化时代发展趋势，试点推行体育彩票实名制购彩信息制度，既有利于聚焦体育彩票消费者购彩偏好，为不同消费者群体提供个性化信息服务，又可有效防止体育彩票弃奖、体育彩票冒领等事件的发生，同时震慑腐败行为，减少体育彩票内幕交易等事件的发生。此外，可防范未成年人购彩，监控消费者过度投入、病态博彩等行为的发生，从而完善体育彩票公信力制度建设，推动体育彩票产业的可持续发展。

三、体育彩票管理中心策略：以完善监管机制为手段，强化体育彩票诚信监督体系

彩票公信力问题是阻碍我国体育彩票产业发展的重要因素，诚然，监管机制与经营是否分离是学界及诸多学者探索争鸣的重要问题。我国体育彩票秉承经营与监管合一的发展体制，由专门的政府机构直接经营，消费者对体育彩票机构自行监督的机制问题存疑是我国彩票公信力不高的重要体现。当前体育彩票系统虽建立了相关审计监督机构，但仍缺乏独立性与权威性，工作质量和绩效偏低，内部审计监督流于形式，影响了我国体育彩票公信力建设。对于体育彩票发展而言，加强体育彩票监督是确保体育彩票市场规范化运作、预防体育彩票公信力下降的有效举措。其一，体育彩票公信力建设应聚焦于兑奖过程的公开性，引导体育彩票消费者了解更多流程信息，完善体育彩票诚信监督体系建设，邀请公证员、人大代表、社会人员、消费者等第三方监督机构进行公证，将体育彩票兑奖过程置于公证机构或第三方机构的全面监督之下。通过权威媒体的报道，满足体育彩票消费者及社会各界的知情需求。其二，第三方监管部门脱离体育彩票相关部门，但是归属政府管辖，通过对体育彩票的经营等流程进

---

① 刘苏. 浅谈新制度下彩票机构内部控制与风险管理[J]. 中国集体经济，2019（21）：49-50.

行把控,并对体育彩票从业人员的准入进行严格审查,以阻止不当经营者进入体育彩票业。其三,实现监督主体的广泛性,应实现体育彩票消费者、媒体、社会公众、体育彩票上级机构、体育彩票内部监督部门、第三方公证部门参与体育彩票的发行、销售、兑奖等全过程,确保各主体对各环节监督权的有效落实。

四、消费者策略:以建立公信力修复为措施,提升消费者购彩意愿

公信力建设是体育彩票及相关慈善、公益事业发展的重要生命力,决定着体育彩票发展前景。体育彩票自上市以来,一直致力于打造公开、公平、公正的健康形象,而修复公信力成为当前提升消费者购彩意愿、完善体育彩票公信力建设的重要举措。研究表明,消费者信赖是促进体育彩票产业发展的重要需求端因素,体育彩票消费者作为推动体育彩票产业发展的最终端群体,有权利对于体育彩票产业的各个环节存疑,并监督体育彩票产业的整个运营流程。诸多质疑并非针对某一彩票中奖事件本身,而是体育彩票发展历程中诸多彩票"黑幕"事件促使消费者形成的惯性思维,故体育彩票公信力存在下降容易而修复难的问题,因此,建立体育彩票公信力修复机制是增强消费者信赖、促进体育彩票产业可持续发展的重中之重。应进一步完善我国司法体系建设,保障相关体育彩票案件能够通过司法判决得到有效处理,在完善相关制度保障的同时,加大对于体育彩票失信事件相关负责人的惩罚,并给予相关事件受害人员相应补偿,进一步提升消费者中奖信心,激发消费者购彩动机。同时,体育彩票行销机构应从维护公信力建设出发,自觉接受社会公众监督,积极应对彩票消费者的质疑,设立官方媒体,通过多渠道多部门关注体育彩票网络舆情导向,及时妥善应对舆情危机事件,形成监督主体与监督客体的有效配合,发挥主流网络媒体的宣传引领作用,正面回应舆情信息,引导舆论发展的正确导向,重塑消费者购彩意愿,促进消费者重复购彩行为的发生。综上,在维护公信力建设与完善公信力补救措施建设的双重机制下,进一步提升消费者购彩意愿,维护忠诚彩民,增强消费者黏性,从而促进体育彩票市场份额平稳增长,推动体育彩票产业的可持续发展。

提升体育彩票公信力,重塑体育彩票公信形象,对推动我国体育彩票产业可持续发展具有重大意义。体育彩票公信力建设需依靠政府、体育彩票管理中心、第三方监管机构、消费者等多元主体发力,形成多主体有效协同与互相补位的发展格局。无论是短期效益还是长远发展,体育彩票公信力提升都需依靠多元主体力量的持续性输入,全方位完善体育彩票消费者的感知信赖,重视相关主体自身职责发挥,让积极评价和高度认可在消费者心里逐渐积淀转而成为长久信赖及支持,促进体育彩票销量提质扩容。

第八章
体育彩票业务流程重构的路径研究

第一节　体育彩票形态审视与业务流程重构的理论探索

体育彩票是体育主体产业的辅助产品，但同时也是产业发展的支撑。它对于推进体育赛事高质量发展、学校体育融合、群众体育产业等发挥着至关重要的作用，有利于促进体育产业健康发展，激发体育市场活力[1]。2016年国家体育总局颁布的《体育产业发展"十三五"规划》指出："加快建立健全与彩票管理体制匹配的运营机制，完善销售渠道，稳步扩大市场规模。"[2]2018年《国务院办公厅关于加快发展体育竞赛表演产业的指导意见》中明确了"优化彩票品种结构，健全风险控制措施，引导彩民理性购彩"[3]。在相关政策的支持与引导下，体育彩票发展速度逐渐加快，2018年我国彩票销量达到5114.72亿元，比2017年彩票销量增加了848.03亿元，增长了19%。我国体育彩票产业仍存在巨大的发展潜力，也将成为新的经济增长点。

目前，体育彩票与福利彩票形成了双寡头竞争格局，具体表现为彩票返奖率逐渐提高、市场营销费用不断增加、彩票的销售网点数量显著增加、销售渠道呈现多样化趋势，对于拉动经济增长、促进社会消费等方面起着至关重要的作用。然而，实质上彩票发行机构竞争的核心是产品，但彩票产品同质化严重及彩票产品的市场形态不规范，不利于推进社会福利发展的进程[4]。此外，价格也会影响我国彩票市场竞争，造成市场机制不协调的问题[5]。如果市场形态与机制出现漏洞，体育产业可持续发展就会受到干预。另外，从产业经济学视角也可发现，虽然双寡头垄断下的彩票产业，既能克

---

[1] 刘圣文,张瑞林.基于博弈论的中国体育彩票竞争行为研究[J].体育与科学,2019,40(1):42-51.
[2] 国家体育总局.体育产业发展"十三五"规划[EB/OL].http://www.sport.gov.cn/n319/n4833/c733613/con-tent.html.
[3] 国务院.国务院办公厅关于加快发展体育竞赛表演产业的指导意见[EB/OL].(2018-12-11)[2018-12-21].http://www.gov.cn/zhengce/content/2018-12/21/content_5350734.html.
[4] 朱彤,余晖.彩票市场的竞争性质与我国彩票监管的重构[J].中国工业经济,2004,193(4):35-42.
[5] Yuan J,Gao J.Is lottery demand driven by effective price? Evidence from the China lottery industry[J]. SSRN Electronic Journal,2012.

服完全垄断模式下低效发展，又能保证市场的适度竞争，实现社会福利的最大化，但其产业发展过程中存在娱乐性不强、消费能力不足、彩票产品相近、特色产品较少、彩票站私有化严重、监管力度不足的问题[1]。因此，调整机制结构，重构业务内容具有重要实践意义。经梳理与研判，学界对于体育彩票销量影响因素、发展困境与对策、寡头市场竞争理论等方面的研究较为成熟，可以为实践过程中产业发展加以引导，但仍缺乏对主要机制运行问题以及调整产业结构的思考，体育彩票市场链重构理论支撑不足，不利于直接证明市场链业务重构的整体机制。因此，本书认为体育彩票业务流程在营销、管理、监管、培训等方面需要调整业务流程问题，探索体育彩票业务市场重构路径，可准确地梳理体育彩票市场发展思路，完善并推进供需协同发展的目标。研究体育彩票最优发展策略与路径，是当前体育彩票业健康发展过程中的重要议题。基于此，本书从体育彩票业务流程重构视角切入，引入业务流程再造理论，在探寻体育彩票的营销、产品供给、竞合以及博弈关系形态的基础上，从渊源与发展、内涵、体育彩票业务流程再造方面探索业务流程重构理论，进而从竞合、博弈、行为3个方面深层次讨论了体育彩票业发展情况与业务流程重构的必要性，并从观念再造、流程再造、组织再造、试点与切换、发展战略5个方面提出体育彩票业务流程重构的具体路径，为体育彩票业可持续与高质量发展提供了重要思路。

一、体育彩票形态审视

（一）体育彩票市场营销形态

彩票是指购彩者自愿购买的经由特定发行部门以筹集资金为根本目的而发行的印有特殊图案及数字的一种凭证[2]。随着新时代经济的不断发展，我国彩票产业也得到了长足发展，彩票经销商队伍不断壮大，彩票种类不断扩充，包括中国福利彩票及中国体育彩票。1994年体育彩票获得国家批准得以正式发行，时至今日，体育彩票行业经过长达二三十年的发展，在体育彩票产品的营销模式、社会效益等内容上都取得了较为理想的效果。

随着体育彩票自身的不断发展，其市场营销费用不断增多，体育彩票自发行之时便具备了相应的市场价值，这种市场价值通过其市场营销模式、营销策略得以显现。体育彩票市场营销环节包含四方面内容，首先是体育彩票产品方面，由于体育彩票的特殊性，也就决定了其产品即为彩票本身；其次是体育彩票的盈利方式，发行部门通过发行并销售体育彩票而获得相应的经济及社会效益；再次是体育彩票的销售渠道，体育彩票可通过发行商、代销商等渠道完成彩票的销售过程；最后是体育彩票的传播

---

[1] 刘圣文,张瑞林.基于博弈论的中国体育彩票竞争行为研究[J].体育与科学,2019,40(1):42-51.
[2] 章新蓉,孙回回,陈煦江.彩票行业的市场竞争及其经济后果[J].江西财经大学学报,2012(4):21-28.

渠道，通过遵循相应的营销手段、营销策略等使彩票得以进入相应的市场中，从而实现彩票本身的市场及社会价值[1]。

在我国，体育彩票处于寡头垄断的市场结构之下[2]，与此同时，体育彩票市场营销却存在着多元主体，既包括相关政府部门，同时也包括中小代销商。由于各地经济发展状况的不同，其体育彩票营销现状也存在着较大差异。通过对不同地区体育彩票销售状况进行研究，崔百胜等学者发现，体育彩票的分异格局较为明显，在空间差异较小的情况下，自身和周边省份体育彩票人均销售较高及较低的区域都呈现出增多趋势[3]。由此表明，体育彩票市场营销的首要环节即区位选择环节尤为重要。此外，在体育彩票市场营销过程中，相关学者认为，其经销商是整个体育彩票产业链中间环节的价值所在[4]，因此，遴选体育彩票代销商不仅要满足场所、资金等方面的要求，更不可降低代销商人员的从业要求，由此提升体育彩票市场销售人员的整体素质水平。在经销商得以确定后，可选择相关营销模式及营销策略，在体育彩票市场营销模式中，彭道海提出可采取关系营销，即站在彩票消费者关系及其价值的基础上，采取相关措施的营销模式，这种营销模式能够大大增强消费者黏性，吸引更多的消费者参与到购彩活动中[5]。对于体育彩票营销策略，李海提出采取提高返奖率、提高头等奖奖金数额设置等营销策略，以谋求体育彩票的进一步发展[6]。随着互联网技术的发展，体育彩票与互联网相互融合，逐渐构建了互联网下的体育彩票销售平台、代购模式，提高了体育彩票营销的便利性及科学性[7]。

综上，目前我国体育彩票营销现状呈现出良好发展态势，依然具有较大的发展潜力及前景。然而，在营销过程中同样也存在一些不容忽视的问题。首先，在体育彩票的营销管理上，一直以来在体制方面都存在着问题，具体而言即为多头管理的问题，其中体育彩票的收益等方面由财政部负责管理，其发行营销等工作则由国家体育总局体彩管理中心统筹规划，这样的管理模式会对体育彩票产业的整体效率造成较大的影响，使体育彩票产业环境秩序被破坏，从而不利于体育彩票产业的整体发展。其次，在体育彩票的营销过程中，对体育彩票代销商的管理力度不严，与国外体育彩票从业标准相比，我国关于体育彩票营销商的培训机制并不健全，从业的相关资质要求不严格，这不利于体育彩票产业环境的健康发展。最后，根据相关规定，体育彩票营销所

---

[1] 蒲冰.市场营销创新和风险管理在新时期中小企业的实施[J].宏观经济管理,2017(S1):204-205.
[2] 张瑞林.体育彩票的经济学特征及管理策略[J].体育学刊,2012,19(6):70-73.
[3] 崔百胜,朱麟.我国彩票销售的空间区域关联与影响因素的溢出效应[J].上海体育学院学报,2015,39(2):11-18,35.
[4] 王红岩,张瑞林,叶公鼎,等.部分国家和地区体育彩票经销商遴选政策分析及启示[J].天津体育学院学报, 2015, 30(3):205-210.
[5] 彭道海.体育彩票业关系营销中顾客关系的层次及顾客价值的测度[J].北京体育大学学报,2012,35(5):8-11.
[6] 李海,曾雯彬.从"奥运即开票"的发行看我国即开型体育彩票的营销策略[J].武汉体育学院学报,2008,42(12):33-39.
[7] 梁勤超,任玉梅,李源.中国体育彩票互联网销售模式研究[J].体育文化导刊,2015(5):123-126.

获得的收益最终将服务于社会公益事业,然而对于体彩收益,无论是其投入去向还是投入金额,其资金使用的监管力度不严,透明性较低,社会监督权力难以得到有效行使。这些存在于体育彩票市场营销中的问题,不仅会对体育彩票的发展起到一定的制约作用,同时也不利于政府治理能力及治理水平的提升。

(二)体育彩票产品供给形态

体育彩票作为彩票产业的一个重要组成部分,其涉及业务范围较大,供给产品种类繁多,成为体育产业市场发展的重要支柱。同时,体育彩票相较于其他产品较为特殊,它是由政府或政府授权的机构发行的,主要通过彩票市场进行供给。体育彩票产品的供给形态可以分为供给方式和供给类型两种形态。

根据体育彩票产品的供给方式,可分为网点彩票产品供给和互联网彩票产品供给。网点体育彩票产品供给是通过体育彩票销售实体店进行售卖体育彩票,消费者可在销售网点了解彩票的相关信息,并且销售网点提供了消费者交流讨论的平台以及各种会员服务等增值服务项目[1]。但目前销售网点也会存在一些问题,如销售网点经营人员的考核标准不严格、体育彩票销售网点的营销程度不充分、销售网点设施及布置比较随意、室内环境较差、全国的销售网点未形成统一的连锁标准等,这将不利于体育彩票购彩环境的建设,不利于体育彩票的可持续发展。互联网体育彩票产品供给是通过互联网网页的形式进行销售的,以销售平台的途径向消费者提供彩票的相关信息[2]。随着互联网技术的不断进步,通过手机客户端和App进行销售彩票逐渐应用到彩票销售体系中,彩票消费者在购买彩票时可实时关注彩票信息,提升了体育彩票销售的便利性。然而,近几年互联网体育彩票禁止销售,很多互联网体育彩票,虚假售卖彩票,打着销售的幌子,骗取彩票消费者的利益,用户在购买彩票后,并未真正出票,而是小奖自掏腰包兑付,万一真出现大奖,要么数据出错、投注未成功,甚至干脆直接跑路。另外,还有一些私立彩票利用互联网平台的便利进行下注,导致地下私彩横生,国内彩票产业的混乱,不利于体育彩票的监督与管理以及今后的发展。

根据体育彩票产品的供给类型,可分为传统型彩票、即开型彩票、乐透型彩票、数字型彩票和竞猜型彩票[3][4][5][6][7]。传统型彩票产品是先销售后开奖的一种形式,彩票发行机构实现印刷好彩票的号码顺序,通过抽奖的方式决定彩票的获奖者,若消费者持有的彩票号码与抽出的号码一致,则表示获奖。即开型彩票产品是购买者在购买

---

[1] 王明立,张亚辉.河南省体育彩票的发行回顾与发展对策[J].北京体育大学学报,2007(3):323-325.
[2] 梁勤超,任玉梅,李源.中国体育彩票互联网销售模式研究[J].体育文化导刊,2015(5):123-126.
[3] 谢丹霞,吴际.影响我国体育彩票销量的宏观经济、社会因素定量研究[J].上海体育学院学报,2015,39(1):24-28.
[4] 梁勤超,任玉梅,李源.中国体育彩票互联网销售模式研究[J].体育文化导刊,2015(5):123-126.
[5] 杨旸.试析体育彩票文化[J].体育文化导刊,2014(4):106-109.
[6] 李海.上海电脑体育彩票销售网点彩民关系营销策略[J].上海体育学院学报,2008,32(5):19-22.
[7] 张玉超,刘家裕,王明立.我国体育彩票发行回顾与发展对策研究[J].天津体育学院学报,2004(1):36-38.

彩票后就可了解到是否中奖，并可以立即兑奖[1]。具有代表性的即开型彩票是"顶呱刮"，即开型彩票产品的节奏较快，方法简单，便于操作，即开即兑，引起众多消费者的关注，同时也为体育彩票产业做出巨大贡献。乐透型彩票是目前比较流行的彩种，它是以序数方式为竞猜对象的彩票，只要求所选号码与中奖号码相同即可，号码无先后顺序之分，如体彩大乐透，同时乐透型彩票产品具有奖金金额高、趣味性强、吸引力强等特点，深受众多彩票玩家喜爱[2]。数字型彩票产品是购买者选取一定位数的数字，数字的不同组合方式决定奖金金额的大小，如排列3、排列5[3]。数字型玩法的特点是讲究排列，次序不可颠倒或混乱，并且中奖机会和奖金大小均存在很大的不确定性。竞猜型体育彩票是体育彩票中较为特殊的一种彩票产品，它是将彩票和体育比赛结合在一起，需购买者掌握较为全面的彩票和体育比赛信息[4]，包含一定的智力因素，其智力性、趣味性、竞争性等特点吸引众多彩民和体育爱好者参与其中，主要包括足球彩票、赛马彩票、赛车彩票等。综合体育彩票产品供给方面，体育彩票产品的供给以其产品差异化、内容丰富、趣味性强等，提升了体育彩票产品的竞争力。但与福利彩票相比较而言，体育彩票与福利彩票相近性的产品较多，且占据了体育彩票市场的大部分。另外，体育彩票的特色产品较少，仅有竞猜型体育彩票，并且竞猜型体育彩票产品并不是体育彩票的主体产品，脱离了"体育+彩票"的独特发展模式，造成了体育彩票的扭曲式发展。

体育彩票产品丰富的供给形式以及供给类型为体育彩票市场的发展提供了强大的支持。但其中也暴露出体育彩票发展过程中存在的一些问题。因此，有必要对体育彩票的产品供给形态及其市场业务流程进行审视，以探究体育彩票的可持续发展之路。

（三）体育彩票竞合关系形态

体育彩票的竞合受到内外部多重关系的制约和影响。目前在全球发行彩票的近150个国家中，绝大多数都不存在竞争，而是直接由政府或政府控制下的公共部门发行。这种传统的发行方式从目前可追溯到的最为古老的古罗马彩票至今已持续两千多年[5]。政府垄断的彩票发行模式具有一定的合理性，体现了其对市场行为的顾虑。作为一种特殊的产品类型，彩票能够较好地满足人们以小风险换取大回报的消费心理，是一种成本很低甚至是一本万利的筹资工具。因而也容易被一些不法分子利用，19世纪，欧

---

[1] 张增帆.我国即开型体育彩票发展研究——基于美国经验的借鉴[J].体育文化导刊,2017(9):103-107.
[2] 王乐萌.我国体育彩票区域发展特征与战略探索[J].体育文化导刊,2019(5):12-17.
[3] 张瑞林.体育彩票的经济学特征及管理策略[J].体育学刊,2012,19(6):70-73.
[4] 李凌,张瑞林,王立燕.感知信赖模型:竞猜型体育彩票再购意愿的质性研究——基于扎根理论研究视角[J].天津体育学院学报,2018,33(3):204-209.
[5] Argasinski Krzysztof,Rudnicki Ryszard. From nest site lottery to host lottery: continuous model of growth suppression driven by the availability of nest sites for newborns or hosts for parasites and its impact on the selection of life history strategies[J]. Theory in Biosciences = Theorie in Den Biowissenschaften,2020,139(2):171-188.

洲一些国家出现了故意将大奖轮空或是由小集团控制大奖获取暴利的行为，使得大众对彩票市场失去信心。同时，彩票对人们投机心理的过度刺激也容易引发一系列社会问题[1][2]。因此，在特定发展时期由政府对彩票进行直接控制，能够较好地确保彩票能够成为一种建立在机会均等基础上，对人们产生适度吸引力，并为社会公益事业筹集资金的娱乐性游戏。然而，随着我国社会主义市场经济体制改革的不断深入，这种存续已久的政府管办一体的彩票销售模式显然已经不再适应新时代彩票市场发展的需要。现行体制下导致的行政机构臃肿和效率低下成为困扰体育彩票全产业链发展的主要矛盾，消费者对于体育彩票的需求未能与发行方产生连接，使得市场要素的重要作用得不到充分发挥，供需矛盾越发激烈，严重压缩了消费者对于彩票产品的消费需求和体彩市场的发展空间。

从产品属性上分析，彩票市场具备较强的规模经济和范围经济的特征，彩票发行系统建立的初始成本较大而增量成本较低，同时，一个彩票系统可以同时发行多种类型彩票，当其规模越大，彩票类型和销量越多，其单位成本也就越低。在一般情况下，竞争能够为产品带来持续创新的动力，有助于优化产品价格并促进市场的良性运转，最终实现资源的合理配置。然而就彩票而言，其发行的主要目的是为社会公益事业发展筹措彩票公益金[3]。在这种情况下，彩票竞争所带来的技术与产品创新能够有利于彩票市场和消费者，但竞争所导致的产品价格下降的压力对彩票行业整体发展及消费者需求将产生不利影响。一方面，彩票价格的降低势必影响国家公益事业发展资金的稳定增长，违背了彩票事业发展的目的；另一方面，作为一种满足人们追求以小博大刺激心理的娱乐性游戏，彩票价格相比票面价格下降或将导致总奖池的数额的减少，不利于彩票市场的长期发展。

从产品类型上分析，体育彩票市场竞争可以分为内部竞争和外部竞争两种类型。内部竞争是指体育彩票各个类型彩种之间的竞争，目前我国体育彩票类型共有5大类26种，数目众多的彩种之间形成了天然的竞争关系。就玩法规则而言，乐透数字型彩票、竞猜型体育彩票中奖面较小但高级别奖项奖金较高，购买者多为风险意识较强、购买数额较大的专业彩民；而即开型彩票中奖比例相对较大但数额也较低，购彩者多为保守型，单次购买数额也较小。就趣味性而言，即开型彩票中奖完全为随机，属于被动型，趣味性不强。而乐透数字型彩票和竞猜型体育彩票可以自行选择投注内容，特别是竞猜型体育彩票，中奖与否与竞猜项目的教练员战术布置、运动员、队伍自身

---

[1] 段宏磊,杨成,周东华.中国体育彩票产业职能重合行为的法律规制——基于俄罗斯《保护竞争法》的经验启示[J].天津体育学院学报,2018,33(6):479-484.
[2] 陈洪平.彩票法理念纠偏与制度调整[D].武汉：武汉大学,2015.
[3] 刘圣文.我国竞猜型体育彩票销量影响因素研究[J].首都体育学院学报,2018,30(6):489-494,501.

实力及在场上的发挥水平息息相关,在一定程度上考验着购彩者的分析能力,具备较强的趣味性[1]。当然,不同类型的彩民势必会选择不同的彩票类型,这种在细分市场中获得差异化的产品竞争性,可以促进彩票发行方完善产品线,满足不同彩民的需求,并在一定程度上缓和价格竞争所导致的对彩票市场产生的不利影响[2]。

外部竞争则是指体育彩票目前面临的同其他彩票机构之间的竞争,比如目前我国发行量最高的数字乐透型彩票,体彩和福彩两家机构都有相应的产品线进行销售。这种竞争虽然能够刺激发行方对产品进行创新,开发出更多适应市场需求的乐透彩票,并不断降低产品成本。但同时也在一定意义上不利于彩票市场的长期稳定发展。在长期竞争中,使得我国彩票市场的平均返奖率不断提高,产品同质化现象严重,市场营销的费用也在不断上涨,不利于我国公益事业的改进[3]。除此之外,地下私彩等行为的盛行也是体育彩票面临的重要外部竞争,由于不受公益金因素等限制,地下私彩具有较高返奖率,对购买者具有较大吸引力。特别是每逢重大赛事到来之际,大量资本涌入地下私彩,这些不受政府监管的地下私彩,不仅可能损害彩民自身利益,严重危害国家金融安全,而且会损害体育赛事的公平竞争,对体育彩票产生不利影响[4]。

（四）双寡头市场的博弈形态

体育彩票实质上作为一种特殊产品,具有显著的不确定性特征,从消费者角度分析,认为体育彩票消费者多属于风险偏好型消费者,经济学理论揭示了通常大部分消费者对于风险性消费持厌恶心理,而对于体育产品这种风险型产品会持拒绝购买态度。由于大部分的消费者对于某项投资的净期望收益为负时,通常会选择规避这一投资。然而,随着体育彩票销量的持续增长,消费者对于体育彩票的风险偏好增加,对于体育彩票产品的购买意愿逐渐增强。对于风险偏好的彩票消费者而言,由于彩票的投入价格较低、奖金较高的特性,通常会依靠中奖期望来引导消费决策[5]。从体育彩票市场结构进行分析,体育彩票市场结构主要呈现完全竞争、垄断竞争、寡头垄断、完全垄断四种类型,且主要呈现"完全垄断"和"寡头垄断"两种竞争格局[6]。对体育彩票产品进行分析,发现体育彩票产品类型主要包括即开型、乐透型、竞猜型、视频型4种,综合来看,"竞猜型"体育彩票产品处于"完全垄断"的竞争格局,而"乐透型""即开型"体育彩票产品处于"双寡头垄断"的竞争格局[7]。

---

[1] 李刚,李杨芝.中国竞猜型体育彩票发展对策的研究[J].体育科学,2018,38(9):21-36.
[2] 张瑞林,李凌,贾文帅.消费者对竞猜型体彩的态度、信念对其产品口碑传播的影响研究[J].北京体育大学学报,2018,41(12):26-35.
[3] 张璇,杨成,段宏磊,等.中国体彩业竞争环境的缺陷评析与制度改进[J].天津体育学院学报,2016,31(4):287-291.
[4] 刘圣文.基于扎根理论的中国体育彩票销量影响因素研究——以山东省为例[J].体育与科学,2019,40(3):23-32,60.
[5] 刘圣文.不确定性背景下的中国体育彩票奖金分布策略研究[D].济南：山东大学,2017.
[6] 戴狄夫.关于我国体育彩票市场产品类型的研究[J].吉林体育学院学报,2007,23(1):14-15.
[7] 中国彩票年鉴编委会.中国彩票年鉴2014[M].北京：中国财政经济出版社,2015.

在完全垄断的市场结构中，产品仅由一个厂商供应，体育彩票的某类产品将不存在任何相同产品的威胁。目前，在国家的行政保护下，竞猜型产品、个别乐透型产品以及福利彩票的视频型产品处于"完全垄断"的市场格局之下。在寡头垄断的市场结构中，由少数几个厂商提供产品的生产和供给，每个厂商提供的产品基本相似，与无竞争状态下的完全垄断市场不同的是，寡头垄断市场的厂商应充分考虑竞争对手将对实施策略的反应。在双寡头垄断市场条件下，体育彩票和福利彩票的竞争主要集中在乐透型彩票产品和即开型彩票产品，二者的产品在游戏规则上，均具有同质性和异质性特征。具体而言，体育彩票和福利彩票竞争的实质是同质性产品的价格竞争。其同质性表现在产品价格上，而异质性表现在彩票奖金分布上。彩票产品同质化严重，会加剧双方的竞争，不利于社会福利的发展，应根据产品种类对彩票市场进行重构[1]。此外，彩票市场竞争受"返奖率"和"网点数量"等关键要素的影响[2][3]。福利彩票和体育彩票均以为公益事业筹款为目的，服务于我国的公益活动，以弥补国家财力不足，均具有返奖率较低的特征，在一定程度上会影响销量。因此，通过产品创新的方式开发更高返奖率的彩票产品，以吸引消费者购彩，同时，优化互联网彩票销售模式，以增强消费者购彩的便捷性和降低其购彩交通成本。

根据前文分析可知，体育彩票和福利彩票各有一部分产品是完全垄断的，研究我国彩票市场必须深入了解并立足于这一现状，既要分析完全垄断市场，又要分析双寡头垄断市场。通过对体育彩票双寡头市场的博弈形态进行分析，认为彩票消费者具有风险偏好行为，且体育彩票的"乐透型"产品、"即开型"产品处于"双寡头垄断"的竞争格局。针对体育彩票的市场结构形态，发现了彩票产品同质性较严重、彩票返奖率较低等问题，据此，应提出彩票具体的业务流程再造路径。

二、业务流程重构的理论探索

（一）业务流程再造的渊源与发展

20世纪80年代后期，世界经济增速放缓，市场竞争日趋激烈。此时的美国经济正处在战后最痛苦的10年中，存在严重的市场疲软，居民购买力下降，出现了巨大的财政赤字，经济发展空前失衡，一度成为全球最大的债务国。加之国内企业内部结构冗余严重、管理层职能不明确等现象的进一步加剧，让企业发展举步维艰。据国际货币基金组织数据显示，1990年美国GDP增长率由1985年的3.4%下降至1.0%。

---

[1] 朱彤,余晖.彩票市场的竞争性质与我国彩票监管的重构[J].中国工业经济,2004,193(4):35-42.
[2] Coon M, Whieldon G. Elasticity of demand and optimal prize distribution for instant lottery games[J]. Atlantic Economic Journal, 2016, 44(4):1-13.
[3] Forrest D, Gulley O D. New price, new hope? An examination of the effects of doubling the ticket price in UK Lotto[J]. Journal of Gambling Studies, 2017,34(1):39-53.

为了应对日本及欧洲国家的经济威胁及挑战，业务流程再造理论（Business Process Re-engineering，BPR）应运而生。BPR理论最早由美国学者迈克尔·哈默（Michael Hammer）与詹姆斯·钱皮于20世纪90年代提出，他们将这一理论定义为为使得企业在成本、服务、质量等关键指标取得显著进展而对企业业务流程进行的根本性、彻底性的再思考与再设计[1]。BPR理论提出后很快在美国企业界掀起了一股业务流程再造的改革热潮，其内涵、运作步骤、发展等内容也受到了国内外众多专家学者的广泛关注。

就其内涵而言，奥特（Alter）指出BPR是一种应用信息技术，这种技术试图从根本上改变企业流程以达到企业目标。而石风波则认为业务流程再造更多强调的是在分工协作基础上的整体性，在以流程为导向的企业中分工与协作的特点才更易显现[2]。更有学者认为BPR即企业为满足顾客需求，增加输入价值并将其转化为输出的活动过程的综合体[3]。就其运行而言，哈默与钱皮认为企业业务流程再造包括观念再造、流程再造、组织再造、试点与切换、实现远景目标五大步骤，每一步骤内的活动形式各不相同[4]。威廉（William J.）等学者在此基础上将再造过程更进一步凝练为确定项目、创建新业务流程、适当组织中的整合流程三大步骤。就其应用领域而言，在BPR理论提出后的30年里，其内涵随着科技的发展与时代的变革也在不断突破，并被不同学者援引至各个领域。骆志芳等学者将这一理论延伸至商业银行的改革发展中，认为通过业务流程再造能够促使银行更好地适应金融环境变化并不断提高核心竞争力[5]。何翔舟在我国政府行政管理领域中引入了业务流程再造的理论，认为这一理论的应用将有利于转变政府职能，提高行政效率，推动行政法治化高效化发展[6]。此外，BPR理论在档案管理、财务会计、图书情报等不同行业中也受到了普遍认可[7][8][9]。

随着BPR理论的不断发展与扩充，哈佛大学迈克尔·波特（Michael E. Porter）基于价值链的角度分析了企业流程再造的实质，波特认为企业是对自身产品进行设计、生产、营销等经营活动的集合体，每一项活动都可以创造价值，具备经济效益，因此每一项活动都可以用价值链表示，在企业发展的过程中要注重企业每一条价值链的形成及发展。海恩斯在此基础上，对波特的价值链理论进行了创新，他指出，原材料及顾客

---

[1] Hammer, M.Re-engineering work: don't automate, obliterate. [M]. Harvard Business Review, July-August: pp, 1990: 104-122.
[2] 石风波.业务流程再造的比较研究文献述评[J].现代管理科学,2008(9):109-111.
[3] 李亚兵,宋丽娟.业务流程再造理论研究评述及启示[J].商业时代,2012(18):85-87.
[4] J.佩德罗，P.罗兰.业务流程再造[M].北京：中信出版社,1999.
[5] 骆志芳.关于我国商业银行业务流程再造的思考[J].软科学,2007(5):54-56.
[6] 何翔舟.浅论中国政府管理业务流程再造[J].中国行政管理,2010(3):52-55.
[7] 贾玲,吴建华,陆江.大数据视野下档案业务流程再造方法研究[J].档案学研究,2018(6):90-94.
[8] 刘杰,庄明来.会计业务流程再造新思维[J].商业研究,2010(2):174-178.
[9] 郑卫光.试论图书馆业务流程再造的现实意义[J].图书馆工作与研究,2011(10):30-33.

才是创造企业价值的源动力,抓住这两方面内容最终将有利于企业价值的创造[1]。价值链理论的提出与应用为BPR理论的创新发展提供了新的动力。此外,为了进一步适应我国经济社会发展需要,降低成本费率,提高企业绩效,实施差异化竞争发展策略,海尔集团在此基础上,基于优化企业内部组织结构、协调各项生产活动、创造更大经济价值的需求,着眼于企业外部的市场发展及其对内部各环节的辐射作用[2],创新提出市场链的发展理念[3]。所谓市场链就是指前后工序、前后岗位之间通过"索酬、索赔、跳闸"形成市场关系与服务关系。其中:索酬就是通过建立市场链服务于用户并从市场中取得报酬,每个工序、每个人的收入来自自己的市场;索赔体现出了市场链管理流程中各部门与工序与之间互为吻合的关系,如果服务得不好,不能履约,就要被对方索取赔偿;跳闸就是发挥闸口的作用,如果既不索酬也不索赔,利益相关的第三方就会自动"跳闸",警示、制约并解决问题,从而"闸"出问题来。可见,BPR理论具有较强的市场活力,在国内外得到普遍认可,并被广泛应用于企业生产实践中。

(二)体育彩票业务流程的内涵

根据上文可知,业务流程再造理论经由业务流程理论延伸开并得到了长足发展,对于任何产业、任何行业而言,都有其所对应的业务流程。业务流程不仅能使产业链条的发展过程清晰表明,还能促使产业效率的整体提高,与此同时,清晰的产业流程有利于使产业发展过程中的问题凸显出来,从而迫使流程中扮演不同角色者采取相应措施,对症下药,促使体育彩票产业相关部门组织的优化与协调发展。

将研究焦点转移至体育彩票领域,体育彩票经过长达二三十年的发展历程,早已形成了一套极具特色的业务发展流程。体育彩票业务流程如何得以运作,其运作的过程中又暴露出体育彩票发展中的哪些问题,这应当是相关学者研究的重点。结合我国国情及现实状况,体育彩票业务流程得以清晰,具体如下:首先,体育彩票的特殊性,也就决定了其特殊的供给形态。在体育彩票业务流程过程中,政府扮演着诸多难以被替代的多重角色,其主要负责体育彩票相关规章条例的制定及出台等活动,谋划好制度规划等相关顶层设计。政府设立专门的特殊机构即国家体育总局体彩管理中心,统筹规划体育彩票的具体发行及管理等活动,例如制定体育彩票的政策法规、明晰体育彩票的概念定义、厘清体育彩票的游戏规则、确定体育彩票的开奖办法、管理体育彩票店铺等各项活动都由国家体彩中心负责。其次,在体育彩票的销售过程中,体育彩票经销商渐渐取代供给环节中政府的地位,成为激发体育彩票市场活力的主体,在对体育彩票经销商提供相应的区位选择建议、相关条例灌输以及销售培训课程

---

[1] 雷长群.浅析供应链、价值链理论的发展与价值型企业的特征[J].中国人口·资源与环境,2003(3):114-117.
[2] 管益忻.探索海尔市场链、业务流程再造机理的一篇力作[J].南开管理评论,2001(1):50.
[3] 苏慧文.海尔管理变革:市场链与业务流程再造[J].南开管理评论,2001(1):42-49.

后，经销商获得法定的销售许可，从而进入体育彩票整体的市场活动过程。经销商在遵守相关规章制度以及确定体育彩票所包含的票种类型及相应的开奖模式、明晰体育彩票销售流程的基础之下，开展体育彩票的销售，在销售环节，经销商不得存在哄抬价格、恶意销售等破坏体育彩票产业环境的行为。最后，在体育彩票的利润分配环节中，体育彩票经销商所获得的体育彩票资金一分为二，其中，一部分资金作为体育彩票经销商的个人所得，以增强其从业信心，另一部分资金则通过税收的形式上交，并被划归为社会公益金，从而实现服务社会、提升社会满意度的最终目标。综上，结合实际，编制出体育彩票业务流程，如图8-1所示。

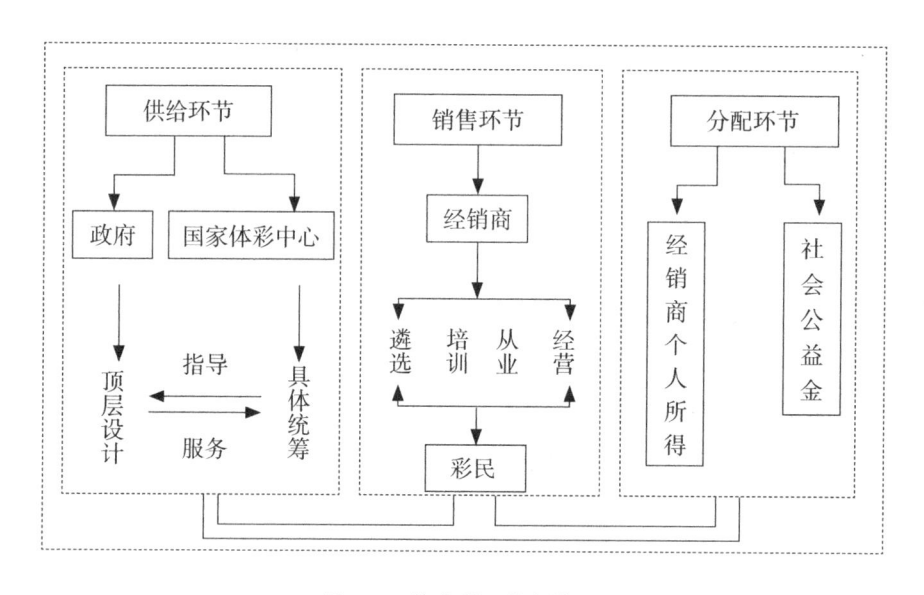

图8-1 体育彩票业务流程

通过图8-1不难发现，体育彩票的业务流程已自成一体并取得了较为显著的成效，按照这一业务流程，体育彩票产业得以不断发展，其发展前景一片向好。但与此同时，应当注意，体育彩票产业自身具备着较高的娱乐性、成瘾性等性质，这些性质不利于健康向上的体育彩票产业环境的营造及构建，同时也会对体育彩票业务流程机制产生一定的阻碍作用。此外，体育彩票业务流程过程中也存在着诸如监管力度不严、从业要求偏低、信息透明性不高等问题，这些问题的存在严重影响着体育彩票业务流程的进一步优化升级，基于此，本书在体育彩票原有业务流程发展的基础上引入业务流程再造理论，并构建出体育彩票业务流程再造模型图，试图丰富相关理论内涵，促进我国体育彩票产业的健康快速发展。

（三）体育彩票业务流程再造

业务流程再造是一种具有灵活性、包容性和动态性的扁平化组织模式的链式流程[①]，主要包括观念再造、流程再造、组织再造、试点与切换、实现战略5个方面的内容[②]，它通过职能的充分流动，实现服务的相互联结。同时，业务流程再造也是对原有组织机构、业务流程进行重组的过程，以谋求组织绩效不断提升[③]。业务流程再造的核心是优化整体流程，打造协同化和系统化服务体系，其实质上作为一种企业重新改进工作方式和工作流程的思想，主要采取合并相关工作组，按其自然顺序展开工作流程，并根据业务在工作中的重要程度实施具体的工作方式。

经梳理相关研究发现，近年来业务流程再造理论逐渐被运用于"新公共管理""政府管理""企业管理"等诸多领域中。"新公共管理"改革主要通过对组织流程的激进变革以推进组织的高效率发展[④]。通过改变现有的管理流程，对组织流程进行精细化设计，以改善服务质量为焦点，降低时间等成本[⑤]。在政府管理问题上，政府实施业务流程再造的目标在于提高管理的效率，实现管理可持续发展，即为公众提供高质量的产品或服务，对推进社会的发展具有重要意义。政府流程再造是建设服务型政府的重要表现，主要以优化组织结构与业务流程的管理制度、方式等为重要途径，力求完善的政策与制度，形成有效的管理模式[⑥]。部分学者从企业发展的角度出发，认为业务流程再造是以满足顾客需求为目标，通过运用信息技术等手段为企业制定发展规划、发展战略，重新设计和完善企业的业务流程及组织结构。企业业务流程再造是企业实现产品、服务高质量发展的重要手段，以满足消费者多元化的消费需求。在企业管理中，通过业务流程再造的方式可以为企业获取经济效益，即将原有的流程进行改造，实现流程优化。企业流程优化是通过运用技术改善企业内部的重要过程。企业通过业务流程改造和优化，可以促进企业效率的提升。综上所述，业务流程再造在不同领域的实践中得以应用，通过优化整体的业务流程，并实现业务内部不同路径的重组，以提高组织或企业的管理绩效。体育彩票是为筹集社会公益资金，兴办社会公益事业与体育事业，由政府或政府授权的机构发行和垄断经营，可见，设置正确的体育彩票市场运行业务流程对推动体育彩票发展至关重要。因此，本书基于目前体育彩票发展的现状与存在的问题，将业务流程再造理论运用于体育彩票领域，实施体育彩票业务流程再造，以发现体育彩票业务流程再造的路径，促进体育彩票业组织优化和协

---

① 拉塞尔·M.林登.无缝隙政府：公共部门再造指南［M］.汪大海，吴群芳，译.北京：中国人民大学出版社，2002.
② 周三多,陈传明,鲁明泓.管理学：原理与方法[M].上海：复旦大学出版社，2009.
③ 叶勇.政府流程再造：理论与现实的解读［J］.现代管理科学，2007（5）：88.
④ James W,Fesler, Donald F Kettl.The politics of the adminis-trative process[M].Chatham，New Jersey:Chatham House Publishers,1996.
⑤ Lawrence R, Johnes, Fred Thompson.Public management re-newal for the twenty-first century[M].Stamford, Connecticut:JAL Press, 1999.
⑥ 何翔舟.浅论中国政府管理业务流程再造[J].中国行政管理,2010(3):52-55.

调发展。

根据业务流程再造的具体过程中的观念再造、流程再造、组织再造、试点与切换、实现战略这5个方面的核心要素，以及目前体育彩票存在的诸多问题，本书构建出体育彩票发展的业务流程再造图（图8-2）。体育彩票产业部门首先要树立正确的业务流程再造观念，清楚业务流程再造的重要性，组建各项目负责机构团队，通过加强员工培训或宣传，塑造组织文化，设置合理的业务目标，提高体育彩票发展的竞争力，实现彩票业务流程的观念再造；其次，通过体育彩票管理、市场、营销等部门对彩票整体产业进行调研分析、诊断，然后进行重构业务流程；再次，通过评审人力资源，找准承担不同业务责任的定位，分析彩票销售多媒体设备、计算机技术等应对新流程的能力，然后根据技术和人力资源重新设置彩票业务流程组织形式，建立新的市场运营结构，以保证整个彩票产业的稳定运营；从次，在完成新流程、人力资源、技术结构的审查后，可实施新的试点以及在整个彩票产业实施切换试点顺序；最后，通过对试点的效果评价，收集流程再造的经济效益信息，进而不断优化、创新业务流程，以实现彩票产业的可持续发展。

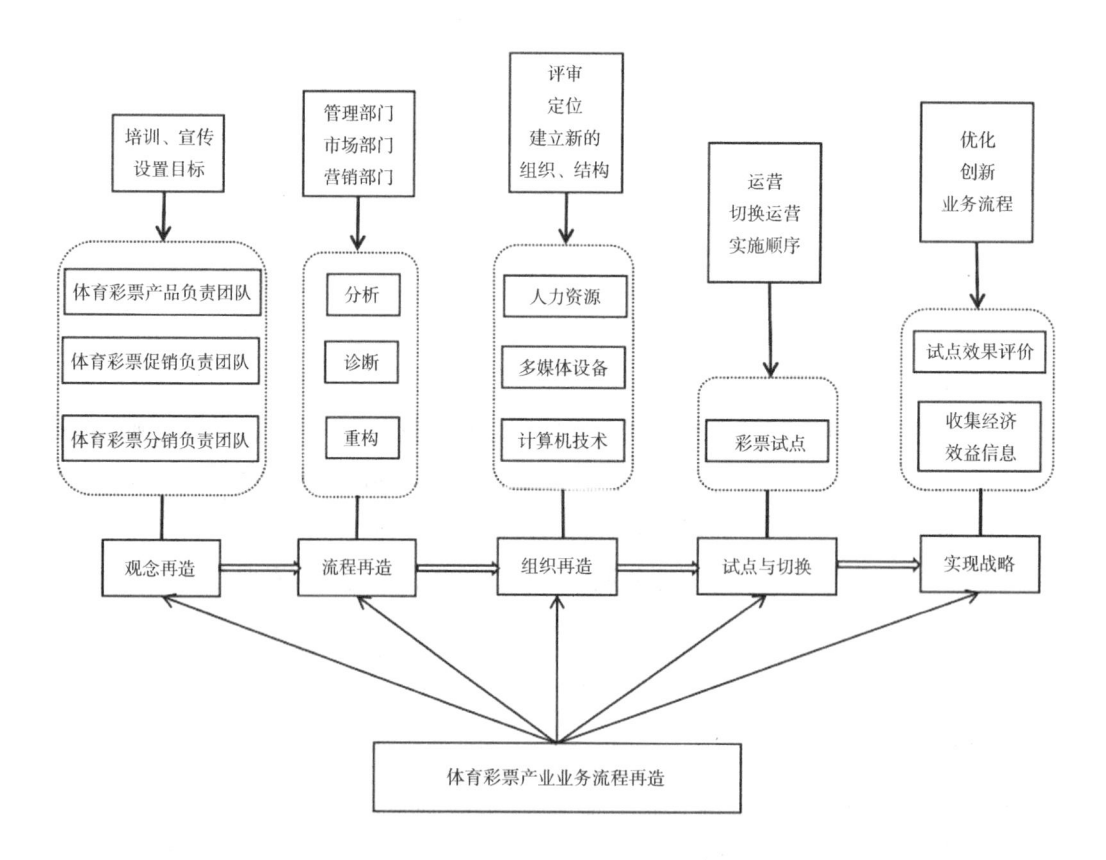

图8-2 体育彩票产业业务流程再造

第二节 体育彩票业中的竞合关系

一、竞合的前因

在市场经济中,企业占据着市场的主体地位,企业通过其自身活动可不断激发市场活力及创造力。因此,企业间的相处模式就显得尤为重要,有学者指出不同企业之间存在着三种相处模式,即竞争、合作与竞合模式[1]。竞争是指相关企业主体为了生存及发展而对有限资源的一种抢夺,带有极强的利己性[2]。合作则是指由于受到能力、资金等方面的限制而采取与其他组织或个人相互配合以达到最终目的的行为。竞合就其字面意思可理解为竞争与合作,其最早由美国耶鲁管理学院的拜瑞·J.内勒巴夫和哈佛商学院的亚当·M.布兰登勃格将合作(Cooperation)和竞争(Competition)组合成为竞合(Coopetition)而提出[3],竞合是指某一事物的双方或多方参与者所保持的一种既竞争又合作的关系状态,这种关系状态能够使得双方或多方在合作中相互取长补短,在竞争中优胜劣汰,最终实现多赢共生目标。竞合就其本质而言是一种博弈行为,但与你输我赢的零和博弈所不同的是,竞合更强调互利共赢。随着竞合理论的不断深入发展,该理论被广泛应用至各个领域。项后军认为对于集群企业中核心企业的创新能力,竞合关系的交互作用能够起到增强该能力的作用[4]。刘兵慧等学者认为旅游区域间的竞争与合作能够较大程度克服旅游业发展的局限,从而获取充足的经济社会效益[5]。付玉龙认为在竞技体育领域中,竞争与合作是普遍存在的。在体育比赛中,双方参与者都要承认对手存在的价值及意义,并将对手看作是促进自身能力提高者,以此推动竞技体育的发展[6]。此外,对于竞合关系的影响因素方面,祝小宁等学者认为利益的实现是以合作为前提的,而分享利益的过程中必然存在着竞争行为,因此,利益关系是影响竞合的关键性因素[7]。韩文海等学者认为竞合模式由纵向竞合与横向竞合两种模式构成,纵向竞合是指企业与产业链上下游各环节之间的竞合关系,而横向竞合则是指企业内外部之间的竞合关系,因此,他们认为产业环境、组织文化、制度性因素、社会

---

[1] 卢福财,胡平波.基于竞争与合作关系的网络组织成员间知识溢出效应分析[J].中国工业经济,2007(9):79-86.
[2] 付玉龙.竞争与合作——论体育竞争[J].体育文化导刊,2016(3):197-201.
[3] Brandenburgam, Nalebuff B J. The right game: use game theory to shape strategy [J]. Harvard Business Review, 1995, 73(4):55-71.
[4] 项后军.产业集群中竞-合关系的演化与核心企业创新[J].科学学与科学技术管理,2011(2):71-77.
[5] 刘兵慧,魏晓芳.基于博弈视角的区域旅游竞合机制构建——以山西省为例[J].经济问题,2011(5):118-121.
[6] 付玉龙.竞争与合作——论体育竞争[J].体育文化导刊,2016(3):197-201.
[7] 祝小宁,刘畅.地方政府间竞合的利益关系分析[J].中国行政管理,2005(6):46-47.

网络等都是影响竞合关系的内外部因素①。张华等人则认为权力均衡、知识溢出是影响企业竞合模式的外部因素②。

具体到体育彩票领域，作为一种特殊产品，体育彩票本身就具备着不确定性、娱乐性等特点。对于体育彩票市场而言，也存在着竞争与合作模式。有关学者指出，体育彩票市场的竞争格局内既存在完全垄断形式，同时又存在双寡头垄断的形式。垄断的存在会激发竞争市场的进一步发展，体育彩票中的竞猜型彩票即属于完全垄断形式，国家规定只允许体育彩票发行竞猜型彩票产品，这种完全垄断模式不仅有利于彩票市场的发展，而且对于体育事业而言更是机遇。在体育彩票业务流程再造的过程中，同样也存在着竞合关系状态，无论是相关市场链过程中体育彩票市场的竞争方式，还是体育彩票市场的运行模式，都极具竞合特色。其中的竞争表现在体育彩票发行模式、销售模式等多流程、多角度、多主体的竞争，而其合作模式则表现为消费者内部、彩票方内部，以及消费者与彩票方之间的相处模式，这种相处模式是以追求不同主体之间内外部的共赢为根本目标，从而不断优化体育彩票业务流程的进一步发展。此外，业务流程发展过程中体育彩票竞合机制的运作会受到多方面因素的影响，即内部与外部因素的共同影响，其中影响消费者与彩票方竞合的内部因素包括不同利益方之间的利益关系、体育彩票的运作机制以及体育彩票本身所具备的丰富的文化内涵；而外部因素则包括体育彩票政策制度性因素、体育彩票社会环境等因素。内外因素的双重作用对体育彩票市场起到一定程度的推动，共同促进体育彩票市场各方的互利共赢，推动体育彩票业务流程的再造发展。基于此，竞合理论是在博弈论基础下提出的一种互利共生理论，实践证明，对于某一产业发展过程中不同流程的业务主体而言，单一的合作或竞争模式局限性较大，且无法满足具体产业流程的发展需求，适时转变固有观念，接受并运用竞合理念，转竞、合为"竞合"，不仅有利于保障利益主体的利益最大化，同时也有利于产业内外部环境的优化。在体育彩票业务流程再造的研究过程中，竞合理论的应用不容忽视，以此调节消费者与彩票方之间的关系，激发供应链各环节活力，使竞合理论发挥最有效的理论价值，从而促使体育彩票产业内部及不同产业间的协同发展，以推进体育彩票业务流程环境的整体再造与优化。

二、竞合策略分析

企业间的竞合是为了实现共同发展，是企业竞争从竞抗、竞容到竞合不断发展的状态，体现了市场动态发展的内在逻辑，是企业行动的基本取向③。竞合策略是企业为

---

① 韩文海,邱国栋.从契约性到非契约性:竞合理论演进研究[J].江西社会科学,2016(7):204-209.
② 张华,顾新.合作创新的领导权博弈与利益协调研究[J].系统工程理论与实践,2018(12):3109-3123.
③ 刘志杰,胡振华.产业集群企业竞合行为博弈分析[J].社会科学家,2010(5):47-49.

获取更大收益所做出的选择,通过优化资源配置以获取最大化利益。在企业发展过程中,如何实现效率最佳化是当前较为关注的问题,对此,企业试图通过合作与竞争方式获取利益。在供应链领域中,具体而言,竞争模式是在双寡头市场中形成的由两个厂商供应的市场结构,斯塔克尔伯格(Stackelberg)双寡头模型揭示了产量是对方厂商竞争的因素。合作模式是各个企业之间形成的关联,包括购买、营销、外协等各个方面。在关联模式下,企业可以获得相应的价值和竞争优势[1]。在区域旅游领域,竞合发展成为一种发展趋势,通过竞争与合作,地区间的旅游部门要考虑自身的优、劣势和对其他地区的影响,同时,也要考虑做出相关决策对其他地区的影响。各区域为追求利益最大化,在旅游资源非均衡条件下,各地区政府、企业、政府与企业之间均形成了竞争态势。因而,在最大利益条件下,在区域旅游资源开发、客源市场开拓方面实施竞合策略,基于塑造和发挥相似地区景点、资源特色,开发更富有吸引力的旅游目的地。在竞合发展过程中,合作双方应坚持"资源共享、信息互通"发展原则,通过竞争合作模式以更好促进区域旅游业发展[2]。为实现市场竞争的最佳效率,在博弈过程中,中小企业利用竞争合作策略来保持动态竞争优势,通过不断调整、完善博弈策略,以推动整个企业集群竞争力的持续演化和提升[3]。基于上述分析,发现当前在供应链、旅游等诸多领域中,企业实施竞合策略对实现有效发展具有重要的意义。

在体育消费领域中,体育彩票主要呈现完全垄断与寡头垄断两种竞争格局,乐透型、即开型体育彩票产品处于"双寡头垄断"的竞争格局。在双寡头垄断市场条件下,体育彩票和福利彩票的竞争主要集中在乐透型和即开型彩票产品。在这种双寡头垄断下,存在体育产品同质化严重、特色产品较少、监管力度不足等问题,致使体育彩票业发展出现娱乐性不强、消费动力不足等问题,因此,在体育彩票业竞合状态下对其业务流程进行再造,并提出具体的竞合策略对体育彩票的发展具有重要意义。在体育彩票业竞合状态下,体育彩票产业部门应以满足消费者需求为目标,通过加强员工培训或宣传,营造组织文化,树立良好的体育彩票发展观念,为消费者积极打造良好的体育彩票产品。对于消费者而言,两种彩票奖金分布存在差异时,企业为获取利益最大化,实施差异化战略可以为消费者提供特殊的效用,从而拓展奖金分布策略选择的空间[4]。体育彩票可以实施差异化竞争策略,即在体育彩票的产品、品牌、服务、营销等方面给予消费者优质的体验,以满足其异质消费偏好。

由于消费者对于不确定性高的彩票产品的偏好较强,在返奖率不变的条件下,消

---

[1] 张庆一,李贵春,踪程.供应链企业竞争与合作的博弈分析[J].统计与决策,2010(9):174-176.
[2] 刘兵慧,魏晓芳.基于博弈视角的区域旅游竞合机制构建——以山西省为例[J].经济问题,2011(5):118-121.
[3] 唐剑,陈颜,梁山.基于竞合博弈的中小企业集群竞争力演化策略[J].西南民族大学学报(人文社会科学版),2014,35(5):124-127.
[4] 刘圣文.不确定性背景下的中国体育彩票奖金分布策略研究[D].济南:山东大学,2017.

费者更倾向于选择方差大的彩票产品，应实施降低体育彩票中奖率、增加奖金的策略，以满足消费者的高风险偏好。产品是体育彩票和福利彩票竞争的核心。在产品方面实施差异化战略，要求根据彩票消费者的个体特征，有针对性地开发特色的体育彩票产品，以增强消费者的体验。此外，通过对整个彩票产业实施切换试点顺序，有助于产品的优化与质量的提升。服务质量是影响消费者参与消费的关键因素，实施服务差异化竞争策略。通过对人力资源进行评审和评估，以发现人才的工作能力与责任定位，即分析高新技术的运用能力与责任意识，以保证能为消费者开发或提供多元化的彩票产品，从而满足消费者的需求。通过提供优质体育彩票销售服务质量可以促进销量提升，优化体育彩票管理制度、培训制度、宣传制度等，有利于提高体育彩票的服务水平，以满足消费者良好的服务体验。品牌是帮助人们有效认知产品的关键，实施品牌差异化竞争策略，有助于在同质化彩票产品竞争中发挥重要作用，良好的品牌形象有助于彰显产品特征，完善品牌管理体系，有利于促进体育彩票与福利彩票销量提升。营销是体育彩票发展的关键，体育彩票管理部门、市场营销部门应对彩票产业进行调研分析、诊断，充分了解运营流程及其存在的问题。通过实施营销渠道差异化竞争策略，利用线上线下等多种营销模式，实现体育彩票营销渠道多元化，为消费者营造便利购彩渠道，有利于刺激其消费需求，以实现彩票产业的消费可持续发展。

三、竞合行为

（一）消费者行为

彩票市场是彩票的供应方与彩票的购买方进行彩票交易的场所。体育彩票与福利彩票两家形成了彩票市场的寡头垄断与竞争的格局，既有垄断又有竞争的市场发展体制为彩票产业的发展奠定了基础；消费者作为体育彩票的买方，体育彩票市场在运营过程中针对消费者的消费行为也会提供有效的竞合策略，以促进体育彩票的发展。目前，体育彩票市场针对消费者行为的竞合特征可通过以下几个方面进行体现。

首先，消费偏好是消费者根据个体的判断来选择相应的产品或服务，体育彩票消费者在选择自己喜好的彩票产品时，会受到诸多因素的影响。例如，不同体育彩票产品给消费者带来的返奖率以及消费者在购买彩票时所付出的交通成本或时间成本[①]。针对体育彩票消费者的消费偏好，体育彩票的返奖率和销售网点的数量需要进行一定程度的协调，消费者对彩票的返奖率较为关注时，则增加体育彩票的返奖率，体育彩票的成本将会提高，同时销售网点设置的数量相对减少；当消费者比较关注交通成本或时间成本时，则增加彩票销售网点的数量，以降低消费者的交通和时间成本，而返奖

---

① 刘圣文,张瑞林.基于博弈论的中国体育彩票竞争行为研究[J].体育与科学,2019,40(1):39-48.

率则会在一定程度上降低，以上均是体育彩票与福利彩票两家考虑的重点。目前就销售网点而言，体育彩票的销售网点明显低于福利彩票，但返奖率比较高。因此，体育彩票将销售网点与返奖率二者之间的关系进行考虑，以达到促使体育彩票利润最大化的目的。

其次，消费者在选择彩票产品时还会受到其他诸多因素的影响，比如消费者在购买彩票后所获得的精神效应或对体育事业的支持[1]。满足消费者的中大奖发家致富的投资期望等精神效应是体育彩票关注的重点内容，体育彩票较高的返奖率在一定程度上满足了消费者的投资期望，以保持较高的体育彩票消费者参与数量，同时体育彩票的玩法较为丰富，如竞猜型体育彩票，它是通过体育与彩票相结合的方式成为体育彩票区别于福利彩票的一大特色[2]，吸引了众多的体育爱好者和彩民参与其中。另外，全民健身工程、体育活动中心、公共体育场馆设施的建设，为体育彩票提供了较好的宣传作用，使彩民对体育彩票公益金有了一定程度的了解和认识，激发了消费者对体育彩票事业的支持[3]。

最后，体育彩票消费者的购彩频率、购彩年限、购彩金额是消费者购彩行为特征的重要体现，以上三者能够反映出消费者购彩的稳定性与积极性，保证体育彩票市场的持久运营与发展。因此，体育彩票正是以丰富的体育赛事和诸多的体育比赛场次，如足球与篮球，从而促进了众多体育爱好者参与体育彩票消费；同时，诸多消费者对于赛事或彩票介入的时间较早，其购彩频率与购彩金额均保持在较高水平，从而保证了消费者的忠诚度与再购行为。

（二）彩票方行为

彩票方的竞合体现在市场链的始末，贯穿于外部与内部的发展。宏观上，我国彩票发行的根本目的是为公益事业的发展筹集公益金，且无论是福彩还是体彩，其监管机构都是政府部门及其下设的事业单位，对于市场占有都无过多限制。

然而，从外部市场环境方面分析，双寡头运行模式下的我国彩票系统存在着天然的竞合关系。在历史的维度上，由民政部门发行的福彩诞生于1987年，而由体育部门发行的体彩则在7年后的1994年才开始在全国发行。在这种情况下，福彩具有较强的先发优势，从员工数量、网点布局、营销费用、彩民群体等方面的规模上均高于体彩。因此，福彩在很长一段时间内的销量远超体彩。近年来，随着我国体育赛事产业的不断发展，在竞猜型体育彩票销量的飞速增长带动下，我国体育彩票销量已经超越福彩，彩票方之间的竞合模式出现了新的发展态势，而竞猜型体育彩票也必将成为体育

---

[1] 杨吉春,周珂,周艳丽.我国体育彩票市场的消费者行为研究[J].武汉体育学院学报,2003(4):23-25.
[2] 李凌,王俊人.消费者购买竞猜型体育彩票之影响因素初探[J].体育与科学,2015,36(2):11-18,25.
[3] 张瑞林.体育彩票的经济学特征及管理策略[J].体育学刊,2012,19(6):70-73.

彩票发展的重要支柱。

从游戏规则上看，福彩与体彩在玩法上有诸多相似的彩种，这些相似的彩票类型无形之中加剧了福彩与体彩之间的竞争。这种竞争促使我国彩票市场不断创新发展，各类玩法也在不断推陈出新。但是，在双寡头的竞争之下，当一家机构推出新的具备较强竞争力的玩法时，另一家总能很快跟上，使得这种依靠竞争而得以增长的空间不断萎缩。同时，这种外部环境的竞争还体现在终端的销售网点上，随着我国彩票业市场的不断发展，体彩和福彩的网点数量都在不断增加，虽然监管机构对于自身网点的布局有一定的限制，但对于体彩与福彩网点之间的距离并无过多限制，这就使得体彩和福彩间的竞争进一步加剧。在这样的大环境下，体彩和福彩各方为了使自身利益最大化，不断竞相提高营销费用和返奖率，甚至出现了在宣传载体中进行排他性竞争的行为，这些手段对于市场可能产生了一定的刺激，但从长远看，在一定意义上影响了我国彩票公益金的筹集。这种竞争寻租关系下，体彩系统外部零和游戏的思想，使得彩票方忽视通过有效的合作构建特定关系资源，难以实现长期效益[1]。因此，破除体彩与福彩间的直接竞争关系是解决这一矛盾的有效手段。无论是体彩还是福彩，归根结底，其目的都是为社会公益事业筹集资金，最终造福全体人民。当直接竞争关系解除后，彩票方将能够更有针对性地将目标聚焦于自身发展，从而为社会公益事业做出更大贡献。

在体彩系统内部，实行自上而下的行政管理体系。体育总局下属的体彩管理中心负责体彩在全国的发行与监管，并授权各省级体彩中心负责本地区范围内体彩的发行与监管。省级体彩中心在各地设立监管机构并派专人负责彩票网点的审批与管理。上下层之间不存在直接的竞争关系，此外，各个终端网点之间的市场是一定的，并且共享同样的彩票资源，辐射的范围也具有一定的限度。因此，体彩内部网点之间的竞争也是有限的。同时，由于体彩网点大多由业主独立经营，大多数站点之间并不存在着直接联系，这也导致了网点间的合作关系较为疏远。可见，体彩系统内部的竞合关系也存在着一定的疏漏。从山东省体彩发展经验来看，区域体彩网点间的合作，通过星级网点带动普通网点、协同开展营销活动、定期举办公益服务等手段，能够有效培育彩民规模、提高体彩社会形象，带动网点销售量的提升，促进体彩市场整体的整体发展[2]。这种由于互惠交换、人际信任而带来的伙伴关系是体彩的竞合良性运作的动力，也为体育彩票内部良性发展奠定了坚实基础。应当尽快将这一典型经验向全国推广，使得体育内部的竞合关系得以进一步协调，助力体育彩票高质量发展。

---

[1] 杜占河,原欣伟.竞合的前因、过程与结果研究综述[J].管理现代化,2017,37(5):116-122.
[2] 刘圣文.基于扎根理论的中国体育彩票销量影响因素研究——以山东省为例[J].体育与科学,2019,40(3):23-32,60.

第三节 体育彩票业中的博弈关系

一、体育彩票与福利彩票之间的博弈

我国彩票业是由财政部、民政部、国家体育总局共同对彩票市场进行监督管理，它包含体育彩票与福利彩票两大部分，二者均为我国社会经济发展做出重要贡献。与此同时，体育彩票与福利彩票在发展过程中也会存在竞争、合作、博弈的现象，以促进彼此互相激励与进步。对于体育彩票与福利彩票之间博弈现象可从产品、奖金分布、价格进行分析与探讨，进而能够厘清二者之间的博弈关系（图8-3），以促进对彩票业进行更好的监督与管理。

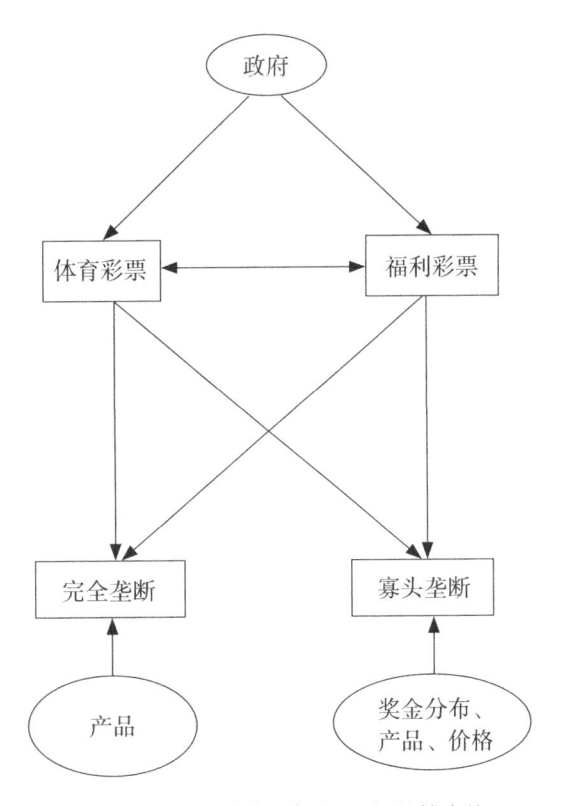

图8-3 体育彩票与福利彩票之间的博弈格局

《彩票管理条令》中指出国务院特许发行福利彩票、体育彩票，未经国务院特许，禁止发行其他彩票。在体育彩票中最具特色的产品是竞猜型体育彩票，它是体育

赛事与彩票高度结合的一种彩票产品[①]；而在福利彩票中最具特色的彩票产品是视频型彩票，它以互联网的形式进行彩票交易[②]。同时，依托于足球赛事的足彩、中国香港流行的竞猜型赛马彩票以及涉及赛车、篮球等竞猜型彩票与利用互联网便利发行的视频型彩票各自发挥其独有产品的优势。可见，体育彩票与福利彩票在政府特许的条件下以其独特的产品类型形成了完全垄断的博弈局面。另外，体育彩票与福利彩票也都拥有许多的产品类型，如体育彩票超级大乐透、11选5、排列3、七星彩、顶呱呱等，福利彩票乐透型彩票中的双色球、七乐彩、3D、刮刮乐等，二者均以其各自丰富的产品及玩法形成了双寡头垄断的博弈局面（表8-1）。

表8-1　体育彩票与福利彩票之间的完全垄断与寡头垄断的产品博弈

	体育彩票	福利彩票
完全垄断	竞猜型体育彩票	视频型彩票
寡头垄断	超级大乐透、11选5、排列3、七星彩、顶呱呱	双色球、七乐彩、3D、刮刮乐

体育彩票与福利彩票形成了彩票的双寡头市场，分别具有各自的彩票管理机构与彩票发行、销售机构。假设体育彩票为企业1，福利彩票为企业2。企业最关注的是如何在获得最大效用的情况下，取得最大利润。在彩票市场的经营管理中，销量与奖金分布决定彩票的利润，而彩票消费者最关注的是如何能够最大概率（中奖概率）地获得高额的奖金回报。进一步分析，在价格均衡的前提下，假设企业1设置的中奖概率为p1，中奖金额为m1，销量为x1；企业2设置的中奖概率为p2，中奖金额为m2，销量为x2。一方面，若企业1通过更高的中奖概率设置去吸引更多的消费者，则p1>p2，m1<m2，x1>x2；另一方面，若企业1通过更高的奖金金额设置去吸引更多的消费者，则m1>m2，p1<p2，x1>x2。同时，企业1通过改变奖金分布策略会获得比不改变奖金分布策略更多的利润，假设为P+P0，而不改变奖金分布策略的企业2收益则为P（P<P+P0）（表8-2），企业2同理。可见，体育彩票与福利彩票两个"企业"必须在考虑到满足消费者消费期望的情况下，获取最大化的利润，两个"企业"在做出最优奖金与概率决策分布时形成了双寡头博弈的局面，且二者之间会受到彼此做出最优化决策的影响，提升博弈的程度。

[①] 李凌,张瑞林.体育赛事观赏与竞猜型体彩的影响效果探析——基于二元热情模型的研究视域[J].体育与科学,2017,38(2):99-107.

[②] 刘圣文.不确定性背景下的中国体育彩票奖金分布策略研究[D].济南：山东大学,2017.

表8-2 体育彩票与福利彩票之间奖金分布博弈的收益矩阵

		体育彩票（企业1）	
		改变	不改变
福利彩票（企业2）	改变	P+P0，P+P0	P+P0，P
	不改变	P，P+P0	P，P

在彩票市场中仅有体育彩票（企业1）与福利彩票（企业2）两家机构供给丰富的彩票产品，彩票的价格成为影响其发展的关键一环，两家彩票机构在考虑到彩票产品的定价策略上，双方均会受到彼此的影响，但为了避免打"价格战"，并保证各自的利益，两家机构会在价格上达成协议，形成一种价格均衡。假设在这一过程中，短期内遵守价格均衡协议会获得比破坏价格均衡更多的收益，记为P+P0，而破坏均衡价格协议的一方收益则为P（表8-3）。当体育彩票或福利彩票的其中一方打破价格均衡协议时，则会通过降低彩票价格，以吸引更多的消费者，进而获取销售利润，短期内获取的销售利润P＜P+P0。具体而言，企业1若维持价格均衡协议，企业2可维持，也可破坏；企业1若破坏价格均衡协议，企业2可继续维持，也可破坏；企业2同理。可见，无论任何一方维持或破坏价格均衡，另一方的最好决策则是维持平衡会带来更好的利润。但是，若其中一方通过价格来吸引更多的消费者，增加彩票产品的销量，那么所谓均衡的局面将会被打破，两个企业的利润均会受到影响，阻碍可持续发展的进程。因此，在彩票产品价格的竞争上形成了双寡头竞争与博弈的局面。同时，正是由于政府机构的存在，将会对两家彩票产品的价格进行监督、管理与调控，以免产生"价格战"，造成两败俱伤的问题。因此，政府对彩票的监督管理是必须存在的。

表8-3 体育彩票与福利彩票之间价格博弈的收益矩阵

		体育彩票（企业1）	
		维持	破坏
福利彩票（企业2）	维持	P+P0，P+P0	P+P0，P
	破坏	P，P+P0	P，P

二、体育彩票与政府之间的博弈

本书所构想的体育彩票业务流程再造的发展模式过程中，观念再造与流程再造两大环节尤为重要，而在这两大环节中政府处于核心地位，起着不容忽视的重要作用，而体育彩票与政府之间的博弈更是体育彩票业务流程发展过程中不容忽视的重要问题。首先，由于我国的特殊国情，体育彩票的发行及管理过程中，政府本身即为主导者、监督者，因此在体育彩票业务流程再造的发展模式中，这一点不容改变，但在此基础上应当注意的是，体育彩票与政府之间存在着极具特色的博弈模式。在我国，由政府所设立的国家体育总局体彩管理中心这一专门机构负责体育彩票的统一发行、管理及相关统筹工作。在体育彩票代销商与政府的博弈互动过程中，由相关政府部门制定体育彩票发行销售管理的规章制度及相关条例，而体育彩票代销商则有两种策略可以选择，即遵守及违反，遵守相关条例和违反相关条例。对于遵守相关条例的体育彩票代销商，政府部门则可以采取进一步的激励措施，以达到既带动体育彩票销售，又优化体育彩票产业环境的多重目标，从而实现多方共赢的发展态势。而对于违反相关条例的行为，政府部门可采取一定的惩罚措施，以规范化制度化其体育彩票代销商的行为，若在惩罚措施采取后仍未取得既定的期望目标，政府部门可加大惩罚力度及广度，以此形成制约，因此，在政府与体育彩票代销商的博弈过程中，政府激励奖惩措施就显得尤为重要。假设在这一过程中，短期内违反相关条例商家比遵守相关条例商家多获得的收益为V0，I是政府的激励成本，D是政府给遵守相关条例商家的财政补贴，F则是对违反相关条例的商家罚款，假设F>D，H是体育彩票产业环境成本。在这一假设条件下，纳什均衡（即在博弈的过程中，对于不同参与者而言，若其他人未改变相关策略，他就无法改善自己的状况）并不存在，那么政府和相关体育彩票商家的博弈矩阵见表8-4。

表8-4　政府奖惩博弈矩阵

		体育彩票商家	
		遵守	违反
政府部门	激励	I+D,I	V0,-H,
	惩罚	-F,-H	F,H

由于纳什均衡在政府奖惩博弈过程中并不存在，因此最终的纳什均衡解是完全不能确定的，这种不确定性不仅仅能够通过多种均衡解表现出来，而且完全有可能表现在非均衡解中。与此同时，对于遵守相关条例的体育彩票商家，其不仅仅能获得大量的政府财政补贴D及一定的政府激励成本I，而且其体育彩票产业环境成本也将低于相应标准；而对于违反相关条例并受到一定惩罚措施的体育彩票商家，其最终获得的收益F将远远小于D，最终得不偿失。基于此，如果相关政府部门激励机制较为健全或体育彩票商家表现出遵守相关条例迹象，这时最终的结果可能会呈现满意的纳什均衡解，即（遵守，激励）。此外，基于以上模型可知，相关政府部门对体育彩票商家进行奖惩博弈的纳什均衡与相关体育彩票商家违反相关条例所获得的收益V0，违反相关

条例的罚款F，相关政府的激励成本I和财政补贴D以及体育彩票产业环境成本H有关。其中，除了体育彩票产业环境成本H难以量化评估外，体育彩票商家遵守相关条例的概率主要还是取决于违反相关条例所获得的收益以及相关政府部门的执法行为及执法力度，违反相关条例获得的收益越高，则遵守相关条例的概率越低；相关政府部门对于违反相关条例的体育彩票商家的惩罚力度越大，相应地就会提高对遵守相关条例商家财政补贴的比重，因此，体育彩票商家遵守相关条例的概率也会大大增加。由此可见，体育彩票商家往往是趋利避害的，当有利可图时，体育彩票商家就会遵守相关条例，而这一利益需要政府采取相应的财政措施给予体育彩票商家，故此，政府在体育彩票发行管理的初始过程中处于重要且难以替代的地位。

在政府与体育彩票商家的博弈过程中，由于政府的主导地位，使得体育彩票商家只得被动执行相关规定，积极性及主动性不强，但由于受到相关利益驱使，部分商家会投机取巧，钻法律制度的空子，违反体育彩票的规章制度及相关条例。针对此类现象，政府还是要牢牢掌握住彩票的发行及管理权，明确其在彩票领域的主体地位，制定体育彩票发展的相关体系及构架，通过相关立法，树立其体育彩票领域的权威地位，实现其观念上的转变及再造。业务流程再造的过程中，应加强相关立法措施，以法律法规的制度化、规范化去约束体育彩票商家的行为，对于违反相关法律的行为，进行清晰明确的规定，并依照相关规定给予惩罚措施，由此减少违法行为的发生，从而促使相关体育彩票商家能够自觉遵循体育彩票的规章制度及相关条例，优化体育彩票产业的整体环境。给予遵守相关条例的商家一定的财政补贴及政策优惠，以此调动商家的从业积极性。在强有力的政策及法律制度的保障下，政府相关部门与体育彩票商家博弈的过程中，其行为会主动转变为（遵守，激励），从而促进健康体育彩票产业环境的构建及优化，实现互利共赢的多方博弈预期，最终成功实现体育彩票业务流程的再造发展（图8-4）。

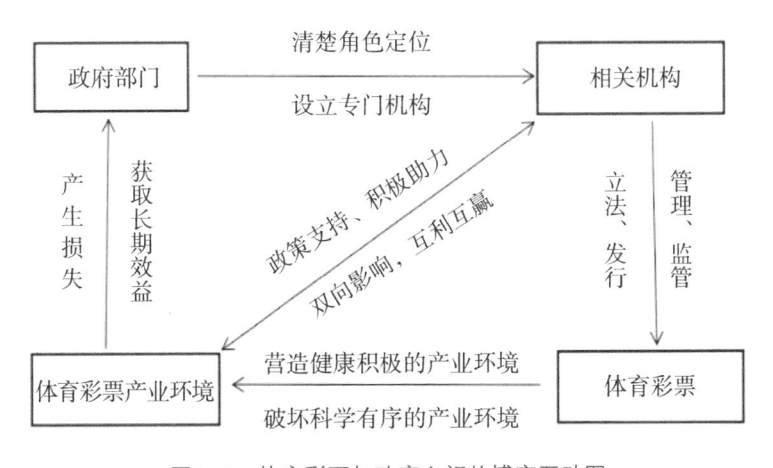

图8-4 体育彩票与政府之间的博弈互动图

三、体彩与消费者的博弈

根据前文分析,竞猜型体彩是体育彩票区别于福彩的特有彩种,对体育彩票的运营与发展具有重要意义,体彩与消费者间的博弈也主要聚焦于这一特质。就二者间产生的博弈行为,本书假设:①博弈双方均符合"理性经纪人"的定义,即具备理性的判断能力以达成利益最大化的目标;②体彩发行方与消费者之间进行重复博弈,直至消费者不再购买竞猜型体彩产品;③消费者热衷购买竞猜型体彩;④市场中仅存在竞猜型体彩及非竞猜型体彩产品。

基于此,体彩发行方与消费者进行重复博弈的最终利润可以表示为:

$$E(R_i) = (P^* - C_i)\sum\nolimits_{t=n}^{n}\gamma^n \tag{8-1}$$

其中,P为体彩产品的售价,$E(R_i)$($i=1,2$)为体彩发行方获得的利润($i=1$表示体彩发行的竞猜型体育彩票;$i=2$表示体彩发行的非竞猜型体育彩票),C_i($i=1,2$)为体彩发行方投入的成本,则体彩发行方利润为P^*-C_i。γ为消费者第$n+1$次购买体彩产品的概率($0\leq\gamma\leq 1$);t为博弈的开始直至结束的期限($t=1,2,\cdots n$),因为$C_1>C_2$,则$P-C_1<P-C_2$。

体彩发行方发行竞猜型体彩时的利润为:

$$E(R_1) = (P-C_1) + (P-C_1)/\gamma + (P-C_1)/\gamma^2 + \cdots = (P-C_1)/(1-\gamma) \tag{8-2}$$

体彩发行方发行非竞猜型体彩时的利润为:

$$E(R_2) = P - C_2 + 0 + 0 + \cdots = P - C_2 \tag{8-3}$$

令$E(R_1) = E(R_2)$,得到纳什均衡的解$\gamma^* = (C_1-C_2)/(P-C_2)$,当$\gamma>(C_1-C_2)/(P-C_2)$时,体育彩票发行方发行竞猜型体彩比发行非竞猜型彩票的收益更大,体彩发行方发行竞猜型彩票的概率也大;当$\gamma<(C_1-C_2)/(P-C_2)$时,体彩发行方发行竞猜型彩票比非竞猜型彩票的收益小,发行方提供非竞猜型彩票的概率也会更大。所以若消费者相信下次购买竞猜型产品的概率大于$(C_1-C_2)/(P-C_2)$,消费者就会一直购买竞猜型彩票产品,体彩发行方也会继续实施以竞猜型彩票为主的经营方式,彩票环境进入良性循环。

基于上述模型,假设消费者热衷于购买竞猜型体育彩票,在这一过程中,如果体彩发行方提供符合消费者需求的竞猜型体彩,消费者会积极参与,重复购买,体彩发行方也会根据消费者喜好及市场实际进一步开发出更多不同项目的竞猜型彩票产品,最终实现彩票市场环境的良性循环。如果体彩发行方推出的产品类型更多地聚焦于非竞猜型彩票,则可能激化与福彩产品间的竞争矛盾,迫使消费者在两家发行单位之间做出相应选择,不但增加了彩票发行的营销成本,影响了国家彩票公益金的筹集,同时也使得消费者对两家机构的概念进一步模糊。长此以往,势必将引起政府对彩票市场的关注，政府可以选择监管调整或者不监管调整，此时则又返回了政府与消费者间的博弈，可见政府在协调发行方和消费者中的重要意义。但是，如果消费者并未在两家同质化的机构间做出选择，又因为体彩发行方没有提供相应的竞猜型体育彩票，那么消费者可能不会再购买彩票产品，更有甚者转向提供类似产品的非法地下私彩，此时，消费者与彩票发行方的博弈也随之终止。

根据近年来我国体育彩票的销量分析显示，竞猜型体育彩票已经成为我国体彩销量增长的最重要动力。随着国内外体育赛事数量的不断增长，竞猜型体育彩票类型也在不断增加。竞猜型体育彩票也随之成为国家彩票公益金提取的主要来源。如果消费者只是纯粹追求一种低投入高回报的"以小博大"心理，仅仅为追求获取高额奖金购买彩票。而体育彩票发行方着眼于国家战略布局，积极推广竞猜型彩票，那么在彩票发行过程中可能会出现消费者不配合的情况。在这种情况下，政府应当积极发挥其思想引领的作用，通过新闻媒体、消费者协会、彩票站等组织和单位对体育赛事与体育彩票的联结进行广泛宣传，也可以建立起一个彩民协会，促进彩民间的沟通，并进行购彩指导。进一步引导消费者关心关注体育赛事，提高购彩及观赛的趣味性，树立消费者的体育意识，这种体育意识也将对健康购彩行为产生深远影响。因此，政府应当完善相应法规制度，加强监管，充分发挥宏观调控的引导职能，加大宣传力度，促进竞猜型体育彩票成为消费者购买体彩产品的主力军，这样才能最终促进体育彩票市场的协调发展，为国家社会公益事业的发展做出更大贡献。

第四节　体育彩票业务流程的重构对策

一、观念再造的路径

从上述部分关于体育彩票发行方、消费者、政府三者间的竞合、博弈关系分析结果中，可以发现在没有政府介入的情况下，发行方更加注重短期效益，相互之间影响及制约，为了创造更大的利润，在彩票营销及流通的各个环节往往产生过高花费，长此以往，继续发展的结果是市场失灵，最终将影响彩票公益金的筹集，不利于我国社会各项事业的繁荣发展。在政府介入的情况下，在一定范围内，政府对于市场的有力监管，使得彩票业在一定的规则下得以繁荣发展，使得筹集而来的资金发挥更大意义的效用。然而随着政府对彩票业控制力度的逐渐扩大，彩票市场的市场活力也随之表现出一定程度的下降，互联网彩票的禁令就是最典型的一大例证。而在发行方与消费者的竞合与博弈过程中，发行方与消费者之间也存在着相互影响及制约，这种情况下既需要政府对企业进行进一步的监管，以保障全体人民的合法权益，促进我国社会事业的不断进步，又需要对消费者的思想观念进行引导，减少其以小博大的投机心理，培养消费者积极健康的购彩理念。

由此，可以看出政府是体育彩票发展过程中的决策者，发挥着不可替代的重大作用，对于整个彩票行业的发展运作扮演着科学管理和宏观调控的重要角色，但在政府效用发挥的过程中还要重视适度原则，充分利用市场手段，激发市场活力，最大限度促进体育彩票业态繁荣发展。体彩发行方作为执行者，需要平衡好各方利益，运用各种合乎法律及道德的经营手段，为国家公益事业和体育事业筹集公益金。而消费者是体育彩票的直接购买者，也是体彩公益金的最终受益人，应当养成良好的消费观念和健康的购彩态度，大力支持体彩事业的改革与发展。基于上述这些影响因素，可以对我国体育彩票业务流程进行重新设计，这种模式不同于完全自由市场经济模式，也不同于政府高度控制的彩票发行模式，而是符合我国基本国情，满足人民群众对美好生活需要的一种由政府部门监督引导、彩票发行方积极参与、彩票消费者积极配合的三位一体的体育彩票发展模式。

二、流程再造的路径

（一）政府：完善顶层制度设计，监督扶持发行单位，教育引导消费主体

在本书设想的体彩运行流程中，政府处于决策领导地位。通过政府强制手段适度监督下的各方竞合与博弈，才能进一步破除制约我国体彩事业发展的瓶颈，实现对各方利益均有利的均衡。政府在体彩运行流程中主要承担战略设计、过程监管及引导体彩消费者行为的责任。

在全球近150个发行彩票的国家中，大多数国家已制定出台了相关专门法律。而我国目前对于彩票发行、销售、监管和公益金分配使用等环节的规范，主要依靠《彩票管理条例》与《彩票管理条例实施细则》两部下位法来约束。由于彩票监管机构仅能够对彩票发行及流通环节进行监管，而对于诸如地下私彩等问题并无监管权限，使得现行彩票市场矛盾极为突出。在具体执行过程中，需要依赖公安机关、银行和工商部门联合查处，容易出现权责不清的情况。应当尽快出台一部专门适应我国彩票市场发展需要的彩票法，并配套出台好各项条例法规，使得我国彩票行业真正实现有法可依，促进行业可持续发展。

现行体制下对我国彩票行业负有监管责任的行政部门包括财政、民政及体育三个系统，多头管理模式不仅使得监管系统内部产生博弈，还同时面临一些诸如监管不到位的问题。而采用单一监管主体的模式不仅可以破除这一障碍，还能使得彩票行业获得更为专业化的管理渠道，促使我国体彩行业能够有效做到有法必依、执法必严。

英国博彩委员会是英国赌博行业和赌博法的监管部门，对博彩、赌场、老虎机、彩票以及远程赌博等行为进行全权监管，从而形成了一套较为完善的监管体系。因此，对彩票行业各个监管主体进行整合，成立新的一体化的监管部门是一条必要且可行的道路。

此外，通过分析彩票方与消费者的竞合与博弈可以发现，消费者的消费观念很大程度上影响了彩票方的经营行为。当其他一些非法机构提供的产品以高额回报及返奖刺激了消费者的需求时，消费者可能会减少或者不再购买彩票产品，甚至转向地下私彩，也迫使彩票发行方不断竞相提高返奖率。这种不当竞争极大影响了我国彩票市场的良性运转，对于国家金融安全也产生了极大危害。正因为消费者是彩票产品的最终购买者，消费者的消费与否决定着彩票方的运行状况。同时，近年来，过度沉迷的病态型博彩人群的不断增加对于和谐社会的运行制造了许多不稳定因素，从而给彩票行业的发展也带来了极大隐患。因此在广大消费者中建立起健康正确的彩票消费态度及观念是当前政府彩票工作的重要举措和明智选择。政府可以依托网络、报刊、影视等多种手段在全社会广泛宣传，营造健康购彩的消费价值观，引导消费者以一种正确的心态对待彩票，使健康购彩的消费方式真正深入人心。

（二）发行方：积极参与体制改革，坚持合理正当竞争，充分发挥市场效用

我国体育彩票发行主体（各级体育彩票管理中心）目前属于自收自支的公益二类事业单位，在与各方博弈与竞合关系中市场活力不足，行政效率低下等矛盾突出。随着新一轮机构改革的不断深化，我国体彩运行机构应当紧紧把握时机，做好由事业单位的法人性质向国有独资企业模式转型的各项准备，通过现代化企业经营模式促进我国体彩事业的繁荣发展。企业化的发展道路不仅有利于充分激发我国彩票行业市场活力，还有利于彩票系统内部运转效能的提升，促进行业创新。近年来，已有大量不承担政府行政职能的公益二类事业单位完成了向企业化转变的发展路径。中国烟草行业的成功模式也已证明了在垄断寡头的特需部门实施企业化运作模式的可行性。体制机制的转型发展对我国体育彩票行业流程再造具有十分重要的意义。

合理适度的竞争是促进体彩市场可持续发展的重要动力。从发行方的博弈中可以发现，内部博弈中很多时候并不是依赖技术发展或产品创新来降低成本，而是简单地采取高回报、高投入的模式，一方面损害了彩票公益金的提取，另一方面导致消费者形成一种以小博大的投机心理。这是一种不考虑社会成本来扩大经营保持盈利的发展模式。如果彩票发行方在竞争过程中能够本着可持续发展的理念，着眼新时代、坚持新理念、开发新产品，利用新的多元化产品吸引更多消费者参与，提高销量，那么发行方之间的恶性竞争以及不利于社会效益的均衡就会消失，从而使得市场失灵的现状得以改善。近年来，竞猜型体育彩票的高速增长使得体彩销量超越福彩，这表明，随着体育竞赛表演产业的逐渐发展,竞猜型体育彩票这一差异化的彩票产品越来越得到消费者认可,成为观看体育赛事、增加体验感与趣味性的重要举措。发行方应当以此为契机,结合国际国内各大赛事推出更多彩票产品和玩法,吸引更多低涉入群体向高涉入转变。此外,我国互联网彩票带来的巨大销量表明了我国彩票市场仍然存在广阔的空间,当新的业务流程形成后,可以由新的发行方主导尽快探索出一条符合我国国情的互联网彩票发展体系,以技术创新助推我国体彩市场繁荣发展。

(三)消费者:以身作则,实践健康购彩模式

消费者既是彩票产品的最终购买者,也是体彩公益金的直接受益者,在市场链的各个环节中起着重要的表率作用,客观上对于政府的宏观调控与发行方的营销策略发挥了直接影响。在新的更为符合彩票系统发展的市场模式建立起来后,如果消费者依然坚持固有的以中奖为单一目标的思维进行购彩,长此以往,可能导致一种极端沉迷的不健康的生活方式,对其个人、家庭乃至社会都将产生不良后果,进而影响社会大众对于彩票的认知,最终将导致政府不得不对彩票市场进行严格管控,新的市场模式也将无从实施。因此,消费者应当自觉建立健康的购彩观念,树立公益意识,以身作则,实践健康购彩模式。在彩票产品类型的选择上,要坚决抵制地下私彩及其他未经许可的彩票性质产品,选择合法销售的彩票产品,维护好自身合法权益。在购买彩票时保持一种良好心态,不过分沉迷于彩票,适度购彩,本着为社会公益事业做贡献的心态选购彩票产品,养成健康购彩习惯。特别是对于选购竞猜型体彩产品的消费者而言,应该更多地关注观看体育赛事时带来的激情与快乐,而不仅仅关注于中奖与否。只有当更多消费者树立起正确健康的购彩意识,才能真正有利于体育彩票市场链的重构,也是促进彩票市场良性健康发展的最后关键环节。

三、组织再造的路径

在双寡头垄断的市场格局下,体育彩票业虽呈现了良好的竞争发展趋势,但仍存在产品同质性严重、供需不匹配、消费动力不足等问题,这在一定程度上滞碍了体育彩票业的持续健康发展。究其原因,本书认为体育彩票业运营的组织流程不完善和管理机制不健全是滞碍体育彩票供需互动不足的重要因素。据此,体育彩票业应实施组织流程再造。事实上,业务流程应以满足消费者需求为导向,企业应根据消费者需求有效组织业务活动[1][2]。体育彩票业组织再造是基于观念再造和流程再造基础上实施的。通过宣传、培训等途径以树立员工正确的业务流程再造观念,不断在组织中培养竞争力和工作能力,基于此,对体育彩票的管理、营销等环节进行充分的调研分析、

---

[1] 敖小波,谢志华,杨超.F2C模式下的企业生产优化与流程再造[J].财务与会计,2016(13):27-28.
[2] 魏训鹏,费坚.我国高校智库的组织再造与运行机制研究[J].高教探索,2018(9):12-16.

诊断，发现体育彩票业务流程中存在的问题，进而构建新的业务流程。由于企业组织再造是利用信息技术手段改变企业的组织模式，充分运用现代管理理念，从而建立符合信息时代要求的组织模式。因而，体育彩票业组织再造是指通过对组织系统进行重构、更新和优化，以实现体育彩票业内部管理与组织效率提升。体育彩票业组织再造主要包括改变企业内部组织结构、建立供应链组织和虚拟组织等内容。首先，应改变企业内部组织结构，通过组织消肿、加强管理、扁平组织3条途径实现。组织消肿的目的是精简彩票业结构，主要通过裁员的方式实现，在降低成本的同时，增强彩票业发展的活力。此外，通过提升彩票管理者的素质和能力，借助信息化管理平台，有效扩大管理幅度，以减少管理的层次和复杂性，进而提升管理效率。其次，目前我国体育彩票业管理组织结构较为臃肿，形成了层级式的管理模式，实质上管理效率低下，管理资源浪费严重。所以建立新的组织结构对加强彩票业的管理和运作、管理资源的充分利用等都可以起到至关重要的作用[1]。因而，如何改变管理组织结构、提升管理效率成为当前彩票业发展的关键问题。对此，应充分发挥信息技术、互联网平台的作用，以有效扩大体育彩票业的管理幅度，通过改善组织结构，进而提升管理效率[2]。

四、试点与切换的路径

体育彩票业在完成新流程、人力资源、技术结构的审查后，可实施新的试点以及在整个彩票产业实施切换试点顺序。试点与切换是企业业务流程再造的关键环节，主要包括选定试点流程；组建试点流程团队；确定参加试点流程的客户和供应商；启动试点、监控并支持试点；检验试点情况，听取意见反馈；确定转换顺序，按序组织实施6个环节[3]。在体育彩票业务流程再造的过程中，有效实施试点与切换，有助于提升企业的竞争力，强化企业的创新能力，同时，对于企业创新资源投入、创新机制发展具有积极的影响。因此，体育彩票业实施有效的试点与切换，应牢牢把握"选定试点流程、组建试点流程团队、约定试点供应商、启动与监督试点、评审试点、分阶段试点实施"流程。首先，在选定试点流程阶段，体育彩票业在构建新的流程的基础上，应通过试点的方式选择较为合适的流程，以保证体育彩票业有效运营。其次，体育彩票业在选择合适的流程的基础上，应组建试点流程团队，以保证体育彩票业运营的质量与效率。然后，在组建试点流程团队的基础上，体育彩票业拥有了庞大的人力资源，为进一步促进体育彩票业的高效供给，应寻求合适的试点供应商，以保证体育彩票的持续供应，以满足消费者的需求，进而实现供需两侧的有效互动。再次，体

---

[1] 刘家辰.新时期体育彩票管理的问题及对策探究[J].中国管理信息化,2020,23(8):198-199.
[2] 杜丹清.互联网助推消费升级的动力机制研究[J].经济学家,2017（3）:48-54.
[3] 周三多,陈传明,鲁明泓.管理学:原理与方法[M].上海：复旦大学出版社,2009.

育彩票业在寻求合适供应商的前提下，能形成良好的供应链，为体育彩票的供给提供了重要的保障，此时，通过启动试点，以检验试点流程是否可行，并对流程加以监督，以保证流程的顺利运行。从次，体育彩票业在启动试点与运行的基础上，应通过评审试点以检验试点流程的科学性，还可以通过其他流程团队来反馈试点的运行情况。最后，应对试点切换的次序进行安排，在整个组织范围分阶段实施。

五、实现战略的路径

体育彩票业经过观念再造、流程再造、组织再造、试点与切换4个环节后，应实施实现战略。换言之，通过对试点流程的效果评价，收集流程再造的经济效益信息，进而不断优化、创新业务流程，以实现彩票产业的可持续发展。实现战略，即实现愿景，指业务流程再造成效的实现，具体包括评价流程再造成效、感知流程再造效益、挖掘流程再造效能、改进流程4个环节。体育彩票实现战略是检验体育彩票业务流程再造成效的重要环节，在检验的基础上持续改进流程。在体育彩票业务流程再造的过程中，有效实施实现战略，有助于促进体育彩票业流程持续改进、不断优化，形成良好的业务流程，以促进体育彩票业有效运行。对此，应构建"评价成效、感知效益、挖掘效能、改进流程"路径[①]。首先，应对设计的体育彩票业流程进行评价，具体而言，可针对体育彩票业的成本、产品品质、服务质量、管理方式等方面进行全面评估，分析业务流程的改进程度能否达到要求。其次，在流程评价的基础上，体育彩票业改进的流程应以消费者感知流程再造产生的效益为依据，判断业务流程改进的情况。由于流程再造的核心是保证消费者满意度提升，因此，通过消费者感知为体育彩票业务流程改进提供重要的参考依据。然后，从整体上分析体育彩票业务流程的设计的情况，通过挖掘新流程的效能，可以发现体育彩票业务流程设计的科学性与不足。最后，不断优化和持续改进业务流程，实现业务流程的最优化。

体育彩票是体育产业的重要衍生产品，推进体育彩票业高效发展有利于促进体育产业健康发展。本书紧紧围绕"如何推进体育彩票业高质量发展"问题展开，基于业务流程再造理论，探寻体育彩票的营销、产品供给、竞合以及博弈关系形态，并从渊源与发展、内涵、再造方面探索了体育彩票业务流程重构理论，进而从竞合、博弈、行为3个方面深层次地分析了体育彩票业发展情况与业务流程重构的必要性，基于此，从观念再造、流程再造、组织再造、试点与切换、实现战略5个方面提出了体育彩票业务流程重构的路径。体育彩票发展业务流程重构，在观念再造方面，提出由政府部门监督引导、彩票发行方积极参与、彩票消费者积极配合的三位一体的体育彩票发展模

---

① 光宗,肖洪钧,王丽娟.基于组织能力的业务流程再造与动态能力关系研究[J].现代管理科学,2014(7):94-96.

式；在流程再造方面，提出政府完善顶层制度设计，发行方积极参与体制改革，消费者实践健康购彩模式；在组织再造方面，提出体育彩票业应通过改变企业内部组织结构、建立供应链组织和虚拟组织实现；在试点与切换方面，提出应牢牢把握"选定试点流程、组建试点流程团队、约定试点供应商、启动与监督试点、评审试点、分阶段试点实施"路径；在实现战略方面，提出应在"评价成效、感知效益、挖掘效能、改进流程"路径基础上实施，以保证体育彩票业高质量发展。

参考文献

一、中文

[1] 白彩梅, 王树明, 马文飞, 等. 体育彩票消费中问题博彩的认知偏差研究[J]. 体育科学, 2009, 29(10): 17–22.

[2] 白彩梅, 王树明, 马文飞. 基于行为经济学视角下的体育彩票消费者的认知偏差研究[J]. 南京体育学院学报（社会科学版）, 2010, 24(3): 119–123.

[3] 白宇飞, 刘文静, 杨武建, 等. 人口老龄化对体育彩票销量的影响——基于2009—2017年中国省级面板数据的实证分析[J]. 体育与科学, 2020, 41(6): 20–26.

[4] 鲍超. 中国城镇化与经济增长及用水变化的时空耦合关系[J]. 地理学报, 2014, 69(12): 1799–1809.

[5] 蔡朋龙, 刘广飞. 新时代我国体育产业结构优化的逻辑、目标与路径[J]. 体育学研究, 2021, 35(5): 19–30.

[6] 曾忠禄, 张冬梅. 彩票购买者特征实证分析[J]. 商业时代, 2006(29): 86–87.

[7] 陈承, 张俊瑞, 李鸣, 等. 中小企业社会责任的概念、维度及测量研究[J]. 管理学报, 2015, 12(11): 1687–1694.

[8] 陈海平, 郎丹宁, 程可. 博彩成瘾的若干行为机制[J]. 首都体育学院报, 2013, 25(6): 484–488.

[9] 陈林会, 刘青. 成渝地区双城经济圈体育产业融合发展研究[J]. 经济体制改革, 2020(6): 57–63.

[10] 陈卫平. 社区支持农业劳动份额的消费者价值认知结构: 方法目的链的应用[J]. 农业技术经济, 2012(9): 84–95.

[11] 陈向明. 扎根理论的思路和方法[J]. 教育研究与经验, 1999(4): 58–63.

[12] 陈向明. 质的研究方法与社会科学研究[M]. 北京: 教育科学出版社, 2000.

[13] 陈肖飞, 郜瑞瑞, 韩腾腾, 等. 人口视角下黄河流域城市收缩的空间格局与影响因素[J]. 经济理, 2020, 40(6): 37–46.

[14] 陈志勇. "圈层化"困境: 高校网络思想政治教育的新挑战[J]. 思想教育研究, 2016(5): 70–74.

[15] 崔艳武, 苏秦, 李钊. 基于电子商务环境的顾客消费偏好研究[J]. 软科学, 2007(6): 19–23.

[16] 代刚. 体育消费的属性、概念体系及其边界[J]. 首都体育学院学报, 2012, 24(4): 340–345.

[17] 党挺. 发达国家体育产业发展的扩散效应及启示[J]. 上海体育学院学报, 2017, 41(3): 17–22.

[18] 翟水保, 牛文英. 中部地区群众体育锻炼与体育消费的影响因素分析[J]. 天津体育学院学报, 2012, 27(4): 365–368.

[19] 丁举岩. "一带一路"背景下我国体育消费市场发展前景探讨[J]. 商业经济研究, 2019(14): 182–184.

[20] 范军. 访谈录的写作[J]. 新闻知识, 1997(4): 33.

[21] 范晓莉. 文化消费、区域基础设施与城乡收入差距——基于新经济地理视域的理论分析与实证检验[J]. 西南民族大学学报(人文社科版), 2020, 41(4): 96–103.

[22] 方春妮, 陈颇. 中国城镇化发展水平与居民体育彩票消费需求关系的实证研究[J]. 西安体育学院学报, 2019, 36(5): 562–569.

[23] 方福前. 从消费率看中国消费潜力与实现路径[J]. 经济学家, 2020(8): 27–38.

[24] 费小冬. 扎根理论研究方法论: 要素、研究程序和评判标准[J]. 公共行政评论, 2008(3): 23–43.

[25] 冯娇, 姚忠. 基于社会学习理论的在线评论信息对购买决策的影响研究[J]. 中国管理科学, 2016, 24(9): 106–114.

[26] 高波, 雷红. 居民消费率、消费结构与经济增长效应——基于260个城市CLDS的数据研究[J]. 河北学刊, 2021, 41(2): 136–145.

[27] 高帆. 劳动者报酬占比、城乡收入分配与中国居民消费率——基于省际面板数据的实证研究[J]. 学术月刊, 2014, 46(11): 40–49.

[28] 高新雨. 城市收缩问题研究进展[J]. 经济学动态, 2021(3): 145–158.

[29] 郭国庆. 体验营销新论[M]. 北京: 中国工商出版社, 2008.

[30] 国家体育总局. 2017年全国体育彩票工作会议[EB/OL]. http://www.sport.gov.cn/n316/n337/c588696/content.html.

[31] 国家体育总局. 国家体育总局发布"体育彩票发展'十三五'规划"[EB/OL]. http://www.cqlottery.gov.cn/html/2016-08/16/content_38125413.html.

[32] 国家体育总局体育文化发展中心. 中国体育年鉴[M]. 北京: 中国体育年鉴出版社, 2011.

[33] 国家统计局. 中华人民共和国2020年国民经济和社会发展统计公报[EB/OL].

(2021–02–28)[2022–02–10]. http: //www.stats.gov.cn/tjsj/zxfb/202102/t20210227_1814154.html.

[34] 国家统计局. 第七次全国人口普查主要数据情况[EB/OL]. (2022–06–25)[2023–11–20].http: //www.stats.gov.cn/ztjc/zdtjgz/zgrkpc/dqcrkpc/ggl/202105/t20210519_1817693.html.

[35] 国务院. 国务院关于加快发展体育产业促进体育消费的若干意见[EB/OL].http: //www.gov.cn/zhengce/content/2014–10/20/content_9152.html.

[36] 杭斌. 理性习惯偏好与居民消费行为[J]. 统计研究, 2011, 28(3): 23–29.

[37] 胡洁, 张进辅. 基于消费者价值观的手段目标链模型[J]. 心理科学进展, 2008(3): 504–512.

[38] 黄海燕, 朱启莹. 体育消费的内在逻辑拓展与政策选择[J]. 体育学研究, 2019, 2(4): 13–20.

[39] 黄思成. 体育彩票发行与销售管理的行政法反思[J]. 武汉体育学院学报, 2020, 54(1): 54–59.

[40] 黄显涛, 王斌, 胡月, 等. 基于扎根理论的竞猜型体育彩民健康购彩影响因素模型构建[J]. 北京体育大学学报, 2019, 42(4): 87–98.

[41] 黄盈裕. 顾客价值的方法目标链结模式之研究——以童装之消费经验为例（未出版博士论文）[D]. 高雄: 中国台湾中山大学企业管理研究所, 2001.

[42] 贾清皓, 陈金盈. 两岸体育彩票公益金使用情况研究[J]. 体育文化导刊, 2014(4): 103–105.

[43] 贾文帅, 周文静. 基于MEC的运动者购买体育保险的价值认知结构探析[J]. 山东体育科技, 2018, 40(2): 15–21.

[44] 江剑平, 朱雪纯, 葛晨晓. 劳动收入差距对居民消费率的影响研究[J]. 消费经济, 2020, 36(1): 46–56.

[45] 金辉, 杨忠, 黄彦婷, 等. 组织激励、组织文化对知识共享的作用机理——基于修订的社会影响理论[J]. 科学学研究, 2013, 31(11): 1697–1707.

[46] 卡迪娅·英格丽切娃, 让-卢·查普莱, 易剑东. 奥运会前后主办国家的体育参与——奥运会能改变什么?[J]. 体育与科学, 2020, 41(4): 80–87.

[47] 卡麦兹·K. 建构扎根理论: 质性研究实践指南[M]. 边国英, 译. 重庆: 重庆大学出版社, 2009.

[48] 康健. "羊群行为"的理性视角——社会学习理论综述[J]. 生产力研究, 2009(23): 254–256.

[49] 乐祥海. 我国文化产业投资模式研究[D]. 长沙: 中南大学, 2013.

[50] 雷选沛, 王惠. 浅析北京奥运吉祥物"福娃"的市场运营[J]. 武汉体育学院学报, 2006(8): 41–44.

[51] 李晨, 朱世伟, 魏墨济, 等. 基于词典与规则的新闻文本情感倾向性分析 [J]. 山东科学, 2017, 30(1): 115–121.

[52] 李栋, 李爽, 范宇鹏. 基于线上评论的区域消费环境放心度与空间特征研究 [J]. 统计与信息论坛, 2021, 36(4): 118–128.

[53] 李福柱, 王鑫. 中国服务业要素配置效率及区域异质性——基于资本、劳动力与能源要素的视域[J]. 山西财经大学学报, 2020, 42(8): 71–85.

[54] 李刚, 邓晓, 张震, 等. 中国竞猜型体育彩票公益金分配模式的改进策略[J]. 上海体育学院学报, 2020, 44(9): 74–86.

[55] 李刚. 传播学视角下中国彩票购买者心理不健康成因及对策的研究[J]. 体育科学, 2011, 31(2): 26–35.

[56] 李刚. 对当前我国体育彩票业社会福利效应的评价[J]. 体育科学, 2008(10): 32–40.

[57] 李刚. 乐透型彩票购买者心态的定量研究——兼论我国彩票的可投资性[J]. 体育科学, 2007(9): 40–48.

[58] 李刚. 数字型彩票购买者心理健康程度在国际和中国省际比较及其影响因素的定量研究[J]. 体育科学, 2009, 29(10): 9–16, 60.

[59] 李国, 孙庆祝. 城镇居民体育消费结构特征与发展趋势分析——以长江三角洲地区为例[J]. 西安体育学院学报, 2019, 36(5): 536–545.

[60] 李海, 曾雯彬. 从"奥运即开票"的发行看我国即开型体育彩票的营销策略[J]. 武汉体育学院学报, 2008, 42(12): 33–39.

[61] 李海, 陶蕊, 刘磊, 等. 体育彩票问题博彩概念研究述评[J]. 上海体育学院学报, 2010, 34(3): 23–28.

[62] 李海, 吴殷, 马辉. 上海市体育彩票销售网络最优规划研究[J]. 体育科学, 2008(11): 47–53.

[63] 李海, 吴殷. 体育彩票机构社会责任对彩民消费行为的影响[J]. 上海体育学院学报, 2015, 39(5): 22–27, 43.

[64] 李海, 吴殷. 体育彩票机构社会责任对彩票消费者消费行为的影响[J]. 上海体育学院学报, 2015, 39(5): 22–27.

[65] 李海. 新编体育博彩概论[M]. 上海: 复旦大学出版社, 2013.

[66] 李海. 奥运竞猜型彩票带来的启示[J]. 环球体育市场, 2008(4): 24–25.

[67] 李海. 上海电脑体育彩票销售网点彩票消费者关系营销策略[J]. 上海体育学院学

报, 2008, 32(5): 19–22.

[68] 李荷. 社会研究的伦理规范——历史、哲学与实践[J]. 人文杂志, 2011(3): 153–160.

[69] 李俊高, 叶胥. 消费经济理论的发展脉络: 回顾、趋势以及展望[J]. 经济问题探索, 2017(9): 175–181.

[70] 李理, 黄亚玲. 治理视域下体育社团社会责任的概念溯源及体系构建[J]. 北京体育大学学报, 2018(2): 25–32.

[71] 李凌, 王俊人. 消费者购买竞猜型体育彩票之影响因素初探[J]. 体育与科学, 2015, 36(2): 11–18, 25.

[72] 李凌, 张瑞林, 王立燕. 感知信赖模型: 竞猜型体育彩票再购意愿的质性研究——基于扎根理论研究视角[J]. 天津体育学院学报, 2018, 33(3): 204–209.

[73] 李凌, 张瑞林, 孔坤伦. 消费者购买竞猜型体彩偏好路径的实证分析[J]. 体育与科学, 2016, 220(2): 89–99.

[74] 李凌, 张瑞林, 王俊人, 等. 消费者购买竞猜型体彩偏好路径的实证分析[J]. 体育与科学, 2016, 37(2): 89–99.

[75] 李凌, 张瑞林, 王晓林. 消费决策环境对奥运彩票销量提升的质性研究——基于综合型学术访谈录[J]. 体育与科学, 2021, 42(4): 104–113.

[76] 李凌, 张瑞林, 翁银. 竞猜型体育彩票博彩依赖、体验价值与购彩意愿的交互影响研究[J]. 天津体育学院学报, 2019, 34(6): 505–511.

[77] 李凌, 张瑞林, 张勇. 竞猜型体育彩票消费者购彩决策行为影响因素的新探索[J]. 体育学研究, 2021, 35(1): 68–77.

[78] 李凌, 张瑞林, 张勇. 竞猜型体育彩票消费者购彩决策行为影响因素的新探索[J]. 体育学研究, 2021, 35(1): 68–77.

[79] 李凌, 张瑞林. 体育赛事观赏与竞猜型体彩的影响效果探析——基于二元热情模型的研究视域[J]. 体育与科学, 2017, 38(2): 99–107.

[80] 李凌. 体育消费链破解冰雪经济体多元困局的策略研究[J]. 北京体育大学学报, 2021, 44(11): 51–60.

[81] 李梦龙, 马卫平, 邓罗平. 运动依赖量表的编制与信效度分析[J]. 天津体育学院学报, 2012, 27(4): 360–364.

[82] 李启庚, 余明阳. 品牌体验价值对品牌资产影响的过程机理[J]. 系统管理学报, 2011, 20(6): 744–751.

[83] 李欣华, 郑涌. 人格与病理性博彩研究述评[J]. 心理学进展, 2008, 16(5): 740–744.

[84] 李志刚, 许晨鹤, 乐国林. 基于扎根理论方法的孵化型裂变创业探索性研究——以海尔集团孵化雷神公司为例[J]. 管理学报, 2016, 13(7): 972–979.

[85] 李志刚. 扎根理论方法在科学研究中的运用分析[J]. 东方论坛, 2007(4): 90-94.

[86] 李中秋, 马文武, 李梦凡. 我国人口老龄化的经济效应——来自省级面板数据的证据[J]. 人口与发展, 2017, 23(6): 26-35, 45.

[87] 林炜铃. 岛屿旅游地安全氛围对游客安全行为的影响机制研究[D]. 泉州: 华侨大学, 2015.

[88] 刘成坤, 赵昕东. 人口老龄化对经济增长的影响及溢出效应研究——基于空间杜宾模型[J]. 经济问题探索, 2018(6): 21-32.

[89] 刘鉴, 杨青山, 张郁, 等. 东北地区县级尺度人口老龄化空间格局演变及类型划分[J]. 地理科学, 2020, 40(6): 918-927.

[90] 刘晶, 闫华. 中外体育博彩研究现状分析[J]. 上海体育学院学报, 2010, 34(4): 44-49.

[91] 刘军. 整体网分析讲义——UCINET软件应用[M]. 哈尔滨: 哈尔滨工程大学社会学系, 2007.

[92] 刘凯. 我国体育彩票发展中的病态博彩行为研究[J]. 体育文化导刊, 2010(10): 69-73.

[93] 刘炼, 王斌, 黄显涛, 等. 体育彩票消费者低风险购彩行为阈限与危害的剂量—反应关系研究[J]. 天津体育学院学报, 2015, 30(5): 393-399.

[94] 刘炼, 王斌, 罗时, 等. 基于计划行为理论的体育彩民购彩行为研究[J]. 上海体育学院学报, 2014, 38(4): 42-46, 68.

[95] 刘明洋, 李薇薇. "出圈"何以发生？——基于圈层社会属性的研究[J]. 新闻与写作, 2021(6): 5-13.

[96] 刘晴, 罗亮, 黄晶. "双循环"新发展格局下我国体育用品制造业高质量发展的现实困境与路径选择[J]. 体育学研究, 2021, 35(2): 29-38.

[97] 刘圣文, 李凌, 项鑫. 竞猜型体育彩票消费者忠诚度研究: 体验价值与观赛热情的交互效应[J]. 体育与科学, 2018, 39(3): 100-106.

[98] 刘圣文. 多维感知价值对竞猜型体育彩票消费者购彩行为的影响研究——基于互联网赛事资讯的中介模型[J]. 天津体育学院学报, 2019, 34(1): 23-28, 37.

[99] 刘圣文. 基于扎根理论的中国体育彩票销量影响因素研究——以山东省为例[J]. 体育与科学, 2019, 40(3): 23-32, 60.

[100] 刘圣文. 基于扎根理论的中国体育彩票销量影响因素研究——以山东省为例[J]. 体育与科学, 2019, 40(3): 23-32, 60.

[101] 刘圣文. 体育彩票销量影响因素研究——以山东省为例[J]. 武汉体育学院学报, 2016, 50(3): 29-34.

[102] 刘苏. 浅谈新制度下彩票机构内部控制与风险管理[J]. 中国集体经济, 2019(21): 49-50.

[103] 刘玉博, 张学良, 吴万宗. 中国收缩城市存在生产率悖论吗——基于人口总量和分布的分析[J]. 经济学动态, 2017, 4(1): 14-27.

[104] 刘战伟, 李媛媛, 刘蒙之. 圈层破壁、知识流动与破圈风险——以截屏与录屏为例[J]. 青年记者, 2020(18): 18-20.

[105] 刘志峰, 张婷婷. 投资者彩票偏好对股票价格行为的影响研究[J]. 管理科学学报, 2020, 23(3): 89-99.

[106] 刘志峰, 张婷婷. 投资者彩票偏好对股票价格行为的影响研究[J]. 管理科学学报, 2020, 23(3): 89-99.

[107] 刘志敏, 贺林均. 基于RBT理论的区域体育产业可持续竞争优势的获取[J]. 中国体育科技, 2016, 52(5): 17-25.

[108] 刘志强, 李明智, 刘长江, 等. 我国城镇居民体育消费需求结构特征比较研究——基于ELES模型的实证分析[J]. 西安体育学院学报, 2021, 38(2): 166-173.

[109] 刘志强, 李明智, 刘长江, 等. 我国城镇居民体育消费需求结构特征比较研究——基于ELES模型的实证分析[J]. 西安体育学院学报, 2021, 38(2): 166-173.

[110] 罗伯特·F. 德威利斯. 量表编制: 理论与应用[M]. 重庆: 重庆大学出版社, 2016: 126-167.

[111] 罗玉亮. 社会"圈层"与领导方式的变革[J]. 领导科学, 2015(16): 54-56.

[112] 骆勤. 人口老龄化与社会保障制度可持续发展[J]. 财经论丛(浙江财经学院学报), 2006(6): 29-34.

[113] 吕峰. 成人学习影响因素的理论分析[J]. 中国人力资源开发, 2007(3): 101-104.

[114] 马辉, 吴殷. 内部顾客视角下体育彩票机构服务质量研究[J]. 上海体育学院学报, 2016, 40(5): 37-41.

[115] 马明乐, 王雪琦, 吴蒙, 等. 用"方法—目的链"理论探究植物园夜游环境教育效果[J]. 科普研究, 2019, 14(6): 47-57, 114-115.

[116] 马天平, 王盼. 彩票供求的"二元"对立矛盾: 基于"政府—市场"的化解框架[J]. 甘肃社会学, 2021(3): 197-204.

[117] 马晓卫, 任波, 黄海燕. 互联网技术影响下体育消费发展的特征、趋势、问题与策略[J]. 体育学研究, 2020, 34(2): 65-72.

[118] 苗元江. 热情—积极心理学视角[J]. 广东社会科学, 2015(3): 64-69.

[119] 民政部官网. 2018年民政事业发展统计公报[EB/OL]. (2019-08-15)[2021-03-10].http://www.mca.gov.cn/article/sj/tjgb/.

[120] 聂丽芳, 李海. 体育彩票机构社会责任履行对彩票消费者消费行为的影响研究[J]. 天津体育学院学报, 2015, 30(6): 474–479.

[121] 聂丽芳, 刘文董. 论体育彩票营销渠道危机与控制[J]. 体育文化导刊, 2015(7): 113–118.

[122] 牛进平. 我国体育彩票社会公信力研究 [J]. 西安体育学院学报, 2012, 29(2): 150–152, 172.

[123] 欧阳菲. 出版社如何借力微博营销?[J]. 出版广角, 2014(15): 52–54.

[124] 潘煜, 徐四华, 方卓, 等. 金融风险决策中的主被动选择偏好研究——从情感体验的视角[J]. 管理科学学报, 2016, 19(9): 1–17.

[125] 彭道海. 体育彩票业关系营销中顾客关系的层次及顾客价值的测度[J]. 北京体育大学学报, 2012, 35(5): 8–11.

[126] 皮埃尔·布迪厄, 华康德, 布迪厄, 等. 实践与反思: 反思社会学导引[M]. 中央编译出版社, 1998: 134–135.

[127] 浦义俊, 吴贻刚. 新时代我国体育消费升级的价值、挑战与推进路径研究[J]. 西安体育学院学报, 2020, 37(2): 167–172.

[128] 戚海峰. 控制欲望对中国消费者独特消费品偏好影响的实证研究[J]. 经济问题探索, 2010(9): 78–86.

[129] 齐国文. 非职业健美运动依赖者动机与抑制策略研究[D]. 长春: 吉林体育学院, 2019.

[130] 齐慧芳, 李凌. "跑者"运动参与动机的质性研究[J]. 南京体育学院学报(自然科学版), 2017, 16(1): 144–149.

[131] 前瞻网. 2020年中国体育产业市场现状及发展趋势分析[EB/OL].(2020-03-12)[2022-02-10].https://bg.qianzhan.com/report/detail/300/200611-bf2ea4b9.html.

[132] 秦海英. 实验与行为经济学[M]. 北京: 中国财政经济出版社, 2010.

[133] 曲辉, 王学满. 彩票忠实消费者与一般消费者的比较研究[J]. 天津体育学院学报, 2006(2): 178–179.

[134] 任波. 数字经济时代中国体育产业数字化转型: 动力、逻辑、问题与策略[J]. 天津体育学院学报, 2021, 36(4): 448–455.

[135] 日本通. 为支援东京奥运会 日本奥运彩票现已在名古屋开始售卖[EB/OL]. https://www.517japan.com/viewnews-99241.html.

[136] 邵继萍, 刘炼, 王斌. 老年体育彩民购彩心理与行为特征[J]. 武汉体育学院学报, 2012, 46(7): 71–75.

[137] 沈华玉, 吴晓晖. 信息不对称, 信息不确定与定向增发中的利润承诺[J]. 世界经

济, 2018 (3): 170-192.

[138] 沈克印. "双循环"新发展格局下体育产业高质量发展的宏观形态与方略举措[J]. 体育学研究, 2021, 35(2): 11-19.

[139] 世界体育彩票官网. 世界运彩统计数据[EB/OL]. http://www.world-lotteries.org/cms.

[140] 宋亚辉. 企业员工的工作激情与工作绩效的关系[D]. 北京: 北京科技大学, 2015.

[141] 宋宇, 孙雪. 经济循环理论的比较与启示[J]. 经济纵横, 2021(8): 1-11.

[142] 搜狐新闻. 英国发售"有奖刮刮卡"为伦敦办奥运筹集资金[EB/OL]. http://news.sohu.com/20050728/n226480422.shtml.

[143] 孙葆丽, 孙葆洁, 徐子齐. 夏季奥运会和冬季奥运会与文化互动之比较[J]. 成都体育学院学报, 2019, 45(3): 1-6, 63.

[144] 谭思, 陈卫平, 房玉秀. 消费者线上参与度如何影响其农产品忠诚度？——基于社会学习理论视角的实证研究[J]. 农村经济, 2020(2): 113-122.

[145] 汤丹丹, 温忠麟. 共同方法偏差检验: 问题与建议[J]. 心理科学, 2020, 43(1): 215-223.

[146] 腾讯·大渝网. 我中心领导答记者问: 奥运彩票 与奥运同行 与奥运共赢[EB/OL]. https://cq.qq.com/zt/2008/tc4/.

[147] 汪伟, 刘玉飞, 彭冬冬. 人口老龄化的产业结构升级效应研究[J]. 中国工业经济, 2015(11): 47-61.

[148] 王爱丰. 南京体育彩票消费者消费行为与动机的研究[J]. 广州体育学院学报, 2004, 24(2): 26-28.

[149] 王斌, 叶绿, 马红宇, 等. 体育彩票消费中问题博彩的认知偏差研究述评[J]. 天津体育学院学报, 2013, 28(3): 193-197.

[150] 王斌, 郭冬冬, 刘炼, 等. 基于扎根理论的竞猜型彩民购彩感知价值概念模型研究[J]. 天津体育学院学报, 2015, 30(4): 292-297.

[151] 王斌, 郭冬冬, 刘炼, 等. 基于扎根理论的竞猜型彩民购彩感知价值概念模型研究[J]. 天津体育学院学报, 2015, 30(4): 292-297.

[152] 王斌, 罗时, 刘炼, 等. 体育彩民购彩意向与购彩金额的关系: 购彩满意度的调节作用[J]. 上海体育学院学报, 2013, 37(6): 28-33.

[153] 王斌, 史文文, 刘炼. 体育彩民的界定及购彩心理与行为特征[J]. 华中师范大学学报（人文社会科学版）, 2013, 52(2): 171-176.

[154] 王斌, 史文文, 马红宇, 等. 体育彩民购彩意向影响因素问卷的编制[J]. 上海体育学院学报, 2012, 36(1): 23-26.

[155] 王斌, 叶绿, 马红宇, 等. 体育彩票消费中问题博彩的认知偏差研究述评[J]. 天津

体育学院报, 2013, 28(3): 193-197.

[156] 王恒利, 张瑞林, 李凌, 等. 女性参与冰雪体育旅游的影响因素研究[J]. 北京体育大学学报, 2019, 42(3): 44-52.

[157] 王建明, 贺爱忠. 消费者低碳消费行为的心理归因和政策干预路径: 一个基于扎根理论的探索性研究[J]. 南开管理评论, 2011, 14(4): 80-89, 99.

[158] 王科, 夏睿. 情感词典自动构建方法综述[J]. 自动化学报, 2016, 42(4): 495-511.

[159] 王立燕. 基于方法目的链的冰雪体育旅游消费者价值研究[J]. 体育成人教育学刊, 2017, 33(3): 36-40.

[160] 王莉. 基于文化圈理论的语言圈层问题初探[J]. 新疆社会科学, 2008(6): 103-106.

[161] 王玲. 论企业社会责任的涵义、性质、特征和内容[J]. 法学家, 2006(1): 136-142.

[162] 王珊, 苏君阳. 论学术委员会学术权力的对话伦理规范[J]. 清华大学教育研究, 2016, 37(1): 63-68.

[163] 王树明, 王燕. 体育彩票消费中病态博彩行为治疗研究[J]. 中国康复, 2010, 25(5): 374-377.

[164] 王树明, 叶林娟. 体育彩票消费过程中消费者认知偏差的定量研究[J]. 上海体育学院学报, 2011, 35(2): 20-24.

[165] 王树明, 叶林娟. 体育彩票消费过程中消费者认知偏差的定量研究[J]. 上海体育学院学报, 2011, 35(2): 20-24.

[166] 王文艳. 网络圈层如何赋能青年[J]. 人民论坛, 2020(26): 120-121.

[167] 王旭, 李凌. 竞猜型体育彩票消费者认知对重购行为的实证研究——基于情感的中介效应[J]. 山东体育学院学报, 2021, 37(1): 29-37.

[168] 王长斌. 美国构建彩票公信力的措施及其借鉴[J]. 政法论丛, 2014(4): 82-88.

[169] 魏然. 2020年奥运会背景下日本书化形象传播路径及启示[J]. 体育文化导刊, 2019(5): 23-27, 33.

[170] 魏如清, 唐方成. 用户生成内容对在线购物的社会影响机制——基于社会化电商的实证分析[J]. 华东经济管理, 2016, 30(4): 124-131.

[171] 吴福龙, 曾勇, 唐小我. 羊群效应理论及其对中国股市的现实意义[J]. 预测, 2003(2): 62-68.

[172] 吴林隐, 王斌, 江立华. 影响我国竞猜型体育彩票开设的初始机制——一个"理想类型"的提炼与分析 [J]. 武汉体育学院学报, 2017, 51(8): 42-49.

[173] 吴明隆. 问卷统计分析实务——SPSS的操作与应用[M]. 重庆: 重庆大学出版社,

2010.

[174] 吴玉桐, 梁静国. 羊群行为与有限理性[J]. 学术交流, 2008(8): 116–118.

[175] 新浪体育. 访首位奥运彩票中奖者 坦言奥运彩票中奖与众不同[EB/OL].http://sports.sina.com.cn/l/2008-03-25/11253554858.shtml.

[176] 新浪新闻. 体彩成为奥运背后支持者 为奥运筹集资金超过20亿EB/OL].http://2008.sina.com.cn/jz/other/2007-08-08/103022319.shtml.

[177] 许捷. 我国休闲娱乐型体育彩票业的现状与未来发展研究[J]. 广州体育学院学报, 2020, 40(6): 50–52.

[178] 许熠哲, 朱海云. 体育彩票销售量影响因素的实证研究——基于省级面板数据的实证检验[J]. 学习与实践, 2020(10): 63–69.

[179] 薛敏. 网络安全是福利彩票销售的保障分析[J]. 电子技术与软件工程, 2014(12): 234.

[180] 杨瑞杰, 向丽. 基金经理羊群行为是否明智: 盲目跟风 VS 理性选择[J]. 证券市场导报, 2019 (9): 9.

[181] 叶林娟, 王树明, 白彩梅, 等. 体育彩票消费中病态博彩研究的理论综述[J]. 首都体育学院报, 2009, 21(4): 436–439.

[182] 殷猛, 李琪, 刘洋. 网络购物节中的羊群效应及其对冲动购物的影响——基于社会影响理论和羊群效应的实证[J]. 中国流通经济, 2019, 33(8): 99–107.

[183] 袁文芝. 黑龙江省体育彩票公信力现状及对策研究 [D]. 哈尔滨: 哈尔滨工业大学, 2015.

[184] 原新. 银发消费趋向享乐型、智能化[J]. 人民论坛, 2021(4): 30–32.

[185] 云南省人民政府. 云南省人民政府办公厅关于促进全民健身和体育消费推动体育产业高质量发展的实施意见[EB/OL]. (2020-05-07)[2022-02-10].http://www.yn.gov.cn/zwgk/zcwj/zxwj/202005/t20200507_203467.html.

[186] 臧云辉, 宫海丽. 沈阳市城市居民体育彩票消费者行为特征及影响因素研究[J]. 沈阳体育学院学报, 2009, 28(5): 22–25.

[187] 张弛, 冯欣, 王乐萌. 中国体育彩票责任彩票内容体系研究[J]. 体育科学, 2019, 39(9): 41–50.

[188] 张凤超, 尤树洋. 体验价值结构维度理论模型评介[J]. 外国经济与管理, 2009, 31(8): 46–52.

[189] 张健, 宋亚辉. 工作激情研究: 理论及实证[J]. 心理科学进展, 2014, 22(8): 1269–1281.

[190] 张洁, 王红. 基于词频分析和可视化共词网络图的国内外移动学习研究热点对

比分析 [J]. 现代远距离教育, 2014(2): 76–83.

[191] 张科, 裴平. 信息不对称、贷款人类型与羊群效应——基于人人贷网络借贷平台数据的研究[J]. 经济管理, 2016, 38(6): 125–137.

[192] 张琳, 杨毅. 从"出圈"到"破圈": Z世代青年群体的圈层文化消费研究[J]. 理论月刊, 2021(5): 105–112.

[193] 张满银. 新时代中国特色区域经济学理论的完善与创新[J]. 区域经济评论, 2021(4): 23–28.

[194] 张勤, 李静. 论互联网背景下的政府公信力建设 [J]. 中国行政管理, 2015(8): 19–22.

[195] 张瑞林, 李凌, 车雯. 冰雪体育旅游消费决策影响因素的质性研究[J]. 体育学刊, 2017, 24(6): 54–60.

[196] 张瑞林, 李凌, 贾文帅. 冰雪体育广告对消费行为的影响研究: 基于态度的调节效应 [J]. 武汉体育学院学报, 2020, 54(5): 12–19.

[197] 张瑞林, 李凌, 贾文帅. 冰雪体育广告对消费行为的影响研究: 基于态度的调节效应[J]. 武汉体育学院学报, 2020, 54(5): 12–19.

[198] 张瑞林, 李凌, 王恒利. 区域异质性视域下体育产业高质量发展的动力研究[J]. 武汉体育学院学报, 2021, 55(2): 51–60.

[199] 张瑞林, 李凌, 翁银. 消费升级视域下推进我国体育服务业发展研究[J]. 体育学研究, 2020, 34(6): 1–9.

[200] 张瑞林, 李凌. "赛事链"溯源: 职业体育赛事消费行为模式的影响效果[J]. 上海体育学院学报, 2018, 42(2): 45–51.

[201] 张瑞林, 徐培明, 李凌, 等. "美好生活向往"价值取向量度下冰雪休闲服务业的转型研究[J]. 沈阳体育学院学报, 2020, 39(4): 87–94.

[202] 张若. 体育需求与消费的经济学模型及实证检验[J]. 体育科学, 2014, 34(8): 13–21.

[203] 张晓, 田国强. 浙江省某中学学生网络依赖心理与行为干预研究[J]. 医学与社会, 2012, 25(8): 80–81.

[204] 张璇. 电子商务信息不对称与网络购物风险分析[J]. 商业经济研究, 2017 (2): 84–86.

[205] 张亚玲. 网络休闲消费内容偏好对网络休闲态度的影响[J]. 企业经济, 2015, 34(10): 62–65.

[206] 张莹. 考虑消费者偏好和政府补贴的闭环供应链定价决策研究[D]. 邯郸: 河北工程大学, 2020.

[207] 章征涛, 刘勇. 重庆主城区社会空间结构分析[J]. 人文地理, 2015, 30(2): 43–49.

[208] 赵方晔, 薛孝恩. 对我国发行中超竞猜体育彩票的可行性研究 [J]. 体育研究与教育, 2013, 28(3): 25–29, 58.

[209] 赵江鸿, 刘志强. 陕西省不同性别居民休闲体育消费结构比较研究[J]. 西安体育学院学报, 2017, 34(6): 694–697.

[210] 赵玲. 消费的人本意蕴及其价值回归[J]. 哲学研究, 2006(9): 54.

[211] 赵妍妍, 秦兵, 刘挺. 文本情感分析 [J]. 软件学报, 2010, 21(8): 1834–1848.

[212] 郑杭生. 社会学概论新修经编本[M]. 2版. 北京: 中国人民大学出版社, 2014: 68–70.

[213] 郑和明, 张林. 城市居民参与型体育消费需求因素系统结构机理研究——基于上海市的实证分析[J]. 天津体育学院学报, 2017, 32(1): 81–86.

[214] 郑宏伟. 徐州市城区体育彩民购彩心理与行为特征分析[J]. 体育文化导刊, 2016(4): 127–133.

[215] 郑欣, 朱沁怡. "人以圈居": 青少年网络语言的圈层化传播研究[J]. 新闻界, 2019(7): 25–36.

[216] 郑作武, 邵斯绮, 高晓沨, 等. 基于社交圈层和注意力机制的信息热度预测[J]. 计算机学报, 2021, 44(5): 921–936.

[217] 中国彩票年鉴(2012)[M]. 北京: 中国财政经济出版社, 2013.

[218] 中国产业信息网. 2020年中国体育消费市场发展趋势预测[EB/OL].(2019–12–03)[2022–02–10].http: //www.chyxx.com/i-ndustry/201912/812932.html.

[219] 中国体彩网. 超级大乐透游戏规则[EB/OL].（2019–11–19）[2023–02–12].https: //www.lottery.gov.cn/bzzx/yxgz/20191119/1002858.html.

[220] 中国体彩网. 以购彩者为中心[EB/OL].https: //www.lottery.gov.cn/xwzx/mts/20210126/10001029.html.

[221] 中国田径协会官方网站. 中国田径协会发布《2019中国马拉松大数据分析报告》[EB/OL]. (2020–05–01)[2022–02–10].http: //www.athletics.org.cn/news/marathon/2020/0501/346438.html.

[222] 中国政府网. 2018年全国体育产业总规模和增加值数据公告[EB/OL].(2020–01–21)[2022–02–10].http: //www.gov.cn/xinwen/2020–01/21/content_5471152.html.

[223] 中国政府网. 2020年12月份全国彩票销售情况[EB/OL].（2021–01–25）[2022–10–25].http: //www.gov.cn/xinwen/2021–01/25/content_5582361.html.

[224] 中华彩票网. 2022年全球彩票销售3483亿美元[EB/OL].（2023–02–04）[2023–05–15].http: //www.china-lottery.net/news/496335.html.

[225] 中华人民共和国国务院发布关于"体育彩票'十三五'发展规划"[EB/OL].（2016-05-05）.http: //www.sport.gov.cn/n315/n330/c723032/content.html.

[226] 中华人民共和国中央人民政府. 国务院出台"国务院关于加快发展体育产业促进体育消费的若干意见"[EB/OL].http: //www.gov.cn/zhengce/content/2014-10/20/content_9152.html.

[227] 周珂, 周艳丽. 体育彩票市场消费者行为的经济学分析[J]. 北京体育大学学报, 2004(5): 605-606, 652.

[228] 周文辉. 知识服务、价值共创与创新绩效——基于扎根理论的多案例研究[J]. 科学学研究, 2015, 33(4): 567-573, 626.

[229] 周文静, 王颖. 基于方法目的链的海上运动参与因素阶层分析[J]. 湖北第二师范学院学报, 2017, 34(12): 57-61.

[230] 资树荣, 张姣君. 文化消费活动提升了农村地区居民主观幸福感吗？——基于CGSS数据的实证分析[J]. 消费经济, 2020, 36(6): 56-65.

二、英文

[1] Ajzen I. The theory of planned behavior[J]. Organizational Behavior and Human Decision Processes, 1991, 50(2): 179-211.

[2] Albrecht, K. Customer value. [J] Executive Excellence, 1994(9): 14-15.

[3] B Garcia, J Hugh Son. One hundred years of cultural programming with in the Olympic Games (912-2012): origins, evolution and projections[J]. International Journal of Cultural Policy, 2008, 14 (4) : 361-376.

[4] B Josehp Pine II, James H Gilmore. The experience economy: work is theatre every business a stage[M]. Boston: Havard Business School Press, 1999.

[5] Back, KJ, Lee, etal. Gambling motivation and passion: a comparison study of recreation al and pathological gamblers[J]. Journal of Gambling Studies, 2011, 27(3): 355-370.

[6] Ballinger T P, Palumbo M G, Wilcox N T. Precautionary saving and social learning across generations: an experiment[J]. The Economic Journal, 2003, 113(490): 920-947.

[7] Bandura A, Walters R H. Social learning theory[M]. Englewood Cliffs, NJ: Prentice-hall, 1977.

[8] Barrena R, Sánchez M. The link between household structure and the level of abstraction in the purchase decision process: an analysis using a functional food[J]. Agribusiness, 2010, 26(2): 243-264.

[9] Bentler P M. Comparative fit indexes in structural models[J]. Psychological Bulletin,

1990, 107 (2): 238-246.

[10] Bentler, P M, Bonnet, et al. Significance tests and goodness of fit in the analysis of covariance structures[J]. Psychological Bulletin, 1980, 88 (3): 588-606.

[11] Berlin K L, Klenosky D B. Let me Play, not exercise! A laddering study of older women's motivations for continued engagement in sports-based versus exercise-based leisure time physical activities[J]. Journal of Leisure Research, 2014, 46(2): 127-152.

[12] Bikhchandani S, Welch H I. A theory of fads, fashion, custom, and cultural change as informational cascades[J]. Journal of Political Economy, 1992, 100(5): 992-1026.

[13] BLAYDON MJ LINDER KJ. Eating disorders and exercise dependence in triathletes[J]. Eating Disorders, 2002(10): 49-60.

[14] Brown B B, Clasen D R, Eicher S A. Perceptions of peer pressure, peer conformity dispositions, and self-reported behavior among adolescents[J]. Developmental Psychology, 1986, 22(4): 521.

[15] Browne M W, Cudeck R. Alternative ways of assessing model fit. in K. A. Bollen J. S. Long (Eds.) testing structural equation models [M]. Newbury Park, CA: Sage. 1993.

[16] Chaang-luan Ho, Tsai-Yuan Liao, Shu-chin Huang, et al. Beyond environmental concerns: using means – end chains to explore the personal psychological values and motivations of leisure/recreational cyclists[J]. Journal of Sustainable Tourism, 2015, 23(2): 234-254.

[17] Chen G, Gully S M, Eden D. Validation of a new general self-efficacy scale[J]. Organizational Research Methods, 2001, 4(1): 62-83.

[18] Chen L, Guan Z, He J, et al. A survey on sentiment classification [J]. Journal of Computer Research and Development, 2017, 54(6): 1150-1170.

[19] Chen N, Wei S. Ends justify means? Organic cotton products purchasing motivations[J]. Agribusiness, 2012, 28(4): 440-450.

[20] Chen, Po-Ju. The attributes, consequences, and values associated with event sport tourists' behavior: a means-end chain approach[J]. Event Management, 2006, 10(1): 1-22.

[21] Cheung G W & Rensvold R B. Evaluating goodness-of-fit indexes for testing measurement invariance[J]. Structural Equation Modeling, 2002, 9 (2): 233-255.

[22] Chua Z, Camerer C F. Experiments on intertemporal consumption with habit formation and social learning[J]. RePEc, 2013（1）: 23-145.

[23] Claeys C, Swinnen A, Abeele P V. Consumer's means—end chains for "think" and "feel" products. International Journal of Research in Marketing[M]. J Gambl Stud, 1995.

[24] Corbin J, Strauss A. Basics of qualitative research: techniques and procedures for

developing grounded theory [J]. Los Angeles, et al. : SAGE, 2015(4) : 64–67.

[25] Costa A I, Dekker M, Jongen W M, et al. An overview of means-end theory: potential application in consumer-oriented food product design[J]. Trends in Food Science and Technology, 2004, 15(7): 403–415.

[26] Costa A I, Dekker M, Jongen W M, et al. An overview of means-end theory: potential application in consumer-oriented food product design[J]. Trends in Food Science and Technology, 2004, 15(7): 403–415.

[27] Czepial John. A service encounter and service relationships: implications for research[J]. Journal of Business Research, 1992(20): 13–21.

[28] Denzin N K, Lincoln Y S. The landscape of qualitative research[M]. London: Sage Publications, 1998: 35–44.

[29] Dholakia U M, Talukdar D. How social influence affects consumption trends in emerging markets: an empirical investigation of the consumption convergence hypothesis[J]. Psychology & Marketing, 2004, 21(10): 775–797.

[30] Faul F, Erdfelder E, Buchner A, et al. Statistical power analyses using G* Power 3. 1: tests for correlation and regression analyses[J]. Behavior Research Methods, 2009, 41(4): 1149–1160.

[31] Fornell C R & Larcker F F. Structural equation models with unobservable variables and measurement error [J]. Journal of Marketing Research, 1981(18): 39–51.

[32] Fresco E. Marketing avery brundages apoplexy: the 1976 Montreal Olympics self-financing model[J]. The International Journal of the History of Sport, 2016, 33(4): 369–384.

[33] Friedman D. Evolutionary games in economics [J]. Econometrica, 1991, 59(3): 637–666.

[34] Friedman D. Evolutionary games in economics [J]. Econometrica, 1991, 59(3): 637–666.

[35] Gau L S, James J D. An empirical exploration of relationships between personal values and spectator sport consumption[J]. International Journal of Sport Management Recreation & Tourism, 2014, 16(b): 37–55.

[36] Gilvary M P, Leuthold J H. Why play the illinois lottery illinois business review[M]. October, 1989.

[37] Gonzalez C E, Roig J M. Marketing channels for small wineries: a means-end chain approach[J]. New Medit, 2016, 15(4): 33–41.

[38] Grinblatt M, Keloharju M, Ikheimo S. Social influence and consumption: evidence from the automobile purchases of neighbors[J]. The Review of Economics and Statistics, 2008, 90(4): 735–753.

[39] Grote, Matheson. The impact of state lotteries and casinos on state bankruptcy filings[J]. Victor A. Growth & ChangeMar, 2014, 45 (1): 121–135.

[40] Grunert K G, Bechlarsen T. Explaining choice option attractiveness by beliefs elicited by the laddering method[J]. Journal of Economic Psychology, 2005, 26(2): 223–241.

[41] Grunert K G, Bechlarsen T. Explaining choice option attractiveness by beliefs elicited by the laddering method[J]. Journal of Economic Psychology, 2005, 26(2): 223–241.

[42] Grunert K G, Grunert S C. Measuring subjective meaning structures by the laddering method: theoretical considerations and methodological problems[J]. International Journal of Research in Marketing, 1995, 12(3): 209–225.

[43] Gutman J. A means–end chain model based on consumer categorization processes[J]. Journal of Marketing, 1982(46) : 60–72.

[44] Gutman J. Analyzing consumer orientations toward beverages through means – end chain analysis[J]. Psychology & Marketing, 1984, 1(3–4): 23–43.

[45] Gutman. A means–end chain model based on consumer categorization processes[J]. Journal of Marketing, 1982, 46(3): 60–72.

[46] HAUSENBLAS H A SYMONS DS. Exercise dependence a systematic review[J]. Phychology of Sport & Exercise, 2002(3): 89–123.

[47] Hayduk, L A. Structural equation modeling with LISREL: essential and advances[M]. Baltimore, MD: Johns Hopkins Press, 1987.

[48] Holbrook M B. Introduction to consumer value: a framework for analysis and research[M]. London: Routledge Kegan Paul Press, 1999.

[49] Hu L, Bentler, P M. Cutoff criteria for fit indexes in covariance structure analysis: coventional criteria versus new alternatives[J]. Structural Equation Modeling, 1999, 6 (1): 1–55.

[50] Iwasaki Y. Examining rival models of leisure coping mechanisms[J]. Leisure Studies, 2003(25): 183–206.

[51] J Paul Peter, Jerry C Olson. Consumer behavior and marketing strategy[M]. Mcgraw—Hill, 2004.

[52] Jreskog K G & Srbom D. LISREL 8: structural equation modeling with the SIMPLIS command language[M]. Chicago: Scientific Software International, 1993.

[53] Kahle L R, Beatty S E, Homer P. Alternative measurement approaches to consumer values: the list of values (LOV) and values and life style (VALS)[J]. Journal of Consumer Research, 1986, 13(3): 405–409.

[54] Kelman H C. Further thoughts on the processes of compliance, identification, and internalization[J]. Social Power and Political Influence, 1974 (06): 36–47.

[55] Kelman H C. Further thoughts on the processes of compliance, identification, and

internalization[J]. Social Power and Political Influence, 1974 (06): 36–47.

[56] Kotler P. Marketing management: analysis, planning, implementation and control (9th ed.) [M]. Upper Saddle River, NJ: Prentice Hall Inc, 1998.

[57] Kumar, Piyush. The competitive impact of service process improvement: examining customerswaiting experiences in retail market[J]. Journal of Retailing, 2005, 81(3): 171–180.

[58] Lafrenière, M-A K, Vallerand, et al. On the costs and benefits of gaming: the role of passion[J]. Cyber Psychology and Behavior, 2009(12): 285–290.

[59] Lafrenire, M-A K, Jowett, et al. Passion in sport: on the quality of the coachplayer relationship[J]. Journal of Sport and ExercisePsychology, 2008(30): 541–560.

[60] Lam D. An exploratory study of gambling motivations and their impact on the purchase frequencies of various gambling products[J]. Psychology & Marketing, 2007, 24(9): 815–827.

[61] Lee E J, Overby J W. Creating value for online shoppers: implications for satisfaction and loyalty[J]. Journal of Consumer Satisfaction, Dissatisfaction and Complaining Behavior, 2004(17).

[62] Lee H H, Shin K. Nonlinear effects of population aging on economic growth[J]. Japan and the World Ecnomy, 2019: 51.

[63] Lee W I, Chang, C Y, et al. Exploring customers' store loyalty using the means-end chain approach[J]. Journal of Retailing and Consumer Serv-ices, 17(5): 395–405.

[64] Leppard P, Russell C G, Cox D N, et al. Improving means-end-chain studies by using a ranking method to construct hierarchical value maps[J]. Food Quality and Preference, 2004, 15(5): 489–497.

[65] Lincoln Y S . Naturalistic inquiry : Beverly Hills, CA: Sage Publications, 1985, 416 pp. $25. 00 (Cloth)[J]. International Journal of Intercultural Relations, 1985, 9(4): 438–439.

[66] Lind L W. Consumer involvement and perceived differentiation of different kinds of pork-a means-end chain analysis[J]. Food Quality&Preference, 2007, 18(4): 600–700.

[67] Liu X Y. An Inverse."U"-Shaped relationship between population ageing and economic growth[J]. China Popul. Resour. Environ. 2013, 23(2): 98–105.

[68] Mano H, Oliver R L. Assessing the dimensionality and structure of the consumption experience: evaluation, feeling and satifaction[J]. Journal of Consumer Research, 2003(20): 451–466.

[69] Moital M, Bain A, Thomas H. Summary of cognitive, affective, and behavioural outcomes of consuming prestigious sports events[J]. Sport Management Review (Elsevier Science), 2019, 22(5): 652–666.

[70] Naoi T, Airey D, Iijima S, et al. Towards a theory of visitors' evaluation of historical districts as tourism destinations: frameworks and methods[J]. Journal of Business Research,

2007, 60(4): 396−400.

[71] Ofosu A, Kotey R. Does sports betting affect investment behaviour? Evidence from ghanaian sports betting participants[J]. Ofosu, A. , & Kotey, RA (2019). Does Sports Betting Affect Investment Behaviour, 2020.

[72] Olson J, Reynolds, Thomas. Understanding consumers' cognitive structures: Implications for advertising strategy. In advertisingand consumer psychology, larry percy and arch woodside, eds[M]. Lexington, MA: Lexington Books, 1983.

[73] Olson, J C, Reynolds T J. Understanding consumers' cognitive structures: implicationsfor marketing strategy[M]. Advertising and Consumer Psychology, Lexington: Lexington Books, 1983.

[74] Philippe F, Vallerand, et al. Passion for an activity and quality of interpersonal relationships: the mediating role of emotions[J]. Journal of Personality and Social Psychology, 2010(98): 917−932.

[75] Pine & Gilmore. Welcome to the experience economy[M]. Harvard Business Review, Boston, 1998, 76(4): 97−105.

[76] Rachel Hine, Jo Peacock, Jules Pretty. Green lungs for the east of England[J]. University of Essex, 2007.

[77] Raylu N, OEI T P. Role of culture in gambling and problem gam−bling[J]. Clinical Psychology Review, 2004(23): 1087−1114.

[78] Reynolds T J, Gutman J J. Laddering theory, method, analysis, and interpretation[J]. Journal of Advertising Research, 1998, 28(1): 11−31.

[79] Reynolds T J, Gutman J. Laddering theory, method, analysis, and interpretation[J]. Journal of Advertising Research, 1988, 28(1): 11−31.

[80] Reynolds, T J, Gutman J. Laddering theory, methods, analysis and interpretation[J]. Journal of Advertising Research, 1988, 28(1) : 11−31.

[81] Reynolds, Thomas J, Whitlark, et al. Applying laddering data to communications strategy and advertising practice[J]. Journal of Advertising Research, 1995, 35: 9−17.

[82] Reynolds, TJ, Gutman J. Advertising is image management[J]. Journal of Advertising Research, 1984, 24(1): 27−37.

[83] Reynolds, TJ, Gutman, et al. Advertising Is image management[J]. Journal of Advertising Research, 1984, 24(1): 27−37.

[84] Reynoldstj, Gutman J J. Laddering theory, method, analysis, and interpretation[J]. Journal of Advertising Research, 1998, 28(1): 11−31.

[85] Roger D. Blackwell, Paul W. Miniard, JamesF. Engel. Consumer behavior[M]. South-Western College Pub, 2005.

[86] Rousseau, F L, Vallerand, et al. Passion and gambling: validation of the gambling passion scale(GPS) [J]. Journal of Gambling Studies, 2002(18): 45-66.

[87] Salazar H A, Oerlemans L, van Stroe-Biezen S. Social influence on sustainable consumption: evidence from a behavioural experiment[J]. International Journal of Consumer Studies, 2013, 37(2): 172-180.

[88] Schmitt B H. Experiential marketing: how to get customers to sense, feel, think, act and relate to your company and brands[M]. New York: The Press, 1999.

[89] Shih W T. Influential factors of purchase decisions of sports lottery: an application of means-end chain theory[J]. Revista Latino Americana De Enfermagem, 2014, 16(2): 136-150.

[90] Siliverstovs B, Kholodilin K A, Thiessen U. Does aging influence structural change? Evidence from panel data[J]. Economic Systems, 2011, 35(2): 244-260.

[91] Skolnick J H. House of cards: legalization and control of casino gambling boston[M]. Little Brown, 1978.

[92] Stanley Milgram. Compliant subjects. book reviews: obedience to authority. an experimental view[J]. Science, 1974(184): 667-669.

[93] Stanton, W J Etzel, M J, et al. Fundamentals of marketing, 9th ed. [M]. New York: McGraw—Hill, 1991.

[94] Tolman S, Abbott N. General problem solving: a program that simulates human thought[J]. Computer and Thought, 1963, 40(2): 81-83.

[95] Tolman S, Abbott N. General problem solving: a program that simulates human thought[J]. Computer and Thought, 1963, 40(2): 81-83.

[96] Torugsa N A, Hecker W O. Capabilities, proactive CSR and financial performance in SMEs: empirical evidence from an Australian manufacturing industry sector[J]. Journal of Business Ethics, 2012, 109(4): 483-500.

[97] Vallerand R J. On the psychology of passion: in search of what makes people's lives most worth living[J]. Canadian Psychology, 2008(49): 1-13.

[98] Vallerand R J. On passion for life activities: the dualistic model of passion. In M. P. Zanna(Ed.), Advances in experimental social psychology[M]. New York: Academic Press, 2010, 42.

[99] Vallerand, R J Fortier, M S, et al. Self-determination and persistence in a real-life setting: toward a motivational model of high school dropout[J]. Journal of Personality and Social Psychology, 1997(72): 1161-1176.

[100] Vallerand, R. J., Blanchard, et al. Les passions de l' me: onobsessive and harmonious passion[J]. Journal of Personality and Social Psychology, 2013, 85: 756–767.

[101] Venkatesh V, Davis F D. A theoretical extension of the technology acceptance model: four longitudinal field studies[J]. Management science, 2000, 46(2): 186–204.

[102] Venkatesh V, Davis F D. A theoretical extension of the technology acceptance model: four longitudinal field studies[J]. Management science, 2000, 46(2): 186–204.

[103] Venkatesh V, Thong J Y L, Xu X. Consumer acceptance and use of information technology: extending the unified theory of acceptance and use of technology[J]. MIS Quarterly, 2012: 157–178.

[104] Walker, Beth A, Olson, et al. Means—end chains: connecting products with self[J]. Journal of Business Research, 1991, 22: 111–118.

[105] Walton H, Longo A, Dawson P. A contingent valuation of the 2012 London Olympic Games: a regional perspective[J]. Journal of Sports Economics, 2008, 9(3): 304–317.

[106] Wells J D, Valacich J S, Hess T J. What signal are you sending? How website quality influences perceptions of product quality and purchase intentions[J]. MIS Quarterly, 2011: 373–396.

[107] Wittink D R, Vriens M, Burhenne W, et al. Commercial use of conjoint analysis in Europe: results and critical reflections[J]. International Journal of Research in Marketing, 1994, 11(1): 41–52.

[108] Wittink D R, Vriens M, Burhenne W, et al. Commercial use of conjoint analysis in Europe: results and critical reflections[J]. International Journal of Research in Marketing, 1994, 11(1): 41–52.

[109] Wittink, D R, Vriens M, et al. Commercial use of conjoint analysis in Europe: Results and critical reflections[J]. International Journal of Research in Marketing, 1994, 11(1) : 41–52.

[110] Yeh J C, Hsiao K L, Yang W N. A study of purchasing behavior in Taiwans online auction websites[J]. Internet Research, 2012: 35–47.

[111] Young HP. Innovation diffusion in heterogeneous populations: contagion, social influence, and social learning[J]. American Economic Review, 2009, 99(5): 1899–1924.

[112] Young S, Feigin B. Using the benefit chain for improved strategy formulation[J]. Journal of Marketing, 1975, 39(1): 72–74.

[113] Young S, Feigin B. Using the benefit chain for improved strategy formulation[J]. Journal of Marketing, 1975, 39(1): 72–74.

[114] Zeithaml V A. Consumer perceptions of price, quality, and value: a means–end model and synthesis of evidence[J]. Journal of Marketing, 1988, 52(3): 2–22.